Biologie *plus*

Gymnasium Klasse 9
Nordrhein-Westfalen

Herausgegeben von
Christiane Högermann und Wolfgang Kricke

Volk und Wissen Verlag

Autorinnen und Autoren:
Hans Blümel, Mücka
Stephany Gartmann, Verden
Dr. Eva Klawitter, Nuthe-Urstromtal
Dr. Gert Klepel, Leipzig
Dr. Wolfgang Kricke, Mühlheim a. d. Ruhr
Doris Lamfried, Berlin
Dr. Georg Litsche, Berlin
Dr. Gerhard Müller, Berlin
Harald Seufert, Düsseldorf
Birgit Strunk, Osnabrück
Dr. Lore Voesack, Leipzig

Berater: Rolf W. Meyer, Ratingen

Gutachterin/Gutachter:
Dr. Ulrike Willeke, Recklinghausen
Dr. Bernd Manitz, Haltern-Hullern
Toralf Müller, Dortmund

Herausgeberin/Herausgeber:
Dr. Christiane Högermann, Osnabrück/Dr. Wolfgang Kricke, Mühlheim a. d. Ruhr

Unter Planung und Mitarbeit der Verlagsredaktion:
Ilse König, Horst-Dieter Gemeinhardt, Klaus Heinzel, Stefan Schleicher, Dr. Claudia Seidel

Dieses Werk ist in allen seinen Teilen urheberrechtlich geschützt.
Jegliche Verwendung außerhalb der engen Grenzen des Urheberrechts bedarf der schriftlichen Zustimmung des Verlages. Dies gilt insbesondere für Vervielfältigungen, Mikroverfilmungen, Einspeicherung und Verarbeitung in elektronischen Medien sowie für Übersetzungen.

Dieses Werk folgt der reformierten Rechtschreibung und Zeichensetzung.
Währungsangaben erfolgen in Euro.

Volk und Wissen im Internet

http://www.vwv.de/webtipp_bio.html

ISBN 3-06-010967-2

1. Auflage
5 4 3 2 1 / 06 05 04 03 02
Alle Drucke dieser Auflage sind unverändert und im Unterricht parallel nutzbar.
Die letzte Zahl bedeutet das Jahr dieses Druckes.
© Volk und Wissen Verlag GmbH & Co., Berlin 2002
Printed in Germany
Satz: VWV DTP
Repro: Nova Concept GmbH, Berlin
Druck und Binden: Westermann Druck Zwickau GmbH
Illustrationen: Lutz-Erich Müller, Manfred Behrendt, Hans-Joachim Behrendt, Peter Hesse, Klaus Vonderwerth
Karten: Peter Kast · Klaus Hellwich, Ingenieurbüro für Kartographie, Schwerin
Layout: Manfred Behrendt
Typografie: Manfred Behrendt, Wolfgang Lorenz
Einband: Wolfgang Lorenz

Projekt:
Ein Projekt kann über mehrere Unterrichtsstunden oder im Rahmen einer Projektwoche in Arbeitsgruppen durchgeführt werden. Es ist sinnvoll, die Ergebnisse als Poster, in Wandzeitungen oder als kleine Ausstellungen im Fachraum zu veröffentlichen. So könnt ihr noch mehr Schülerinnen und Schüler dafür interessieren.

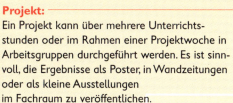

Projekt

Umwelt

Erforschen Verstehen

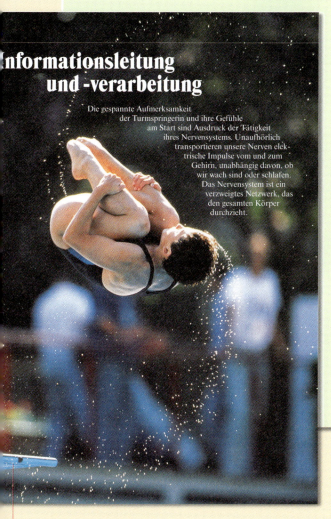

Informationsleitung und -verarbeitung

Die gespannte Aufmerksamkeit der Turmspringerin und ihre Gefühle am Start sind Ausdruck der Tätigkeit ihres Nervensystems. Unaufhörlich transportieren unsere Nerven elektrische Impulse vom und zum Gehirn, unabhängig davon, ob wir wach sind oder schlafen. Das Nervensystem ist ein verzweigtes Netzwerk, das den gesamten Körper durchzieht.

Einstieg in das Kapitel:
Jedes Kapitel beginnt mit einer Einstiegsseite, die dich durch attraktive Fotos und kurze Texte auf den Inhalt der nachfolgenden Seiten aufmerksam machen soll. Dazu werden auch Fragen gestellt oder Widersprüche und Probleme aufgezeigt, die im Unterricht untersucht werden.

Erforschen Verstehen:
Auf diesen Seiten findest du ein Angebot von Aufgaben und Anleitungen für praktische Tätigkeiten, die du im Unterrichtsraum oder im Freiland durchführen kannst.

Themenseiten („Gesundheit," „Sexualität" und „Gesellschaft"): Wie ernähre ich mich richtig? Gibt es Unterschiede zwischen dem „starken" und dem „schwachen" Geschlecht?
Um solche Fragen zu beantworten, genügt Wissen aus der Biologie allein meist nicht. Physikalische und chemische Sachverhalte müssen mit herangezogen werden. Diese besonderen Seiten sollen dir helfen, Erscheinungen unserer Umwelt als Zusammenwirken verschiedener naturwissenschaftlicher Einzelfakten zu verstehen bzw. zu erklären.

Inhalt

Stoffwechsel, Stofftransport und Energieumsatz   5

Nährstoffe sind für unseren Körper unentbehrlich   6
Erforschen Verstehen Wir weisen Nährstoffe nach   8
Bedeutung der Nährstoffe für den Stoffwechsel   9
Bedeutung der Ergänzungsstoffe   11
Projekt Schmackhaftes aus Brennnesseln   12
Erforschen Verstehen Wir weisen Ergänzungsstoffe nach   15
Gesundheit Essen, um leistungsfähig und gesund zu sein   16
Enzyme beeinflussen die Verdauung   20
Verdauung im Mundbereich   21
Verdauung im Magen   23
Erforschen Verstehen Wir untersuchen die Wirkung von Enzymen   24
Wenn der Magen erkrankt   25
Verdauung und Resorption der Nährstoffe   26
Erforschen Verstehen Besondere Säfte – was im Darm geschieht   29
Nieren sind Ausscheidungsorgane   30
Erkrankungen der Harnorgane   32
Organspende und Organtransplantation   33
Die Haut als Ausscheidungsorgan   34
Die Lunge ist mehr als ein Atmungsorgan   35
Erforschen Verstehen Wir untersuchen Luft   38
Erkrankungen der Atmungsorgane   39
Blut ist mehr als eine Körperflüssigkeit   40
Erforschen Verstehen Wir mikroskopieren Blut   43
Blutgruppe A, B oder 0?   44
Das Herz – rastloser Motor des Lebens   46
Von der Aorta bis zur Kapillare – ein Kreislauf   48
Erforschen Verstehen Wir untersuchen einige Herzfunktionen   50
Lymphgefäße und Lymphe   51
Herz- und Kreislauferkrankungen und deren Vorbeugung   52
Erste Hilfe leisten kann man lernen   53
Zusammenfassung   54

Gesundsein – Abwehr von Krankheiten   55

Bakterien als Krankheitserreger   56
Infektionskrankheiten können sich weltweit ausbreiten   59
Häufig vorkommende bakterielle Infektionskrankheiten   60
Pilze mit unterschiedlicher Wirkung   61
Pest – eine historisch bedeutsame Volksseuche   62
Viren als Krankheitserreger   63
Häufige Viruserkrankungen   64
Unser Körper wehrt sich gegen Krankheiten   65
Immunisierung   67
Allergien   69
Projekt Pflanzen helfen heilen   70
Gesundheit Erworbenes Immundefektsyndrom – AIDS   72
Zusammenfassung   74

Sinnesorgane vermitteln Kontakte zur Umwelt   75

Reize aus der Umwelt wirken auf uns ein   76
Das Auge ermöglicht das Sehen   77
Das Ohr – Hörsinnesorgan und Gleichgewichtsorgan   82
Erforschen Verstehen Wir untersuchen unser Sehen und Hören   84
Projekt Kann Lärm krank machen?   86
Zunge und Nase ermöglichen Schmecken und Riechen   88

Erforschen Verstehen Wir untersuchen, wie wir schmecken und riechen ... 89
Erforschen Verstehen Wir untersuchen die Reizbarkeit unserer Haut ... 90
Die Haut als vielseitiges Sinnesorgan ... 91
Die Haut ist gefährdet ... 92
Zusammenfassung ... 94

Informationsleitung und -verarbeitung ... 95

Sinne und Nerven – Reizbarkeit und Informationsübertragung ... 96
Das Zentralnervensystem – Steuer- und Regelzentrum des Körpers ... 98
Erforschen Verstehen Wir beobachten Reflexe ... 103
Gesundheit Keine Macht den Drogen ... 106
Das vegetative Nervensystem – neurale Steuerung ... 112
Hormondrüsen und Hormone – hormonelle Steuerung ... 113
Biologische Regelung in unserem Körper ... 115
Diabetes mellitus (Zuckerkrankheit) – die häufigste Stoffwechselkrankheit ... 117
Zusammenfassung ... 118

Grundlagen der Vererbung ... 119

Genetik – die Wissenschaft vom Vererbungsgeschehen ... 120
Mit MENDEL fing alles an ... 121
Die mendelschen Regeln ... 122
Chromosomen – Träger der Erbanlagen ... 127
DNA – Träger der Erbinformation ... 129
Mitose ... 130
Meiose ... 131
Projekt Bau einfacher Chromosomen ... 132
Methoden der Humangenetik ... 134
Vererbungsvorgänge beim Menschen ... 136
Genetisch bedingte Krankheiten ... 138
Veränderungen der Chromosomen und Gene ... 141

Gesundheit Mutagene Faktoren können unsere Gesundheit bedrohen ... 142
Früherkennung von Erbschäden ... 144
Gentechnik – Chancen und Probleme ... 145
Projekt Wir organisieren eine Podiumsdiskussion zur Gentechnik ... 146
Zusammenfassung ... 148

Sexualität, Fortpflanzung und Entwicklung ... 149

Sexualität Pubertät – junge Menschen auf der Suche ... 150
Sexualität des Menschen ... 154
Sexualität Schwaches Geschlecht – starkes Geschlecht? ... 156
Biologische Grundlagen menschlicher Sexualität ... 159
Von der befruchteten Eizelle bis zur Geburt ... 165
Ein Kind wird geboren ... 169
Entwicklung des Säuglings und Kleinkindes ... 170
Kinderwunsch und Familienplanung ... 172
Verhüten – aber wie? ... 174
Sexualität Schwangerschaftsabbruch – ja oder nein? ... 176
Zusammenfassung ... 178

Die Evolution des Menschen ... 179

Menschenaffen – unsere nächsten Verwandten ... 180
Der lange Weg zum Menschen ... 183
Afrika – die Wiege des modernen Menschen ... 187
Projekt Der Neandertaler ... 188
Wie wurde der Mensch zum Menschen? ... 191
Kulturelle Evolution des Menschen ... 192
Die Vielfalt der Menschheit ... 193
Gesellschaft Evolution des Menschen und Umweltprobleme der Gegenwart ... 194
Die Zukunft des Menschen ... 196

Register und Bildnachweis ... 197

Stoffwechsel, Stofftransport und Energieumsatz

Wir halten es für selbstverständlich,
dass wir uns meistens auf unseren Körper verlassen können.
Ob wir schlafen, lernen, Sport treiben oder in der Disko tanzen,
jedes Mal bewältigt er ganz unterschiedliche Anforderungen.
Vielleicht sollten wir uns dazu einmal einige Fragen stellen,
zum Beispiel: Welche Stoffe und wie viel
Energie werden benötigt, um diesen
Anforderungen gerecht zu werden?
Woher kommen die vom Körper
benötigten Stoffe und wie gelangen sie
in die Zellen? Wie befreit sich unser
Körper von für ihn
schädlichen Stoffen?

Nährstoffe sind für unseren Körper unentbehrlich

Muttermilch ist für den Säugling die beste Nahrung.

Milchprodukte enthalten viel Eiweiß.

Eine stillende Mutter gibt dem Säugling mit der Muttermilch alle benötigten Stoffe in einem sehr günstigen Mischungsverhältnis. In der Muttermilch befinden sich zum Beispiel Eiweiße, Kohlenhydrate, Fette, fast alle Vitamine, Mineralstoffe, Hormone und Abwehrstoffe gegen bestimmte Krankheitserreger.

Zusammensetzung verschiedener Nahrungsmittel

In 100 g sind enthalten	Wasser (in g)	Eiweiße (in g)	Kohlenhydrate (in g)	Fette (in g)	Energiegehalt (in kJ)
Vollmilch	87,2	3,3	4,6	3,5	260
Apfel	84,0	0,3	12,0	0,4	210
Möhre	89,0	0,8	5,5	0,1	110
Kartoffel	77,8	1,6	15,0	0,1	290
Butter	15,0	1,2	0,5	74,0	2900
Hühnerei	74,0	13,0	0,7	11,0	710
Schweinefleisch	58,0	20,0	–	8,9	750

Maiskolben enthalten viel Stärke.

Du kennst das Gefühl: Dein Magen knurrt, du fühlst dich schlapp. Mit anderen Worten – du hast Hunger! Wenn ein Mensch längere Zeit keine Nahrung aufgenommen hat, treten Veränderungen des Körpers auf: Die Leistungsfähigkeit wird herabgesetzt und durch die Unterversorgung kommt es zu ernsthaften Schädigungen wichtiger Organe. Unser Körper muss deshalb regelmäßig mit lebenswichtigen Stoffen versorgt werden. Diese Stoffe werden als Nährstoffe bezeichnet. Sie lassen sich in drei Gruppen unterteilen: die Kohlenhydrate, die Fette und Eiweiße. Sie sind in den meisten Nahrungsmitteln enthalten, allerdings in unterschiedlichen Zusammensetzungen. Durch die Nährstoffe werden dem Körper die Energie und die Bestandteile zur Verfügung gestellt, die er für Wachstum und Entwicklung sowie alle anderen Lebensvorgänge benötigt.

Ölpalmenfrüchte enthalten 50 % Fett.

Kohlenhydrate. Diese Nährstoffgruppe wird entsprechend ihrer Struktur in zwei große Gruppen eingeteilt, die einfachen Zucker (Einfachzucker: Monosaccharide) und die zusammengesetzten Zucker (Zweifachzucker: Disaccharide und Vielfachzucker: Polysaccharide). Zusammengesetzte Zucker entstehen aus Einfachzuckern. Zu den Einfachzuckern gehören beispielsweise Traubenzucker (Glucose) und Fruchtzucker (Fructose). Rohrzucker, Milchzucker und Malzzucker (Maltose) sind Zweifachzucker (Disaccharide). Sie werden unter Wasserabspaltung durch die Zusammenlagerung von zwei Einfachzuckermolekülen gebildet. Einfach- und Zweifachzucker sind wasserlöslich.
Zu den Vielfachzuckern gehören sowohl die Stärke und die Cellulose als auch das in der Leber gespeicherte Glykogen, welches auch als „tierische Stärke" bezeichnet wird.
Die meisten Vielfachzucker sind wasserunlöslich. Im Stoffwechsel werden die Kohlenhydrate zum Transport, zur Speicherung oder zum Verbrauch in die jeweils benötigte Form umgewandelt (z. B. Stärke in Glucose oder umgekehrt). Aus Kohlenhydraten wird im Körper Energie freigesetzt.

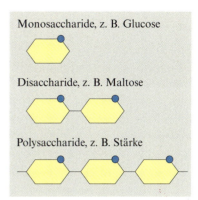

Kohlenhydratmoleküle (Mono-, Di- und Polysaccharide, schematisch)

Fette. Fette sind in fast allen pflanzlichen und tierischen Zellen in unterschiedlichen Mengen enthalten. Der Körper nutzt sie als Energiequelle und Baustoffe. Fettgewebe in der Haut vermindert die Wärmeabgabe. Ein Fettmolekül entsteht aus der Verbindung eines Glycerinmoleküls mit meist drei Fettsäuremolekülen. Glycerin, ein Alkohol, sowie manche Fettsäuren sind wasserlöslich. Fette sind wasserunlöslich.
Viele Fettsäuren kann unser Körper im Stoffwechsel selbst aufbauen. Einige wenige Fettsäuren müssen wir jedoch pflanzlichen Fetten in unserer Nahrung entnehmen. Diese werden als essenzielle (lebensnotwendige) Fettsäuren bezeichnet. Bei normaler Ernährungsweise werden sie dem Körper in ausreichendem Maße zugeführt. Pflanzliche Fette sind für eine gesunde Ernährung meist günstiger als tierische.
Fette sind besonders als konzentrierte Energiereserven verfügbar, denn jedes Gramm Fett setzt bei seiner Umwandlung mehr als die doppelte Energiemenge frei, die ein Gramm Eiweiß oder Kohlenhydrat liefert.

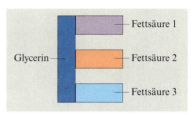

Fettmolekül (schematisch)

Eiweiße. Eiweiße kommen in allen Zellen vor. Sie beeinflussen alle Lebensfunktionen. Eiweiße bestehen aus fadenförmigen Kettenmolekülen. An ihrem Aufbau sind bis zu 20 verschiedene Aminosäuren beteiligt. Anteile und Abfolgen der Aminosäuren in den Eiweißmolekülen sind unterschiedlich und für jedes Eiweiß charakteristisch. Daher verfügt jedes Lebewesen über ganz individuelle körpereigene Eiweiße.
Die Bildung von Kettenmolekülen aus Aminosäuren geschieht unter Austritt von Wasser. Es können Ketten aus 100 bis 1000 Aminosäuren entstehen. Einige Aminosäuren, ihre Struktur und Eigenschaften werden im Stoffwechsel gebildet. Es gibt aber auch Aminosäuren, die der menschliche Körper nicht selbst herstellen kann, er muss sie stets mit der Nahrung aufnehmen. Die körpereigenen Eiweiße werden ständig abgebaut und wieder neu aufgebaut. Eiweiße sind meist wasserunlöslich, manche Aminosäuren lösen sich jedoch im Wasser. Neben ihrer Funktion als Bausteine für Zellen und als Enzyme können Eiweiße auch als Energiequelle genutzt werden, wenn sie wieder zu Aminosäuren abgebaut werden.

> Die drei Nährstoffgruppen Kohlenhydrate, Fette und Eiweiße sind in unterschiedlicher Zusammensetzung und unterschiedlichen Mengen in unserer Nahrung enthalten.

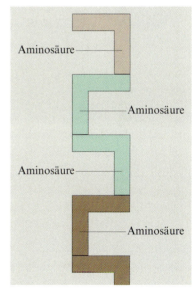

Teil eines Eiweißmoleküls (schematisch)

AUFGABE

Suche auf Lebensmittelverpackungen verschiedener Lebensmittel die Nährstoffangaben heraus. Stelle von mindestens 5 Lebensmitteln diese Angaben in einer Tabelle zusammen. Werte die Tabelle aus!

Wir weisen Nährstoffe nach

Überprüfe, ob in Lebensmitteln Glucose enthalten ist!

Material: Schutzbrille, Reagenzgläser (Rgl.), Brenner, Reagenzglashalter, Reagenzglasständer, Tropfpipetten, destilliertes Wasser, Fehling'sche Lösungen I und II (Nachweismittel für Glucose), Glucose, Honig, süße Früchte, Tomate, Kartoffelstärke

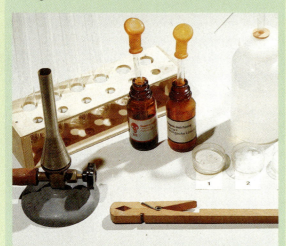

Durchführung: Gib eine Spatelspitze voll Glucose in ein Rgl. und löse sie in 5 ml destilliertem Wasser. Fülle in ein weiteres Rgl. 8 ml Fehling'sche Lösungen I und II zu gleichen Teilen (Schutzbrille aufsetzen). Gib etwa 3 ml dieser Mischung in das Rgl. mit der Glucoselösung. Schüttle die Lösung und erwärme sie vorsichtig.
Eine ziegelrote bis rotbraune Färbung zeigt das Vorhandensein von Glucose an.
Führe den gleichen Versuch anschließend jeweils mit den genannten Lebensmitteln durch! Die Früchte müssen vorher gut zerkleinert, die lebensmittelhaltigen Flüssigkeiten evtl. filtriert werden.
(Der Glucose-Nachweis kann auch mit Glucoseteststreifen aus der Apotheke durchgeführt werden.)

Überprüfe, ob in Lebensmitteln Eiweiß enthalten ist!

Material: Schutzbrille, Reagenzgläser, Reagenzglashalter, Reagenzglasständer, Tropfpipette, evtl. Brenner, Natriumhydroxidlösung (10 %ig), Kupfer(II)-sulfatlösung, Nahrungsmittel (gekochtes Eiklar, Speisequark, Kochwasser weißer Bohnen, Äpfel)

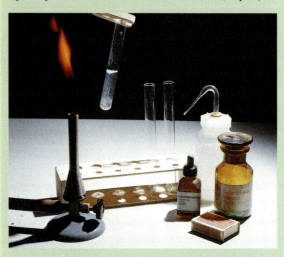

Durchführung: Gib eine kleine Menge zerkleinertes Weißei vom gekochten Hühnerei (enthält Eiweiß) in ein Rgl. und setze die Schutzbrille auf. Fülle mit 10%iger Natriumhydroxidlösung auf, bis das Weißei reichlich bedeckt ist. Bringe anschließend mit einer Pipette 3 bis 5 Tropfen 10%ige Kupfer(II)-sulfatlösung in das Rgl., verschließe es mit einem Stopfen und schüttle kräftig!
Eine violette Färbung zeigt das Vorhandensein von Eiweiß an. Wenn die Reaktion nicht nach einigen Sekunden sichtbar wird, muss das Rgl. vorsichtig unter leichten Schwenken erwärmt werden.
Überprüfe anschließend in gleicher Weise die anderen oben genannten Lebensmittel auf das Vorhandensein von Eiweiß!

Bedeutung der Nährstoffe für den Stoffwechsel

Sportliche Leistungen benötigen viel Energie.

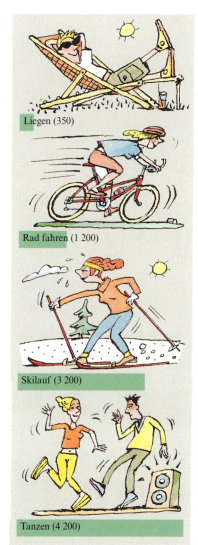

Durchschnittlicher Energiebedarf bei verschiedenen Tätigkeiten (kJ/h)

Die 100-m-Läufer stehen konzentriert am Start. Jeder Muskel ist angespannt. Der Starter gibt das Zeichen und alle Sportler sprinten über die Tartanbahn. Nach dem Überqueren der Ziellinie müssen alle einen Moment verschnaufen, die Beine werden ausgeschüttelt und so die Muskeln gelockert; die meisten Läufer müssen etwas trinken.

Der Körper benötigt Energie. Damit der Körper diese Leistung beim Sprinten überhaupt vollbringen kann, benötigt er Energie. Das gilt aber nicht nur für körperliche Anstrengungen. Auch bei selbstverständlichen Körperfunktionen wie Atmung, Herzschlag, Wachstum und sogar beim Schlafen wird Energie benötigt. Diese Energie wird dem Körper von außen durch die Aufnahme von Nahrung zugeführt. Die Energiemenge, die für die Aufrechterhaltung aller Lebensfunktionen im Ruhezustand verbraucht wird, bezeichnet man als Grundumsatz.
Der Grundumsatz hängt von Geschlecht und Alter, aber auch von der Körpergröße, dem Körpergewicht und der Umgebungstemperatur ab. Männer haben je Kilogramm Körpergewicht einen etwas höheren Grundumsatz als Frauen. Der Grundumsatz eines Erwachsenen beträgt je Kilogramm Körpergewicht etwa 100 kJ am Tag. Bei Kindern und Jugendlichen liegt er wegen des Wachstums höher.
Bei körperlicher Belastung, wie beispielsweise beim 100-m-Lauf, steigt der Energiebedarf beträchtlich an. Diese Energiemenge, die über den Grundumsatz hinaus benötigt wird, wird als Leistungsumsatz bezeichnet. Die Höhe des Leistungsumsatzes hängt von der entsprechenden Tätigkeit ab. Bei einem Spaziergang beträgt er etwa 200 – 800 kJ je Stunde, beim Lauftraining dagegen sind es schon etwa 2000 – 4000 kJ je Stunde. Die Summe aus Grund- und Leistungsumsatz ergibt den Gesamtenergiebedarf. Diese Energiemenge führen wir unseren Körper durch die tägliche Nahrung zu. Sie wird in den Zellen unseres Körpers durch Energieumwandlung aus Kohlenhydraten und Fetten für alle Körperfunktionen freigesetzt. Kohlenhydrate und Fette werden als Brenn- oder Betriebsstoffe bezeichnet.

Energiegehalt der Nährstoffe je 1 g	
Kohlenhydrate	17 kJ
Eiweiße	17 kJ
Fette	39 kJ

Bei anhaltendem Hunger kann der Grundumsatz bis auf 30 % absinken. Diesen Minimalumsatz kann der Mensch nur kurzzeitig ohne ernsthafte gesundheitliche Schäden überstehen.

Stoffwechsel, Stofftransport und Energieumsatz

Durchschnittlicher Tagesenergiebedarf in kJ für verschiedene Berufe

Beruf	kJ
Büroangestellter	10 500
Friseur	12 000
Praktischer Arzt	13 000
Autoschlosser, Briefträger	15 000
Dachdecker, Masseur	15 800
Bäcker	16 500
Maurer	19 000
Schwerarbeiter (Hauer unter Tage u.a.)	21 000

Durchschnittlicher Tagesbedarf an Energie für Jugendliche (Richtwerte)

Geschlecht	Alter	Energiemenge
Jungen	12 bis 14 Jahre	10 800 kJ
	15 bis 18 Jahre	12 000 kJ
Mädchen	12 bis 14 Jahre	10 000 kJ
	15 bis 18 Jahre	9 600 kJ

Der Körper benötigt Baustoffe. Der Säugling, der von seiner Mutter gestillt wird, erhält auch über die Nahrung Energie, die er für Wachstum, Bewegung und Entwicklung benötigt. Sein Körper und seine Organe nehmen in den ersten Monaten rasch an Größe und Gewicht zu. Auch an unserem eigenen Körper können wir beobachten, wie Haare und Nägel wachsen oder wie sich abgestoßene Haut erneuert. Für all diese Vorgänge benötigen wir die so genannten Baustoffe. Das sind vorwiegend Eiweißstoffe. Sie haben die Aufgabe körpereigene Stoffe aufzubauen. Dafür werden Aminosäuren als Bausteine verwendet.

Von den 20 natürlich vorkommenden Aminosäuren kann der Mensch nur 12 selbst im Körper aufbauen. Die anderen müssen über die Nahrung aufgenommen werden. Man bezeichnet sie daher als essenzielle, d. h. lebensnotwendige, Aminosäuren. Sind von diesen wichtigen Nahrungsbestandteilen zu wenig im Körper vorhanden oder fehlen sie gar ganz, können körperliche Schädigungen auftreten. So kann es beispielsweise zu Wachstumsverzögerungen kommen. Der Anteil der essenziellen Aminosäuren in den einzelnen Nahrungsmitteln ist entscheidend für die Verwertbarkeit (biologische Wertigkeit) der Eiweiße im Körper. Ist der Anteil essenzieller Aminosäuren in der Nahrung dem im menschlichen Körper ähnlich, spricht man von einer hohen biologischen Wertigkeit. Im Allgemeinen ist die biologische Wertigkeit tierischer Eiweiße höher als die pflanzlicher Eiweiße.

> Die Nährstoffe haben beim Stoffwechsel im Körper eine entscheidende Bedeutung: Die Kohlenhydrate und Fette liefern die Energie für den Erhalt der Körperfunktionen und werden als Brennstoffe bezeichnet. Eiweiße dagegen dienen hauptsächlich als Baustoffe.
> Der Gesamtenergiebedarf des Körpers setzt sich aus dem Grund- und dem Leistungsumsatz zusammen.

AUFGABEN

1. Erkläre die Begriffe Grundumsatz und Leistungsumsatz!
2. Ermittle den Energiegehalt deines Frühstücks (S. 19)! Berücksichtige folgende Mengenangaben:
   1 Brötchen etwa 40 g
   1 Scheibe Brot etwa 50 g
   Butter 15 g je Brötchen
   Wurst/Käse 30 g je Scheibe
   Ei 55 g
   Milch 200 g
3. Benenne die Aufgaben der einzelnen Nährstoffe, die sie für den Körper haben!

Bedeutung der Ergänzungsstoffe

Neben den Nährstoffen nehmen wir mit unserer Nahrung auch Ergänzungsstoffe auf. Zu den Ergänzungsstoffen gehören Wasser, Vitamine, Mineralstoffe und Ballaststoffe.

Wasser. Täglich scheiden wir durch Nieren, Haut und Atemluft etwa 2,5 Liter Flüssigkeit aus. Diese Menge muss wieder ersetzt werden. Es ist lebenswichtig, dass der Anteil des Wassers an der Körpermasse konstant bleibt. Schon wenige Tage ohne Wasseraufnahme führen zu schweren körperlichen Schäden beziehungsweise zum Tod des Menschen. Wassermangel bewirkt, dass wichtige Stoffwechselprozesse, die nur in wässriger Lösung ablaufen können, gestört werden. Durch Wassermangel verschlechtert sich auch die Fließfähigkeit des Blutes. Folglich kann auch kein geregelter Stofftransport mehr stattfinden.

Gurken enthalten bis zu 95 % Wasser.

Vitamine. Als 1493 Christoph Kolumbus von seiner Entdeckungsfahrt aus Amerika zurückkehrte, war ein Großteil seiner Besatzung gestorben. Die Seeleute waren während der langen Reise zusehends müder geworden, das Zahnfleisch hatte begonnen zu bluten und die Zähne fielen aus. Auch andere Stellen des Körpers bluteten plötzlich, die Wunden heilten nicht mehr. Damals war die Todesursache noch unerklärlich. Heute weiß man, dass ein Mangel an Vitamin C diese Krankheit Skorbut hervorgerufen hat. Die Seeleute hatten während der langen Reise kein Obst und Gemüse gegessen.
Allerdings trat die Krankheit nur bei Reisen auf, die länger als 3 Monate dauerten. Bis zu drei Monaten reicht offensichtlich der Vorrat an Vitamin C im Körper aus, danach treten Mangelerscheinungen auf.
Der Begriff „Vitamin" enthält das lateinische Wort „vita" (deutsch: Leben). Vitamine sind lebensnotwendige Wirkstoffe, die bis auf wenige Ausnahmen vom menschlichen Körper nicht selbst aufgebaut und gespeichert werden können. Man unterscheidet wasserlösliche und fettlösliche Vitamine. Besonders vitaminreich sind frisches Obst und Gemüse.
So lebensnotwendig Vitamine auch sind, es genügen schon winzige Mengen, um den Körper ausreichend zu versorgen.
Bisher wurden 15 verschiedene Vitamine entdeckt, ihre spezifische Wirkungsweise im menschlichen Organismus ist weitgehend erforscht.

Wassergehalt einiger Lebewesen bzw. ihrer Teile

Algen	98 %
Tomatenfrucht	95 %
Karpfen	83 %
Mensch	60 %
Schwein	55 %
Holz	50 %
Maiskörner	12 %

Obst und Gemüse sind Vitaminspender.

Empfehlung für die durchschnittliche tägliche Vitaminaufnahme (Deutschland)

Vitamin	mg je Tag
A	1,5
B_{12}	0,002
C	75
D	0,01
E	25

Vorkommen, Eigenschaften und Wirkungen einiger Vitamine

Vitamin	z. B. enthalten in	Eigenschaften	Bedeutung/Wirkung
A	Milch, Butter, Eigelb, Spinat, Möhren, Petersilie	fettlöslich, sauerstoffempfindlich	beeinflusst das Wachstum, die Hautbildung und den Aufbau des Sehpurpurs
B	Milch, Eigelb, Leber, Fleisch, Fisch, Vollkornprodukte	wasserlöslich, hitzebeständig	Bestandteil von Enzymen, beteiligt am Aufbau der roten Blutzellen
C	frischem Gemüse, Obst, Petersilie, Paprika, Kartoffeln, Zitrusfrüchten, Hagebutten	wasserlöslich, sauerstoffempfindlich, hitzeempfindlich	stärkt das Immunsystem, verhindert Zahnfleischbluten, wirkt auf Enzymbildung

Schmackhaftes aus Brennnesseln

Wir sammeln Brennnesseln.

Das Problem. Im Unterricht ging es um Vitamine. Frau Nitschke, die Biologielehrerin, betont, dass frisches Obst und Gemüse besonders geeignet sind, den täglichen Bedarf an den meisten Vitaminen zu decken. Ralf bemerkt in diesem Zusammenhang, dass es bei ihm zu Hause schon seit vielen Jahren eine gesunde und preiswerte Form der Ernährung gibt. „Sobald sich im Frühjahr die ersten Blätter der Großen Brennnessel zeigen, werden diese gepflückt, gewaschen, klein geschnitten und zum Butterbrot gegessen. Andere machen das mit Schnittlauch und Petersilie, wir eben mit Brennnesseln. Meine Mutter kocht daraus sogar eine Art Spinat und verschiedene Suppen." Ralf weiß auch noch, dass gerade die Brennnessel besonders reich an Vitaminen und Mineralstoffen ist. „Und wie ist das mit dem Brennen?", will Angelika wissen. „Das verschwindet, wenn die Nessel gebrüht wird, auch klein geschnitten merkt man fast nie etwas", erwidert Ralf. Während sich in der Klasse ein reges Gespräch entwickelt, kam Frau Nitschke die Idee, die Große Brennnessel genauer zu betrachten. Deshalb macht sie schließlich den Vorschlag, ihr demnächst einen ganzen Tag zu widmen. „Das braucht allerdings eine ganze Menge Vorbereitungszeit und gründliche Überlegungen."

Die Planung. Eine Woche später geht es dann richtig zur Sache. Das Projekt über die Große Brennnessel wird vorbereitet. Zunächst entsteht ein Katalog von Fragen:

An welchen Stellen wachsen bei uns diese Brennnesseln?
Welche botanischen Merkmale kennzeichnen die Große Brennnessel?
Welche Eigenschaften und Bestandteile machen Brennnesseln für die Ernährung so wertvoll?
Welche Speisen lassen sich aus Brennnesseln zubereiten?
Welche Rezepte aus Kochbüchern eignen sich für unser Projekt?
Wie lange müssen Brennnesseln bis zum Weichwerden kochen?
Wie kann man den Geschmack der Speisen verfeinern?
Was können wir von unseren Eltern und Großeltern über die Nutzung von Brennnesseln erfahren?
Wie präsentieren wir die Ergebnisse unserer Arbeit?

Projekt

Wissenswertes über Brennnesseln

Heimisch sind vier Arten, die sich alle zur Zubereitung von Speisen eignen.

Große Brennnessel:
Stängel und Blätter sind mit Brennhaaren besetzt. Brechen diese durch Berühren, dann ergießt sich beim Einstechen Säure in die Haut und verursacht ein starkes Brennen.
Standort: Stickstoffreiche Böden, Brachland und Wegränder.
Stängel: Aufrecht, vierkantig.
Blätter: Lang gestielt, gegenständig, länglich zugespitzt, grob gesägt, Blattgrund herzförmig.
Blüten: Gelbgrün, zu Rispen vereint. Blütenstand weiblicher Pflanzen hängend, männlicher Pflanzen aufrecht.
Wurzelstock: Kriechend, weit verzweigt (Kriechpionier).
Inhaltsstoffe: In 100 g Brennnessel sind 8 mg Vitamin A, 200 mg Vitamin C (2,5-mal mehr als in der Zitrone), die Vitamine B und K, an Mineralstoffen unter anderem Eisen (41 mg), Mangan (8,2 mg), Bor (4,3 mg), Titan (2,7 mg), Kupfer (1,3 mg) enthalten.
Verwendung: Aus Brennnesseln lassen sich Suppen, Salate, Aufläufe, Püree, Spätzle und Tee bereiten. Brennnesseltee hilft bei Erkrankungen der Harnwege, er entwässert und entschlackt den Körper (Blutreinigungstee).

Schmackhaftes aus Brennnesseln

Damit ist aber das Projekt noch lange nicht gelaufen. Raik soll sich informieren, inwieweit die Schulküche dafür genutzt werden kann. Gleichzeitig erklärt er sich bereit, mit zwei weiteren Schülern die Brennnesseln zu besorgen. Wichtig ist auch beim Umgang mit Lebensmitteln in der Küche die Einhaltung hygienischer Vorschriften. Darum will sich Ina kümmern.

Die Arbeit beginnt. Die Klasse wird in 5 Gruppen eingeteilt, die folgende Speisen zubereiten bzw. kochen:
- Belegte Brote mit Brennnesselgarnierung
- Brennnesselspinat
- Brennnesselsuppe
- Gebackene Brennnesselblätter
- Brennnesseltee

Jede Gruppe ist allein für die Organisation ihrer Arbeit verantwortlich. Das beginnt mit dem Einkaufen der notwendigen Zutaten und endet mit dem Servieren beim Verkosten.

Die Präsentation. „Wichtig ist, dass wir unsere Ergebnisse auch den anderen zeigen", meint Peter. „Wie könnten wir das organisieren?" Für Angelika ist das kein Problem. „Wir laden die Parallelklasse zur Verkostung ein." Lars meint: „Eine kleine Ausstellung auf dem Flur oder im Biologiefachraum über die Brennnessel und ihre Verwendung wäre eine Möglichkeit, möglichst viele mit unseren Ergebnissen vertraut zu machen. Diese Arbeit könnten Franziska und Jens übernehmen." Michaela erklärt sich bereit, die dafür erforderlichen Schilder mit ihrem Computer zu beschriften. Außerdem wird sie fotografieren und ein Poster anfertigen.

Brennen Brennnesseln beim Essen?

Sie brennen nicht mehr, wenn sie mit heißem Wasser überbrüht oder in Öl gelegt werden. Sehr klein gehackt brennen sie kaum.

Butterbrot mit Brennnesseln

Brennnesseln sollte man mit Handschuhen ernten. Die beste Zeit ist das Frühjahr. Später verwendet man nur die oberen Triebspitzen.

Gebackene Brennnesselblätter

Zutaten für 6 Personen:
Etwa 40 große Brennnesselblätter. Für den Bierteig: 125 g Mehl, 1/4 Liter helles Bier, 1 Eigelb, 1 Eiklar, eine Prise Muskat, Salz, 1 Teelöffel Öl.
Zubereitung:
Aus Mehl, Bier, Eigelb, Salz und Muskat einen dickflüssigen Teig bereiten. Dann das Öl und das zu Schnee geschlagene Eiklar unterrühren. Die gewaschenen Brennnesselblätter leicht salzen und nach einer halben Stunde in den Bierteig tauchen, bei 180 °C in Pflanzenöl goldbraun backen. Verwendung als Suppeneinlage oder als Vorspeise mit verschiedenen Soßen.

Brennnesselspinat

Zutaten für 6 Personen:
800 g Brennnesseln, 0,5 Liter Milch, 3 Esslöffel Butter, 3 Esslöffel Mehl, Salz, Pfeffer, 6 Esslöffel süße Sahne, 1 mittlere Zwiebel.
Zubereitung:
Brennnesseln in Salzwasser kochen, abseihen und pürieren. Milch und Brennnesseln einer Mehlschwitze aus Butter, Mehl und feingeschnittener Zwiebel zugeben. Nach kurzem Aufkochen die Sahne unterrühren und mit Salz und Pfeffer abschmecken. Zu Kartoffeln mit Spiegelei servieren. Anstelle der Zwiebel kann auch eine Knoblauchzehe genommen werden.

Mineralstoffe. Mineralstoffe liegen im Körper als wasserlösliche Salze vor. Ihr Anteil im Körper eines Menschen beträgt etwa 4 %. So ist beispielsweise Eisen ein Bestandteil des roten Blutfarbstoffs und unentbehrlich für die Bindung des Sauerstoffs. Magnesium fördert die Energiebereitstellung für die Muskeln, Fluor ist im Zahnschmelz enthalten, Iod ist ein wesentlicher Bestandteil des Schilddrüsenhormons und Calcium ist am Aufbau der Knochen und Zähne beteiligt.

Mineralstoffe werden mit der Nahrung und mit dem Trinkwasser aufgenommen. Besonders reich an Mineralstoffen sind Getreideerzeugnisse, Hülsenfrüchte, Milch und Fleisch. So enthält beispielsweise 1 Liter Vollmilch 1 000 mg Calcium. Der tägliche Calciumbedarf eines Jugendlichen beträgt etwa 800 mg.

Fehlen dem Körper wichtige Mineralstoffe, kommt es zu Mangelerscheinungen. Allgemeine Schwäche, Gewichtsverlust, Muskelkrämpfe, Störungen der Herzfunktion, Wachstumsstörungen oder Erniedrigung der Körpertemperatur sind Folgeerscheinungen von Mineralstoffmangel. Am bekanntesten ist das Erscheinungsbild bei Iodmangel, der so genannte Kropf, eine Vergrößerung der Schilddrüse.

Ballaststoffe. Ballaststoffe sind in der Nahrung enthaltene Stoffe, die nicht oder nur teilweise vom Körper verwertet werden. Sie beeinflussen die Abgabe von Verdauungssäften im Körper, „füllen" Magen und Darm, machen satt und fördern die Darmbewegungen.

Der tägliche Bedarf an Ballaststoffen liegt bei etwa 30 g. Vollkorn- und Getreideprodukte sowie Hülsenfrüchte haben einen hohen Anteil an Ballaststoffen. In den Zellwänden der Pflanzenzellen befindet sich der Ballaststoff Cellulose. Sie gehört mit zu den Kohlenhydraten, ist aber im Körper nicht abbaubar und wird wieder ausgeschieden. Cellulose regt die Darmtätigkeit an und fördert dadurch den Abbau der Nährstoffe.

Gewürzpflanzen wie die Petersilie und der Schnittlauch verbessern den Geschmack der Speisen und regen die Verdauung an.

Ballaststoffreiche Lebensmittel

Ballaststoffarme Lebensmittel

Vitamine und Mineralstoffe sind weitere lebensnotwendige Stoffe. Mangelerkrankungen können dann auftreten, wenn diese Stoffe über einen längeren Zeitraum in unzureichender Menge aufgenommen werden. Wasser ist als Lösungs- und Transportmittel im Stoffwechsel unentbehrlich.

AUFGABEN

1. Nenne je drei Nahrungsmittel, die reich an Kohlenhydraten, Fetten und Eiweißen sind!
2. Begründe die Notwendigkeit der Aufnahme von Mineralstoffen und Vitaminen für die Gesunderhaltung!
3. Beschreibe Möglichkeiten für eine vitaminschonende Zubereitung von Speisen!
4. Vergleiche die Nährstoffe nach den in ihnen enthaltenen Bausteinen. Fertige eine Tabelle an, die folgende Spalten enthält: Nährstoff, Enthaltene Bausteine, Vorkommen in Nahrungsmitteln als Hauptbestandteil!

Wir weisen Ergänzungsstoffe nach

Weise Vitamin C nach!

Material:
2 Reagenzgläser
Ascorbinsäure (= Vitamin C) oder Zitronensaft
Tillmans'-Reagenz
Destilliertes Wasser
Vollmilch
Pipette

Der Nachweis von Vitamin C in Nahrungsmitteln ist mit Tillmans'-Reagenz möglich.

Durchführung – Vorversuch:
Löse eine Messerspitze Ascorbinsäure in 10 ml destilliertem Wasser. Gib anschließend mit einer Pipette tropfenweise Tillmans'-Reagenz hinzu.
Beobachte und notiere die Veränderung! Du kannst diesen Versuch auch mit Zitronensaft statt Ascorbinsäure durchführen.

Vitamin C in der Milch?
Wiederhole den Versuch anschließend mit Vollmilch. Vergleiche das Ergebnis mit dem des Vorversuchs!

Weise Wasser nach!

Material:
1 Erlenmeyerkolben
Gummistopfen
Glasrohr
Reagenzglas
Eiswasser
Vollmilch
Bunsenbrenner
Dreifuß
Drahtnetz

Durchführung:
Fülle einen Erlenmeyerkolben mit genau 10 ml Vollmilch und verschließe ihn mit einem einfach durchbohrten Gummistopfen. Erhitze die Milch langsam über einem Bunsenbrenner. Wichtig ist, dass dabei kein Dampf entweicht, sondern der Dampf über ein Glasrohr in ein Reagenzglas geleitet wird. Das Reagenzglas muss in einem Wasserbad mit Eiswasser stehen. Beobachte den Vorgang genau und beende den Versuch erst dann, wenn die gesamte Milch im Erlenmeyerkolben verdampft ist.

Auswertung:
Beschreibe, was passiert ist! Was befindet sich im Reagenzglas? Du hast den Versuch mit 10 ml Vollmilch durchgeführt. Überlege, welche Rückschlüsse sich daraus für einen ganzen Liter Milch ergeben.
Vergleiche deine Auswertung mit der Angabe auf der Milchpackung!

Überprüfe verschiedene Milchsorten auf ihre Ergänzungsstoffe!

In mehreren Versuchen hast du nun einige Inhaltsstoffe der Milch bestimmen können.
Im Handel gibt es verschiedene Sorten von Milch: Vollmilch, teilentrahmte Milch, fettarme Milch, Buttermilch und Dickmilch. Probiere diese Milchsorten und führe die Versuche mit einigen durch!
Kannst du Unterschiede in der Reaktion für einzelne Inhaltsstoffe feststellen? Wenn ja, versuche sie zu erklären!
Erstelle aus deinen Ergebnissen ein Werbeplakat für das Milchtrinken und beschreibe die Vorteile der Vollmilch für die Ernährung des Menschen!

Essen, um leistungsfähig und gesund zu sein

Wenn es aber immer so gut schmeckt

Die Waage ist unbestechlich.

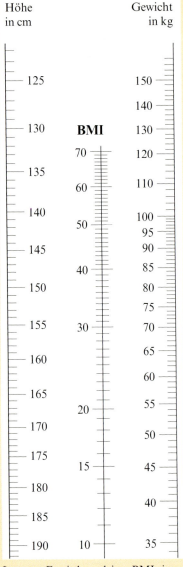

Lege zur Ermittlung deines BMI ein Lineal links am Wert für die Körpergröße an und verbinde ihn mit deinem Körpergewicht auf der Skala rechts. In der Mitte kannst du den BMI ablesen.

Probleme mit dem Gewicht. Zu dick, zu dünn, Übergewicht, Fettleibigkeit, Magersucht, Bulimie, Idealfigur – alles Begriffe, die uns fast täglich in den Medien und in Gesprächen begegnen. Häufig macht uns das unsicher: „Ernähre ich mich richtig, wiege ich zu viel oder zu wenig?" Auf diese Fragen erhalten wir trotz Spiegel, Waage und Zentimetermaß keine allgemein gültigen Antworten. So wie jeder von uns seine ganz individuelle Körpergröße, Haarfarbe oder Hautbeschaffenheit hat, verfügt er auch über Erbanlagen für sein Normalgewicht. Es kann durchaus über oder unter dem durchschnittlichen Gewicht Gleichaltriger oder Gleichgroßer liegen. Wer sich in seiner Haut wohl fühlt, aktiv und lebensfroh ist, sollte sich nicht durch superschlanke Mager-Models in den Medien verunsichern lassen. Einige Pfunde mehr zu akzeptieren gehört auch zum Selbstbewusstsein. Um aber sicher zu sein, dass das persönliche „Wohlfühlgewicht" etwa den ärztlichen Empfehlungen entspricht, können sich Jugendliche und Erwachsene an Durchschnittswerten orientieren.

Normalgewicht. Am bekanntesten ist die Berechnung nach der Formel: Körpergröße (in cm) minus 100 = Normalgewicht in kg.
Eine differenziertere Information über sein Körpergewicht erhält man durch die Berechnung des Body-Mass-Index (BMI). Im Vergleich zur ersten Berechnung berücksichtigen die ermittelten Werte den individuellen Körperbau des betreffenden Menschen.

Übergewicht. Immer mehr Kinder und Jugendliche leiden unter starkem Übergewicht von 20 bis 30 % über dem Normalgewicht. Einige wiegen noch viel mehr. Meist wird zu viel, zu süß, zu fett, zu salzig und zu unregelmäßig gegessen. Pommes frites mit Majonäse, Hamburger, Pizza und Naschereien werden zu häufig verzehrt. Bewegungsmangel kommt noch hinzu. Wenn dem Körper aber ständig mehr Nahrung angeboten wird, als er verbrauchen kann, dann legt er Fettdepots an.
Wenn Betroffene von Schulkameraden wegen ihrer Körperfülle mitunter drastisch gehänselt werden, ziehen sie sich oft aus der Gemeinschaft zurück. Die Lösung bei der Suche nach einem Ausweg scheint dann nicht selten eine schnell wirkende Diät zu sein. Häufig wird aber gerade diese zum Auslöser folgenschwerer Essstörungen.

Ermitteln und Bewerten des BMI:

$$\frac{\text{Körpergewicht (kg)}}{\text{Körperhöhe (m) x Körperhöhe (m)}}$$

BMI unter 18:	Untergewicht
BMI 18 bis 25:	Normalgewicht
BMI 26 bis 30:	Übergewicht
BMI über 30:	Starkes Übergewicht

Essen, um leistungsfähig und gesund zu sein

Gewicht und Größe sind auch bei Gleichaltrigen von Natur aus sehr variabel.

Selbsttäuschung vor dem Spiegel

Essen oder Nichtessen können zur Sucht werden. Von Essstörungen betroffene Menschen sind ihrem Essverhalten völlig ausgeliefert. Dazu zählt das zwanghafte Essen riesiger Nahrungsmengen oder auch die weitgehende Verweigerung der Nahrungsaufnahme.

Fettsucht. Andreas leidet an Fettsucht. Im letzten Jahr nahm er 20 kg zu. Zwanghaft beschäftigen sich seine Gedanken mit dem Essen. Übermäßiges Essen scheint für ihn die einzige Möglichkeit zu sein, Sorgen und Ängste zu bewältigen. Er isst nicht aus Hunger, sondern aus Frust. Bei solchen Essanfällen stopft er gleich 10 Stück Kuchen und mehrere Tafeln Schokolade in sich hinein. Er kann seine Nahrungsaufnahme nicht mehr steuern. Um aus dieser Situation wieder herauszukommen, wird sich Andreas einer Langzeittherapie unterziehen müssen. Denn über längere Zeiträume kann starkes Übergewicht zu schweren Krankheiten wie Herz- und Kreislauferkrankungen, Diabetes und Gelenkveränderungen führen.

Magersucht. Jana ist wie etwa eine halbe Million Mädchen und Frauen in Deutschland magersüchtig. Sie fühlt sich auch bei einem Untergewicht von 20 % noch zu dick. Ständig versucht sie, ihr Hungergefühl zu unterdrücken. Begonnen hat ihre Essstörung mit einer Diät. Dann fing sie an, Mahlzeiten auszulassen und später auch tagelang gar nichts zu essen. Zusätzlich joggte sie täglich bis zur Erschöpfung. In solchen Augenblicken erlebte sie eine Art Rauschzustand. Sie hatte verlernt, die Signale ihres Körpers richtig wahrzunehmen und zu deuten. Etwa 10 % der Magersüchtigen sterben an ihrer Sucht. Bei den meisten kann während eines Klinikaufenthaltes das Schlimmste gerade noch abgewendet werden. Die gesundheitlichen Folgen sind Stoffwechselstörungen, Herzschäden und Störungen des Menstruationszyklus.

Bulimie (Ess-Brech-Sucht). Bei etwa der Hälfte der Magersüchtigen ist es nur eine Frage der Zeit, bis sie ihren Heißhunger mit großen Nahrungsmengen stillen müssen. Schon während dieser Anfälle befällt sie Scham, voller Ekel wollen sie die Speisen durch erzwungenes Erbrechen und Einnahme von Abführmitteln wieder loswerden. Bulimie und andere Essstörungen müssen medizinisch behandelt werden.

Für 1 kg Gewichtsabnahme (Körperfett) müsstest du etwa:

33 Stunden Rad fahren
35 Stunden Erde umgraben
10 Stunden tanzen
20 Stunden schnell laufen

AUFGABEN

1. Sammle Informationen über Essstörungen und gestalte damit ein Poster!
2. Essstörungen sind auch Reaktionen auf aktuelle „gesellschaftliche Normen". Begründe diese Aussage!
3. Nenne Beispiele für Lebenssituationen, die zu Essstörungen führen können!
4. Was versteht man in der Medizin unter starkem Übergewicht?
5. Entwickle Strategien, um Klassenkameraden zu helfen, die an Essstörungen leiden!

Was geschieht mit der in der Nahrung enthaltenen Energie? Außergewöhnliche Leistungen erfordern außergewöhnliche Ernährung. Die Teilnehmer der Tour de France benötigen für eine Bergetappe zwischen 46 000 und 50 400 kJ. Ein Erwachsener hingegen verbraucht normalerweise nur etwa 8 400 bis 10 100 kJ am Tag. Bereits zum ersten Frühstück nehmen die Radprofis bis zu 10 500 kJ auf.

Bei einem Radrennen benötigen vor allem Leistungssportler sehr viel Energie.

Cornflakes
Mit vielen Vitaminen

Zutaten:
Mais, Zucker, Salz, Malz, Vitamine (Niacin, Vitamin E, Pantothensäure, Vitamin B6, Vitamin B2, Vitamin B1, Folsäure, Vitamin B12).

Nährwertinformationen:	
Nährwerte je 100 g	
Brennwert	1550 kJ/ 365 kcal
Eiweiß	8,0 g
Kohlenhydrate	82,0 g
Fett	0,6 g
Vitamine je 100 g	Deckung des Tagesbedarfs je 100 g in %
Niacin 19,0 mg	106
Vitamin E 12,0 mg	120
Pantothensäure 8,0 mg	133
Vitamin B6 2,0 mg	100
Vitamin B2 1,6 mg	100
Vitamin B1 1,4 mg	100
Folsäure 160,0 µg	80
Vitamin B12 1,0 µg	100

Nährwert von Cornflakes

Unser Körper funktioniert wie ein Heizkraftwerk und eine chemische Fabrik. Für den Betrieb unseres „Heizkraftwerkes" werden die Nährstoffe Fette und Kohlenhydrate als Brennstoffe verwendet. Für die „chemische Fabrik", durch die der Zellaufbau und die Zellerneuerung sowie die Aufrechterhaltung aller Stoffwechselfunktionen gewährleistet wird, werden Eiweiße, Vitamine und Mineralstoffe benötigt.

Brennen in unserem Körper Jogurt, Pommes frites oder Orangensaft? Wenn wir Holz verbrennen, entstehen thermische Energie, Asche und Rauch. Für diese Verbrennung ist Sauerstoff erforderlich. Wir können im Ofen auch Nährstoffe verbrennen und die dabei frei werdende Energie als Wärme messen. Die gemessene Energie von Lebensmitteln wird als Brennwert (Nährwert) bezeichnet. Er wird in Kilojoule (kJ) angegeben (veraltet auch kcal, 1 kcal = 4,2 kJ).

Die Nahrung „verbrennt" in unserem Körper nicht mit offener Flamme und nicht plötzlich, sondern in vielen Teilschritten. Den dafür benötigten Sauerstoff atmen wir mit der Lunge ein. Er wird vom Blut zum Ort der „Verbrennung", z. B. zu den Muskelzellen transportiert. Die „Asche" dieser Verbrennung sind Kohlenstoffdioxid und Wasser, die wir über Lunge und Nieren ausscheiden. Nährstoffe beinhalten chemische Energie, die im Stoffwechsel verwertet wird. Ein Teil der chemischen Energie kann während des Stoffwechsels für den Aufbau von Körpersubstanzen und die Aufrechterhaltung aller Lebensfunktionen genutzt werden. Daneben wird ein Teil dieser Energie in Form von Wärme ungenutzt an die Umgebung abgegeben. Man spricht dabei von einer Energieentwertung.

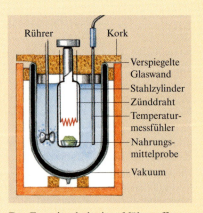

Der Energiegehalt eines Nährstoffs kann mit einem Kalorimeter, in dem der Nährstoff verbrannt wird, ermittelt werden. Die frei werdende Wärme lässt die Temperatur des Wassers ansteigen. Aus dieser Temperaturerhöhung kann man den Energiegehalt des Nährstoffs errechnen.

Essen, um leistungsfähig und gesund zu sein

Durchschnittlicher Energiegehalt einiger Nahrungsmittel (in je 100 g)	
Butter	3 500 kJ
Majonäse	3 200 kJ
Knäckebrot	1 400 kJ
Brötchen	1 060 kJ
Pommes frites	950 kJ
Roggenbrot	950 kJ
Hühnerei	678 kJ
Milch, fettarm	200 kJ
Möhren	120 kJ
Gurke	50 kJ

Empfohlene Aufteilung der täglichen Nahrung auf fünf Mahlzeiten	
1. Frühstück	25 %
2. Frühstück	10 %
Mittagessen	30 %
Vesper	10 %
Abendbrot	25 %

Ernährungstipps:
– Verteile die Tagesenergiemenge auf fünf kleinere Mahlzeiten!
– Strebe ein Gleichgewicht zwischen Energieaufnahme und Energieverbrauch an!
– Bevorzuge zucker- und fettarme Lebensmittel!
– Iss täglich rohes Obst und Gemüse!
– Wähle Nahrungsmittel mit hohen Anteilen an Vitaminen, Mineralstoffen und Ballaststoffen (z. B. Obst, Gemüse, Vollkornerzeugnisse, Kartoffeln)!
– Reduziere den Genuss von Fleisch und Eiern auf 2 bis 3 Mahlzeiten in der Woche, iss dafür mehr Fisch und Milchprodukte!
– Trinke täglich 1,5 l zuckerarme Flüssigkeit, darunter etwa 0,5 l Milch!
– Würze viel mit Kräutern, aber nur mit wenig Salz!

Auswahl von Nahrungsmitteln, die sich für eine gesunde Ernährung eignen

AUFGABEN

1. Notiere möglichst exakt die Mengen aller Getränke und Nahrungsmittel, die du an einem gewöhnlichen Tag dieser Woche zu dir nimmst! Entnimm dem Aufdruck der Verpackungen oder einer Nährwerttabelle den Gehalt an Energie (kJ), Nährstoffen, Vitaminen und Mineralstoffen! Notiere die Angaben und berechne den Anteil dieser Stoffe in der von dir aufgenommenen Nahrung! Ermittle die Summe der insgesamt an diesem Tag aufgenommenen Energie (kJ)! Vergleiche mit dem Normwert der Tabelle auf der vorigen Seite! Überprüfe, ob dein Ess- und Trinkverhalten an dem betreffenden Tag den Regeln einer gesunden Ernährung entsprochen hat! Welche Schlussfolgerungen ziehst du daraus?

2. Worauf beruht der etwas geringere tägliche Gesamtenergiebedarf von Mädchen gegenüber gleichaltrigen Jungen?

3. Stelle Getränke und Nahrungsmittel für ein gesundes Frühstück zusammen und begründe deine Auswahl! Beziehe auch die Angaben zur Verteilung der Tagesenergiemenge auf dieser Seite mit ein!

4. Begründe, warum besonders Kinder, Jugendliche und alte Menschen Nahrungsmittel zu sich nehmen sollten, die viel Calcium enthalten!

5. Bewerte die nachstehend beschriebenen Mahlzeiten aus ernährungswissenschaftlicher Sicht!
   Erstes Frühstück
   a) 3 Mohnbrötchen, 30 g Butter, 30 g Honig, Kräutertee
   b) 2 Scheiben Vollkornbrot, 20 g Butter, 2 Scheiben Wurst, 10 g Honig, ein Glas Milch
   Zweites Frühstück
   a) eine Packung Butterkeks, Cola
   b) 2 Scheiben Vollkornbrot, 10 g Margarine, 50 g Käse, eine Kiwi, eine Banane
   Mittagessen
   a) 200 g Pommes frites, 150 g Schweinefleisch, 100 g gekochter Mais, 1 Glas Fruchtsaft
   b) 200 g Nudeln, Tomatensoße mit 100 g Jagdwurst, Salatteller mit Tomaten, Gurken, Blattsalat, Schafskäse, Kräutern und Olivenöl, 1 Glas Fruchtsaft

Enzyme beeinflussen die Verdauung

Du hast im Biologieunterricht erfahren, dass Weißbrot, wenn man es lange genug gründlich kaut, süß schmecken soll. Zu Hause überprüfst du das und es ist tatsächlich so. Ist im Weißbrotteig Zucker enthalten? Dann müsste es auch bei Kaubeginn süß schmecken. Beim Kauen sondern wir Mundspeichel ab. Er könnte an der Veränderung des Geschmacks beteiligt sein. In unserem Mundspeichel sind offenbar Stoffe enthalten, die bei der Entstehung von Zucker aus Stärke eine wichtige Rolle spielen.

Enzyme. Enzyme werden auch als Biokatalysatoren bezeichnet. Sie sind hochmolekulare Eiweiße, die eine biochemische Reaktion auslösen oder beschleunigen, ohne sich dabei zu verändern oder zu verbrauchen. Enzyme ermöglichen den Ablauf von Stoffwechselprozessen bereits bei Körpertemperatur.
Die Namen der Enzyme enden häufig auf -ase (z. B. Maltase, Amylase im Mundspeichel), nur einige Verdauungsenzyme enden auf -in (z. B. das Pepsin des Magens).
Enzyme steuern in unserem Körper die Reaktionen von Stoffen miteinander, sie beschleunigen Abläufe und spalten Stoffe. Es wird angenommen, dass Tausende verschiedener Enzyme an der Aufrechterhaltung aller Lebensvorgänge unseres Körpers beteiligt sind.
Wie ist ihre Wirkungsweise zu erklären?
Jedes Enzymmolekül besitzt an einer bestimmten Stelle ein aktives Zentrum. Dort kann sich nur ein Stoff (Substrat) mit einer ganz bestimmten Struktur (z. B. ein Disaccharidmolekül) anlagern. Dabei entsteht ein Enzym-Substrat-Komplex. Im weiteren Verlauf der Reaktion zerfällt dieser Komplex in die Reaktionsprodukte (zwei Monosaccharidmoleküle) und das unveränderte Enzym. Enzyme können immer nur mit einem ganz bestimmten Substrat reagieren, sie sind substratspezifisch. Man kann sich das so vorstellen, dass Substratmolekül und Enzymmolekül am aktiven Zentrum zusammenpassen wie der Schlüssel zum Schloss.
Die Wirkungsweise von Enzymen kann man anhand eines Modellexperiments demonstrieren.

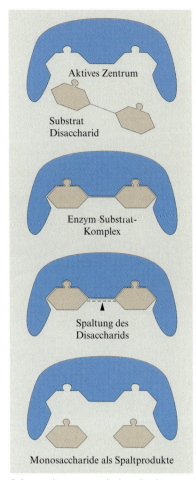

Schema der enzymatischen Spaltung des Disaccharids Maltose in Glucose

Modellexperiment zur Enzymwirkung

Material: Brenner, Verbrennungslöffel, Uhr, Würfelzucker, Zigarettenasche
Durchführung: Halte ein Stück Würfelzucker so lange über die nichtleuchtende Bunsenbrennerflamme, bis es brennt. Ermittle (z. B. mit einer Stoppuhr) die dafür erforderliche Zeit. Beobachte den Würfelzucker nach dem Entfernen aus der Flamme. Wiederhole das Experiment mit einem Stück Würfelzucker, das du in etwas Zigarettenasche getaucht hast.
Beobachte den Würfelzucker nach dem Entfernen aus der Flamme!
Beobachtung: Du kannst feststellen, dass der mit Zigarettenasche versetzte Zucker nach kürzerer Zeit brennt und die Energiezufuhr eher abgebrochen werden kann. Der Verbrennungsprozess dauert jedoch außerhalb der Flamme weiter an.
Auswertung: Um die Reaktion einzuleiten, ist in beiden Fällen die Zufuhr von Energie notwendig. Beim Verbrennen von einem Stück Würfelzucker mit Zigarettenasche war die dafür erforderliche Energie jedoch geringer als im Experiment ohne Zigarettenasche. Die Zigarettenasche muss also Stoffe enthalten, die die Oxidation begünstigen. Diese Stoffe wirken im Experiment wie die Enzyme in unserem Körper, sie sind Katalysatoren.

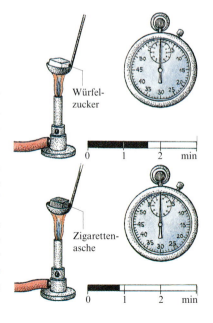

Verdauung im Mundbereich

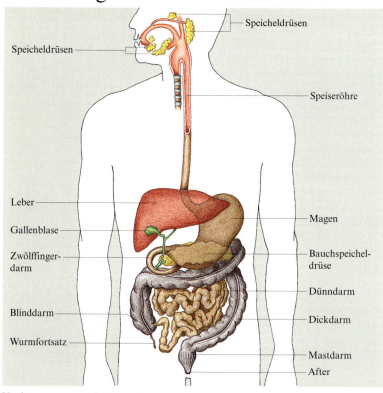

Verdauungssystem des Menschen

Schon gewusst?

Der Mensch besitzt 5 Mundspeicheldrüsen mit 6 Millionen Speicheldrüsenzellen, aus denen täglich bis zu 2 Liter Speichel produziert werden. Diese Produktion kann schon durch angenehme Essensgerüche ausgelöst werden, dir „läuft dann das Wasser im Mund zusammen".

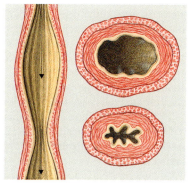

Peristaltik

Gut gekaut ist halb verdaut. Sicher hast du dieses Sprichwort auch schon einmal gehört. Tatsächlich beginnt die Verdauung der Nahrung bereits im Mund. Mithilfe unserer Zähne erfolgt zuerst eine mechanische Zerkleinerung des Bissens, bevor die Nahrung auf chemischem Weg weiter bearbeitet wird. Diese Zerkleinerung ist notwendig, damit die Oberfläche der Nahrung vergrößert wird und bestimmte Enzyme, die an der Verdauung beteiligt sind, schneller und besser wirken können. Beim Durchkauen einzelner Nahrungsteile geben gleichzeitig verschiedene Drüsen im Mundbereich Speichel ab, der sich mit der grob zerkleinerten Nahrung mischt. Dieser Speichel ist der Verdauungssaft der Mundhöhle. Er besteht zu über 99% aus Wasser und enthält das Enzym Amylase. Dieses Enzym spaltet große Kohlenhydratmoleküle, die Stärke, in kleinere Kohlenhydratmoleküle, die Maltosemoleküle. Der Schleimanteil im Speichel sorgt für die gute Gleitfähigkeit des Nahrungsbreis.

Speiseröhre. Vom Mund aus wird der Nahrungsbrei über die Speiseröhre weitertransportiert. Der Nahrungstransport in der Speiseröhre erfolgt durch eine peristaltische Bewegung, bei der sich die Muskulatur der Speiseröhre wellenförmig zusammenzieht und den Bissen weiterdrückt. Speiseröhre und Luftröhre liegen dicht hintereinander. Beim Schlucken hebt sich der Kehlkopf im Rachen etwas an und der Kehlkopfdeckel verschließt die Luftröhre, damit die Nahrung nicht „in den falschen Hals" rutscht, sondern über die Speiseröhre in den Magen gelangt. Durch den Verschluss der Luftröhre ist es sogar möglich, im Liegen oder im Handstand mithilfe eines Strohhalmes zu trinken, ohne sich zu verschlucken.

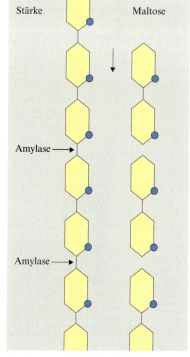

Amylase spaltet Stärke in Maltose.

Mundhygiene. Saubere Zähne machen nicht nur einen guten Eindruck, sie sind auch wichtig für unsere Gesunderhaltung. Richtige Pflege und Schutz vor Karies und Parodontose sind aber notwendig, sonst ist es schnell vorbei mit dem strahlenden Lächeln.

Bereits kurz nach der Geburt siedeln sich in unserer Mundhöhle Bakterien an und bilden die natürliche Mundflora. Diese Bakterien üben, wie auch die Bakterien der Darmflora, eine Schutzfunktion für unseren Körper aus, indem sie durch ihre Anwesenheit die Ansiedlung anderer Bakterien verhindern. Sie ernähren sich von Kohlenhydraten, besonders von Zucker. Eine Gefahr für unsere Zähne besteht darin nicht unbedingt. Verbleiben aber kohlenhydratreiche Speisereste über viele Stunden in den Zahnzwischenräumen, dann vermehren sich die Bakterien stark und bilden zusammen mit den Speiseresten Beläge (Plaque) auf den Zahnflächen. Diese Bakterien decken ihren Energiebedarf aus dem Abbau von Zucker. Dabei entstehen Säuren (z. B. Milchsäure), die in den Zahnschmelz eindringen und ihm Mineralien (z. B. Kalk) entziehen. Als Folge entstehen kleine Löcher und Risse – die ersten Anzeichen von Karies (Zahnfäule).

Bakterien können auch zwischen Zahn und Zahnfleisch gelangen und dort das Zahnfleisch sowie den Kieferknochen schädigen. Zahnfleischschwund (Parodontose) kann dann zu wackelnden Zähnen oder sogar zum Zahnausfall führen.

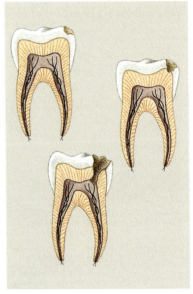

Entwicklung von Karies

Richtige Zahnpflege ist der beste Schutz vor Karies und Parodontose. Dazu sollten die folgenden Ratschläge beachtet werden:

1. Für gesunde Zähne gesunde Ernährung: wenig Zucker, viel Obst und Vollkornprodukte, regelmäßig Milch und Milchprodukte
2. Jährlich zwei Kontrolluntersuchungen des Gebisses vom Zahnarzt vornehmen lassen.
3. Ausreichende Mundhygiene: Mindestens zweimal täglich drei Minuten Zähne mit Zahnpasta putzen, Zahnbürste vom Zahnfleisch zum Zahn führen („Rot-Weiß"), Zahnzwischenräume mit Zahnseide reinigen. Ein erheblicher Teil der Zahnoberflächen liegt innerhalb der Zahnzwischenräume, die mit der Zahnbürste nicht richtig erreicht werden. Diese Zahnflächen können gut mit Zahnseide gereinigt werden.

> Die Verdauung der Nahrung beginnt bereits im Mund mit der mechanischen Zerkleinerung durch die Zähne. Durch den Speichel gelangt das Enzym Amylase, das Stärke spaltet, in den Nahrungsbrei.

Schon gewusst?

Fluoridhaltige Zahnpasta und fluoridiertes Speisesalz können Zähne vor Karies schützen. Fluorid härtet den Zahnschmelz und macht die Zähne widerstandsfähiger gegen die Säure der Bakterien. Des Weiteren hemmt es den Stoffwechsel der Plaquebakterien. Trotzdem muss man sich regelmäßig die Zähne putzen und den Zuckerverzehr einschränken.

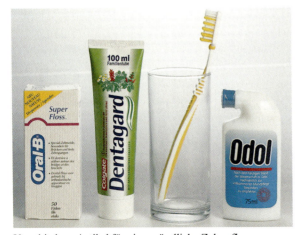

Verschiedene Artikel für eine gründliche Zahnpflege

Reinigen der Zahnzwischenräume mit Zahnseide

Verdauung im Magen

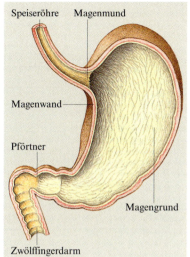

Magen mit Speiseröhre und Zwölffingerdarm (Längsschnitt)

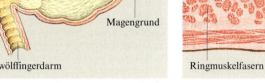

Magenschleimhaut (Ausschnitt schematisch)

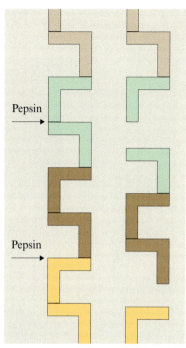

Pepsin spaltet Eiweiß in kürzere Aminosäureketten.

Bau und Funktion des Magens. Aus der Mundhöhle wird der Nahrungsbrei durch peristaltische Bewegung der Speiseröhre in den Magen transportiert. Zu Beginn der Verweildauer des Nahrungsbreis im Magen wird die Stärkeverdauung durch die Speichelamylase fortgesetzt.

Der Magen ist ein etwa c-förmiges, muskulöses Organ, etwa 20 cm lang mit einem Fassungsvermögen von 1,5 Litern. Durch peristaltische Bewegungen der Muskelschicht der Magenwand wird die Nahrung zu einem einheitlichen Brei geformt. Die 2 mm bis 3 mm dicke Magenwand ist von einer stark gefalteten Magenschleimhaut ausgekleidet, die sehr viele Drüsen enthält. Diese können bereits bei Geruch von Speisen Magensaft absondern. Magensaft besteht aus Salzsäure (0,2 bis 0,5 %ig) und einem Eiweiß spaltenden Enzym. In Abhängigkeit von der Nahrungsaufnahme bilden die Drüsen etwa 2 l Magensaft je Tag.

Die schlauchförmigen Drüsen der Magenschleimhaut enthalten drei Zellarten: Haupt-, Neben- und Belegzellen. Die Salzsäure wird von den Belegzellen gebildet und direkt in das Mageninnere abgegeben. Hier durchsäuert sie den gesamten Nahrungsbrei und tötet dabei fast alle mit der Nahrung aufgenommenen Bakterien ab. Die im Nahrungsbrei enthaltenen Eiweißstoffe werden durch die Salzsäure so verändert, dass sie leichter verdaut werden können. Hierzu produzieren die Hauptzellen das zunächst wirkungslose Enzym Pepsinogen, das erst durch das Einwirken von Salzsäure in das Eiweiß spaltende Enzym Pepsin umgewandelt wird. Die Nebenzellen bilden Magenschleim, der die innere Oberfläche des Magens vor der aggressiven Salzsäure schützt. Ist der Nahrungsbrei gut durchmischt und haben alle Nahrungsteilchen etwa einen Durchmesser von 0,5 mm, öffnet sich am Magenausgang ein ringförmiger Muskel, der Magenpförtner. Er gibt kleine Portionen des Mageninhalts weiter an den Darm.

Verweildauer verschiedener Nahrungsmittel im Magen	
Fisch	1 Stunde
Reis	2 Stunden
Suppe	2 Stunden
Kartoffeln	3 Stunden
Schwarzbrot	4 Stunden
Äpfel	4 Stunden
Rinderbraten	4 Stunden
Erbsen	5 Stunden
Linsen	5 Stunden
Geflügel	6 Stunden
Schweinebraten	7 Stunden

> Im Magen wird der aus der Mundhöhle kommende Nahrungsbrei mit Salzsäure durchsetzt. Das im Magensaft enthaltene Enzym Pepsin spaltet Eiweiße in kürzere Aminosäureketten.

AUFGABEN

1. Erkläre die Bedeutung des Sprichwortes „Gut gekaut ist halb verdaut"!
2. Beschreibe den Verdauungsvorgang im Mund und im Magen!
3. Die Zellen des Magens bestehen aus Eiweißstoffen. Erkläre, warum der Magen sich nicht selbst verdaut!

Wir untersuchen die Wirkung von Enzymen

Frischer Kartoffelpresssaft enthält das Enzym Katalase

Material: Kartoffelreibe, Leinentuch, Kartoffel, 2 Reagenzgläser, 3%ige wässrige Wasserstoffperoxidlösung

Durchführung: Reibe eine ungeschälte rohe Kartoffel möglichst fein und presse sie mit dem Tuch aus. Gib 5 ml Presssaft in ein Reagenzglas und füge etwas Wasserstoffperoxidlösung hinzu. Führe den gleichen Versuch auch mit Kartoffelpresssaft durch, der zuvor abgekocht wurde.
Beobachte die Einwirkung von frischem und abgekochtem Kartoffelpresssaft auf Wasserstoffperoxidlösung.
Hinweis: Das auch in Kartoffeln vorkommende Enzym Katalase bewirkt den Zerfall von Wasserstoffperoxid (H_2O_2) in Wasser und Sauerstoff, kenntlich am Aufschäumen.
Auswertung: Vergleiche die Reaktionen und ziehe Schlussfolgerungen auf die Hitzestabilität von Katalase!

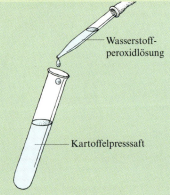

Zugabe von Wasserstoffperoxidlösung zu Kartoffelpresssaft

Untersuchung der Wirkung von Mundspeichel auf Brot

Material: Geräte und Chemikalien wie beim Glucosenachweis auf der Seite 8, Weißbrot

Durchführung: 1. Kaue ein Stück Weißbrot (ohne Rinde) etwa eine Minute lang so durch, dass es dabei gründlich mit Mundspeichel durchmischt wird. Gib etwas von dem gekauten Weißbrot in eine kleine Petrischale und lasse diese Probe etwa 5 Minuten stehen. Überprüfe nach der Anleitung auf der Seite 8, ob die Probe Zucker enthält!
2. Führe die Probe auf Zucker auch mit ungekautem Weißbrot durch, das du zuvor in einem Mörser zerkleinert und mit Wasser versetzt hast!
3. Überprüfe je eine Probe mit gekautem und ungekautem Weißbrot mit Iod-Kaliumiodid-Lösung auf das Vorhandensein von Stärke.
Protokolliere jeweils deine Beobachtungsergebnisse.
Auswertung: Leite aus den Beobachtungen Schlussfolgerungen über die Wirkung von Mundspeichel auf die Stärke in der Nahrung ab!

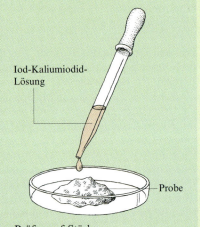

Prüfen auf Stärke

Untersuchung der Wirkung des Enzyms Pepsin auf Eiweiß

Material: Etwas gekochtes Weißei, Fisch- oder Geflügelfleisch; Pepsin (1%ige Lösung), 10 ml stark verdünnte Salzsäure (0,2%ig), 3 nummerierte Reagenzgläser, Reagenzglasständer, Spatel, Pinzette, Messer, Schutzbrille für das Arbeiten mit Salzsäure, Thermometer, Wasserbad

Durchführung: Gib in jedes Reagenzglas ein kleines, gleich großes Stück Weißei oder Fleisch. Füge zum ersten Glas 10 ml Wasser und 1 ml 1%ige Pepsinlösung, zum zweiten Glas 10 ml 0,2 %ige Salzsäure und zum dritten Glas 10 ml 10%ige Salzsäure und 1 ml 1%ige Pepsinlösung hinzu. Gib die Reagenzgläser anschließend für einige Stunden in ein Wasserbad von etwa 37 °C.

Auswertung: Beobachte die Einwirkung der genannten Lösungen auf das Eiweiß in den Röhrchen 1 bis 3. Protokolliere deine Beobachtungen und werte die Ergebnisse aus! Welchen Einfluss hat die Salzsäure auf die Wirkung von Pepsin?

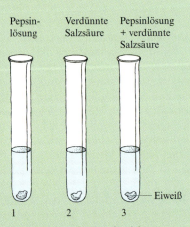

Untersuchen der Pepsinwirkung

Wenn der Magen erkrankt

Falsche Lebens- und Essgewohnheiten, großer Kummer, Angst und Ärger können „uns auf den Magen schlagen". Hektik und Stress, aber auch Alkohol und Rauchen, unregelmäßige und unausgewogene Mahlzeiten führen dazu, dass der Magen nicht mehr einwandfrei arbeitet. Der Magen reagiert darauf mit Völlegefühl, Aufstoßen, Übelkeit und Appetitlosigkeit. In so einem Fall spricht man von einem nervösen Magen.

Meine Arbeit „frisst" mich auf.

Ich habe keine Zeit zum Essen.

Wenn der Magen sauer reagiert. Wahrscheinlich kennst du auch das ungute Gefühl, „sauer aufstoßen" zu müssen. Wir klagen dann über Sodbrennen und meinen damit eine ätzend brennende Empfindung im Bereich der Speiseröhre. Die Salzsäure kann unter Umständen vom Magen aus in den unteren Bereich der Speiseröhre fließen und das Sodbrennen auslösen.

Magenschleimhautentzündung. Unmäßiger Alkohol- und Nikotingenuss, übermäßige Nahrungszufuhr, aber auch Lebensmittelvergiftungen können diese Krankheit verursachen. Übelkeit, Erbrechen, Aufstoßen und ein Druckgefühl im Oberbauch sind die Krankheitssymptome. Mit Tee und Zwieback und lokaler Wärmezufuhr können die Schmerzen gelindert werden.

Magengeschwür. Die Salzsäure des Magensaftes und der von der Magenwand produzierte Magenschleim stehen miteinander im Gleichgewicht. Wird dieses Gleichgewicht gestört, kann der Magensaft die Magenwand angreifen und das Gewebe der Magenwand freilegen. Man spricht dann von einem Magengeschwür. Schlimmstenfalls kann sogar ein richtiges Loch in der Magenwand entstehen. In der Regel heilen Magengeschwüre nach einiger Zeit von allein, wenn man seine Lebens- und Essgewohnheiten entsprechend ändert. Manchmal ist jedoch eine medikamentöse Behandlung oder sogar eine Operation erforderlich. Heute weiß man, dass bestimmte Bakterien (*Helicobacter*) häufig für Magengeschwüre und -krebs verantwortlich sind.

Magenkrebs. Etwa 20 % aller bösartigen Tumoren sind Magenkarzinome. Die Symptome dieser Krankheit sind meist über längere Zeit uncharakteristisch; man spricht vom „empfindlichen Magen". Daher wird das Magenkarzinom erst spät entdeckt. Da Strahlen- und Chemotherapie erfolglos sind, kommt als Therapie nur die Entfernung des Magens infrage.

Mir schmeckt alles und immer.

Verdauung und Resorption der Nährstoffe

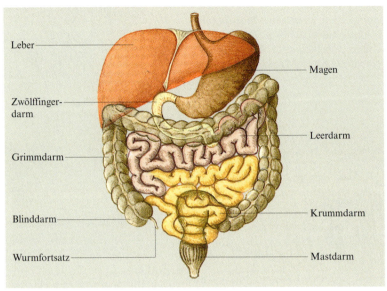

Lage und Abschnitte von Dünn- und Dickdarm

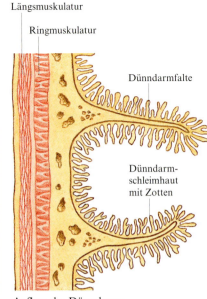

Aufbau des Dünndarms

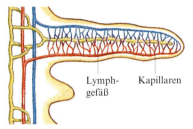

Aufbau einer Dünndarmzotte

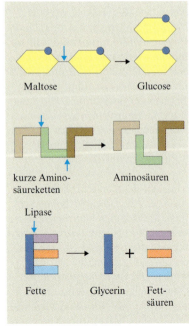

Vollständige Verdauung im Dünndarm

Aus dem Magen gelangt der mit Magensaft durchmischte Nahrungsbrei durch den Pförtner in den Dünndarm, wo die endgültige Verdauung der Nährstoffe und die Aufnahme der Spaltprodukte in das Blut erfolgt.

Dünndarm. Der auf den Magen folgende Verdauungsabschnitt ist der Dünndarm mit einer Länge von etwa 3 m und einem Durchmesser von 2,5 cm. Der Teil des Dünndarms, der sich an den Magen anschließt, heißt Zwölffingerdarm. Diese Bezeichnung lässt sich auf seine Länge zurückführen: Sie entspricht ungefähr der Breite von 12 Fingern (= 30 cm). In den Zwölffingerdarm münden die Ausführgänge anderer Verdauungsorgane. Der gesamte Dünndarm verläuft im Körper in Schlingenform. Er ist von einer Bindegewebshülle umgeben und innen mit einer Schleimhaut ausgekleidet. Zwischen Bindegewebe und Schleimhaut befindet sich eine Muskelschicht. Ein reiches Geflecht aus Blutgefäßen, Lymphgefäßen und Nervenfasern durchzieht den gesamten Dünndarmbereich.

In der Dünndarmwand befinden sich zahlreiche Drüsenzellen, die täglich etwa 3 l enzymhaltigen Verdauungssaft bilden. Diese Enzyme bauen die noch unvollkommen abgebauten Nährstoffe vollständig ab: Maltose zu Glucose und kurze Aminosäureketten zu Aminosäuren. Die Bauchspeicheldrüse gibt täglich etwa 1,5 l Bauchspeichel an den Dünndarm ab. Der saure Nahrungsbrei aus dem Magen wird durch den alkalischen Bauchspeichel neutralisiert. Die im Bauchspeichel enthaltenen Enzyme Trypsin und Chymotrypsin bauen Eiweißstoffe ab und die Lipasen zerlegen Fette in Glycerin und Fettsäuren. Hierzu wird Gallenflüssigkeit benötigt, die in der Leber gebildet wird und die die Fette in feinste Tröpfchen aufteilt; das Fett wird emulgiert.

Die stark gefaltete Schleimhaut des Dünndarms mit ihren zahlreichen Ausstülpungen, den Dünndarmzotten, ermöglicht eine wirkungsvolle Stoffaufnahme. 1 cm² Schleimhaut kann bis zu 3 000 Darmzotten aufweisen, die eine Oberflächenvergrößerung von etwa 130 m² ergeben.

Verdauung und Resorption der Nährstoffe

Resorption. Nach einer Mahlzeit besteht ein Konzentrationsgefälle an Nährstoffmolekülen zwischen dem Darminhalt und der Blutflüssigkeit. Dadurch können die Nährstoffmoleküle die Darmzellen passieren und gelangen so in die Körperflüssigkeit. Dieser Vorgang beruht auf der Eigenbewegung der Teilchen und wird Diffusion genannt. Der größte Teil der Nährstoffmoleküle gelangt aber auch dann ins Blut, wenn deren Konzentration dort angestiegen ist. Der energieaufwendige Transport erfolgt über Trägersubstanzen der Darmwandzellen, an die sich die Nährstoffmoleküle für kurze Zeit anheften. Jede der 1 mm langen Dünndarmzotten enthält feine Blutgefäße (Kapillaren), die Aminosäuren und Glucose aufnehmen, und ein Lymphgefäß, welches Fett abtransportiert. Nervenzellen und glatte Muskelzellen bewirken ein Zusammenziehen und Erschlaffen der Darmzotten, wodurch die Kapillaren immer wieder leer gepumpt und mit neuer, nährstoffarmer Körperflüssigkeit gefüllt werden.

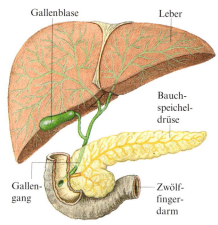

Bauchspeicheldrüse und Gallenblase

Leber. Sie ist die größte Drüse unseres Körpers, die sich im rechten Oberbauch befindet und eine Masse von 1500 g hat. Durch eine Furche ist sie in einen großen rechten und kleinen linken Leberlappen geteilt. Im Inneren sind die Leberzellen zu kleinen Leberläppchen vereint. Zur Leber hin führt eine besondere Vene, die Pfortader, die die resorbierten Nährstoffe vom Dünndarm zur Leber transportiert. Hier werden die Nährstoffe von den Leberzellen zu körpereigenen Stoffen umgebaut. Durch Enzyme werden Glucosemoleküle zu Glykogen umgebaut. Glykogen ist eine Speicherstärke, die nur bei Menschen und Tieren vorkommt und in Leber- und Muskelzellen als Energiespeicher dient.

Die Leber stellt aber auch aus Aminosäuren den Blutgerinnungsstoff Fibrinogen und Bluteiweißstoffe her. Einen Teil der resorbierten Fettsäuren baut sie zu Cholesterin um, das unter anderem für die Herstellung von Gallensaft benötigt wird. Dieser wird von den Leberzellen gebildet und gelangt über den Gallengang zur Gallenblase. Hier wird er eingedickt und gespeichert. In der Leber werden aber nicht nur Stoffe aufgebaut, sondern auch abgebaut, wie zum Beispiel Alkohol, Medikamente, rote Blutzellen und überschüssige Aminosäuren. Außerdem wird bei erhöhtem Energiebedarf des Körpers Glykogen wieder zu Glucose abgebaut. Über den Gallensaft werden die Abbauprodukte der roten Blutzellen und einiger Medikamente in den Darm transportiert. Giftiges Ammoniak, das Abbauprodukt der Aminosäuren, wird von den Leberzellen in ungiftigen Harnstoff umgewandelt, der dann über die Nieren ausgeschieden wird.

Neben den Funktionen des Auf- und Abbaus von Stoffen kann die Leber auch Stoffe speichern. Außer der genannten Speicherstärke Glykogen werden auch einige Vitamine und Mineralstoffe angereichert. So ist die Leber ein wichtiger Speicher für Vitamin K, das für die Blutgerinnung notwendig ist. Sie ist auch der größte Eisenspeicher, da beim Abbau der roten Blutzellen in der Leber aus Hämoglobin Eisen freigesetzt wird. Man kann die Funktionen der Leber mit einem chemischen Labor vergleichen, in dem Stoffe auf- und abgebaut werden. In diesem „Labor" kann es aber auch zu Störungen kommen:

Bei einer Leberentzündung wird ein Teil des Gallensaftes in das Blut transportiert und führt zur Gelbfärbung der Haut. Diese Krankheit bezeichnet man als Gelbsucht. Ständiger Alkoholmissbrauch kann zu schweren Leberschäden führen. Dabei werden zunächst in die Leberzellen Fette eingelagert, sodass sich die Leber vergrößert und gelb wird (Fettleber). Im Laufe der Zeit sterben die Leberzellen ab, die Leber schrumpft (Schrumpfleber) und allmählich kommt es zur Leberverhärtung (Leberzirrhose), die schließlich zum Ausfall der Leberfunktionen führt.

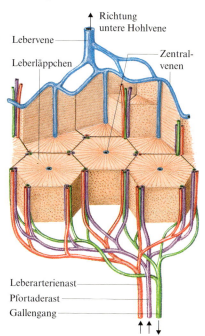

Leberläppchen. In jedes Leberläppchen fließt leberarterielles Blut und Pfortaderblut. Gleichzeitig wird Gallenflüssigkeit und lebervenöses Blut abgeleitet.

Schon gewusst?

Ohne Leber können wir nicht leben. Versagt die Leber, tritt nach 36 Stunden der Tod ein.
Falls in einer Operation Teile der Leber entfernt werden müssen, kann sich die Leber wieder regenerieren, sofern mindestens $1/4$ des Organs bestehen bleibt.

Blinddarm. Stefanie ist heute morgen nicht in die Schule gekommen. Seit einigen Tagen hatte sie schon über Bauchschmerzen geklagt. In der Nacht sind die Schmerzen schlimmer geworden, sie konnte ihr rechtes Bein nicht mehr ausstrecken und musste sich mehrmals übergeben. Ihre Mutter hat daraufhin den Notarzt gerufen. Noch in der Nacht ist Stefanie operiert worden, man hat ihr den entzündeten Appendix entfernt. Appendix ist der medizinische Fachausdruck für den Wurmfortsatz am Blinddarm des Menschen. Ist dieser entzündet, spricht man häufig fälschlicherweise von einer Blinddarmentzündung. Eine solche Entzündung wird durch Krankheitserreger hervorgerufen und tritt meist auf, wenn die Verbindung vom Wurmfortsatz zum Blinddarm verschlossen ist. Der entzündete Wurmfortsatz wird in der Regel durch eine Operation entfernt, damit es nicht zu einem gefährlichen Blinddarmdurchbruch kommt.

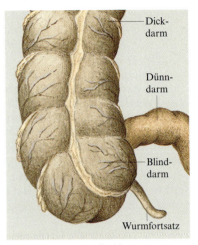

Wurmfortsatz am Blinddarm

Bau und Funktion des Dickdarms. Der Blinddarm, ein blind endender Darmabschnitt, befindet sich im Verdauungstrakt am Übergang des Dünndarms in den Dickdarm. Der gesamte Dickdarm ist etwa 1,4 m lang. Die außen sichtbaren Furchen der Darmwand sind Falten, die die Oberfläche des Darms vergrößern und den Darm unterteilen.
In den Dickdarm gelangen nur die unverdaulichen Nahrungsreste. Die Aufgabe des Dickdarms besteht in der Rückgewinnung von Wasser, Nährstoffteilchen und Mineralstoffen. Vereinzelt können aber noch unverdaute Nahrungsbestandteile, zum Beispiel Pflanzenzellwände (Cellulose) aufgespalten werden. Dieses ist nur im Dickdarmbereich möglich, da hier spezielle Bakterien leben, die Zellulose abbauen können. Ansonsten sorgen die Ballaststoffe für die Muskeltätigkeit des Dickdarms, durch die der Nahrungsbrei in den letzten Teil des Dickdarms, den Mastdarm, weiterbefördert wird. In den Nischen der Darmwand wird der Kot gesammelt und von hier aus über den After abgegeben. Afterschließmuskeln ermöglichen die kontrollierte Kotabgabe. Der Kot besteht aus unverdauter Nahrung, Schleim und abgestoßenen Schleimhautzellen, einer Vielzahl von Bakterien und zu einem großen Teil Wasser.

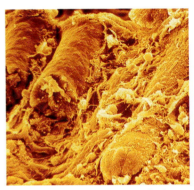

Elektronenmikroskopische Aufnahme der Dickdarmschleimhaut

> Bei der Verdauung werden in den Verdauungsorganen die großen, wasserunlöslichen Nährstoffmoleküle der Kohlenhydrate, Fette und Eiweiße in kleinere, resorbierbare Moleküle zerlegt. Diesen Abbau ermöglichen spezifisch wirkende Verdauungsenzyme. Glucose, Aminosäuren, Fette und ihre Spaltprodukte werden vom Blut bzw. der Lymphe in alle Teile des Körpers transportiert.

AUFGABEN

1. Erläutere die Verdauungsvorgänge in der Mundhöhle, im Magen und im Dünndarm!
2. Wie gelangen die Nährstoffmoleküle aus dem Dünndarminhalt bis in die Körperzellen?
3. Erkläre die Wirkungsweise von Enzymen am Beispiel des Abbaus von Kohlenhydraten!
4. Der aufgenommenen Nahrung werden täglich etwa 9 Liter Verdauungssäfte zugesetzt. Fertige eine Tabelle zu diesen Flüssigkeiten an und notiere den Ort der Produktion, die Menge und die Funktion bei der Verdauung!
5. Der Blinddarm eines Pferdes kann bis zu 35 Meter lang werden, der des Menschen ist gerade 8 cm lang. Warum ist der Dickdarmbereich bei Pflanzen fressenden Säugetieren besonders ausgeprägt?
6. Bei einer Durchfallerkrankung wird sehr flüssiger Kot ausgeschieden und die Resorption von Mineralstoffen eingeschränkt. Erkläre, was in diesem Fall bei der Ernährung zu beachten ist!
7. Überlege, welche Stoffe aus der Nahrung im Stuhl eines gesunden Menschen kaum noch enthalten sein dürften!

Besondere Säfte – was im Darm geschieht

Für die folgenden Versuche benötigst du:

- 8 Reagenzgläser
- Wasser
- Thermometer
- Spülmittel
- Lugolsche Lösung
- Fischfleisch
- Gekochtes Hühnereiweiß
- Käse
- Becherglas
- Bunsenbrenner
- Stopfen
- Pflanzenöl
- Ochsengallensaft
- 1%ige Pankreatinlösung
- Schweinefleisch

1. Wirkung von Gallensaft auf Fett

Dem aus dem Magen kommenden Nahrungsbrei wird Gallenflüssigkeit (aus der Leber) zugesetzt.
Um die Wirkung des Gallensaftes zu erkennen, fülle drei Reagenzgläser jeweils mit 5 ml Wasser und 10 Tropfen Pflanzenöl. Das erste Glas verbleibt ohne weiteren Zusatz, in das zweite füllst du 5 ml Ochsengallensaft, und in das dritte gibst du zwei Tropfen Spülmittel.
Schüttle die drei Gläser nach dem Verschließen gut durch, beobachte und notiere den Zustand der Mischungen sofort nach dem Schütteln und ein zweites Mal nach etwa fünf Minuten.

Vergleiche das Versuchsergebnis in den einzelnen Reagenzgläsern! Welche Wirkungen haben die einzelnen Zusätze auf die Mischung aus Wasser und Fett?

2. Wirkung von Pankreassaft auf Eiweiß

In einem zweiten Versuch soll die Wirkung des Bauchspeicheldrüsensafts ermittelt werden. Dieser Versuch ist sehr langwierig und muss über mehrere Stunden durchgeführt werden.
Vier Reagenzgläser werden mit Nummern von 1 bis 4 beschriftet und jeweils mit 5 ml 1%iger Pankreatinlösung gefüllt. Es handelt sich hierbei um ein Gemisch verschiedener Enzyme aus der Bauchspeicheldrüse. In diese Lösung werden verschiedene Nahrungsmittel von gleicher Menge gegeben:
Glas 1 Fischfleisch
Glas 2 gekochtes Hühnereiweiß
Glas 3 Schweinefleisch
Glas 4 Käse
Gib in ein fünftes Glas 5 ml 1%ige Pankreatinlösung, außerdem eine Messerspitze voll Haferflocken und 5 Tropfen Lugolsche Lösung. Alle Gläser werden bei 37 °C in einen Wärmeschrank oder ein Wasserbad gestellt.

Beobachte die Veränderung in den Gläsern im Abstand von 5, 10 und 30 Minuten, nach einer, zwei und drei Stunden und am folgenden Tag. Beschreibe das Aussehen der Proben.

Fertige einen Protokollbogen an, in dem du die für jedes Glas beobachteten Veränderungen einträgst! Welche Rückschlüsse lassen sich aus diesem Versuch für die Verdauung von Nährstoffen im Dünndarm ziehen?

Nieren sind Ausscheidungsorgane

Während der Verdauung entstehen Produkte, die für den Körper nicht nutzbar sind. Diese Stoffwechselendprodukte müssen deshalb aus dem Körper entfernt werden, damit die Lebensfunktionen aufrechterhalten bleiben. Einige dieser Stoffe sind in bestimmten Mengen sogar giftig.
Zu den Stoffwechselendprodukten gehören unter anderem Kohlenstoffdioxid, Harnstoff und verschiedene Salze.

Bau der Niere. Wir besitzen je eine rechte und eine linke bohnenförmige, dunkelrote Niere. Jede Niere ist etwa 12 cm lang, 5 cm breit, 3 cm dick und bis zu 200 g schwer. Die Nieren liegen in der Rückenregion unseres Körpers zu beiden Seiten der Wirbelsäule. Zusammen mit den zu- und ableitenden Blutgefäßen sowie dem Harnleiter, der Harnblase und Harnröhre bilden die Nieren die Harnorgane.
Unser gesamtes Blut durchfließt täglich etwa 300-mal die Nieren. Das entspricht einem Volumen von ungefähr 1700 Litern.
Die Nieren werden von außen durch eine feste Haut aus transparentem Bindegewebe geschützt, die so genannte Nierenkapsel. Um diese Kapsel herum liegt eine dicke Schicht Fettgewebe, das von einer weiteren dünnen Bindegewebshülle umgeben ist. Durch die Fett- und Bindegewebskapsel werden die Nieren an der hinteren Bauchwand verankert. Außerdem grenzt sie die Nieren gegen die weiteren Organe im Bauchbereich ab und schützt sie vor Stoßverletzungen.
Das Nierengewebe besteht aus der außen liegenden hellen Nierenrinde und dem innen liegenden dunklen Nierenmark. Die Nierenrinde enthält etwa 2 Millionen Nierenkörperchen. Die Nierenkörperchen sind Bindegewebsbläschen, in denen ein Knäuel von Blutkapillaren liegt, die von einer doppelten Membran umgeben sind. Diese Bindegewebsbläschen werden auch als BOWMAN'sche Kapseln bezeichnet. Aus diesen Kapseln führen kleine Nierenkanälchen, die das Nierenmark durchziehen. Der obere Teil jedes Nierenkanälchens ist anfangs stark gewunden und bildet dann eine langgezogene Schleife, die sich bis zum Nierenmark erstreckt und schließlich wieder zur Nierenrinde zurückführt. In der Nierenrinde mündet es in ein Sammelröhrchen. Alle Sammelröhrchen führen zum Nierenbecken, den inneren Bereich der Niere.
Das Nierenbecken ist über den Harnleiter mit der Harnblase verbunden.

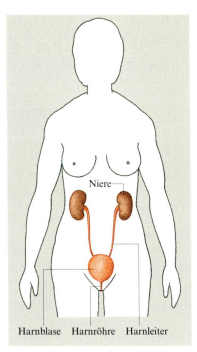

Lage der Nieren, der Harn ableitenden Organe und der Harnblase

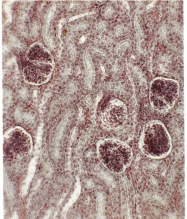

Nierenrinde mit Nierenkörperchen (mikroskopische Aufnahme)

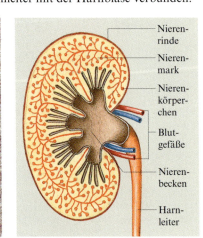

Bau der Niere

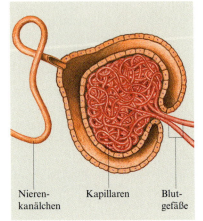

Bau eines Nierenkörperchens

Nieren sind Ausscheidungsorgane

Funktion der Niere. Sicherlich hast du auch schon mal die Feststellung gemacht, dass du häufiger zur Toilette musst, wenn du viel getrunken hast. Das ändert sich jedoch wieder, wenn du stark schwitzt. Die Tagesmenge der Harnabsonderung richtet sich nach der aufgenommenen Flüssigkeitsmenge, der Zusammensetzung der Nahrung und der Schweißabsonderung. Harn entsteht bei der Filterung des Blutes durch die Nieren in den Nierenkörperchen.

Schon gewusst?

Die Tagesmenge der Harnabsonderung ist bei Lebewesen recht unterschiedlich. Beim Menschen beträgt sie 1,5 bis 2 l, beim Pferd 5 bis 10 l, beim Schwein 3 bis 7 l, beim Rind 10 bis 20 l.
Der Harn der Vögel besteht fast nur aus Harnsäure, die im Kot als weißliche Masse sichtbar ist.

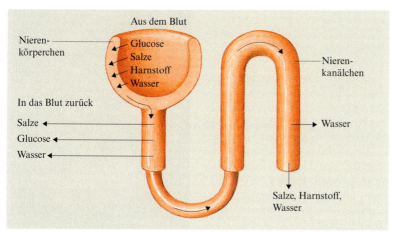

Schema der Harnbildung

Das Blut gelangt über die Nierenarterie in die Niere. In den engen Kapillarknäueln der Nierenkörperchen staut es sich an. Der hohe Blutdruck im Kapillarknäuel presst die Blutflüssigkeit durch die Poren der Kapillarwände aus dem Knäuel in die BOWMAN'sche Kapsel. Ähnlich wie durch einen Filter werden an den Poren aus dem Blut die Blutzellen und Eiweißstoffe zurückgehalten. Glucose, Vitamine, Harnstoff, Harnsäure, Mineralsalz-Ionen und Wasser können die Poren passieren und sammeln sich in der BOWMAN'schen Kapsel als Primärharn an. Täglich werden 170 Liter Primärharn in den Nieren gebildet.
Von der BOWMAN'schen Kapsel aus wird der Primärharn über die Nierenkanälchen weitergeleitet. Die in ihm enthaltenen giftigen Abbauprodukte des Eiweißstoffwechsels, z. B. Harnstoff und Harnsäure, sind durch die Nierenkörperchen herausgefiltert worden. Die anderen Stoffe wie Wasser, Glucose und Salze dürfen aber nicht vollständig ausgeschieden werden. Ein großer Teil dieser Stoffe wird in den Nierenkanälchen aus dem Primärharn resorbiert.
Die Rückresorption des Wassers ist ohne Energieaufwand, die von Salzen jedoch nur durch Energieverbrauch möglich.
Der Rest des Filtrates, etwa 1,5 Liter am Tag, wird als Endharn über die Sammelröhrchen ins Nierenbecken transportiert und gelangt von dort über die Harnleiter in die Harnblase und wird schließlich über die Harnröhre ausgeschieden. Im Harn befinden sich außer Wasser noch Harnstoff sowie geringe Mengen Glucose und Salze. Das gereinigte Blut wird über die Nierenvene dem Körper wieder zugeführt.
Die Entleerung der Blase wird beim Säugling von Reflexen ausgelöst. Im Laufe des Lebens lernt der Mensch durch Training und Erfahrung, seine Blase zu kontrollieren, d. h. den Zeitpunkt für den Gang zur Toilette selbst zu bestimmen. Mit zunehmendem Alter kann es jedoch wieder zu Blasenschwäche kommen, da die Muskulatur zur Regelung der Blasentätigkeit im Alter erschlafft.

Zusammensetzung des Primärharns	
Wasser	170 000 g
Harnstoff	35 g
Salze	1 500 g
Glucose	170 g

Zusammensetzung des Endharns	
Wasser	1 500 g
Harnstoff	30 g
Salze	19 g
Glucose	0,5 g

AUFGABEN

1. Schneide eine Schweineniere längs auf, zeichne und beschrifte sie mithilfe der Abbildung auf Seite 30!
2. Erläutere die Bildung des Harns in den Nierenkörperchen und Nierenkanälchen!
3. Mitunter lässt der Arzt eine Harnuntersuchung durchführen. Worüber kann diese Auskunft geben?

Erkrankungen der Harnorgane

Entzündungen. Durch Unterkühlung des Körpers, u. a. hervorgerufen durch zu leichte Bekleidung beim Fahrradfahren oder durch das Anbehalten der nassen Badebekleidung nach dem Baden, kann es zur Entzündung der Blase, der Harnleiter und auch der Nieren kommen. Die Erreger der Blasen- und Nierenentzündung sind Bakterien, die besonders aktiv werden können, wenn die Abwehrkräfte des Körpers geschwächt sind. Begleiterscheinungen solcher Entzündungen sind Fieber, stechende Schmerzen beim Wasserlassen und kolikartige Schmerzen in der Nierengegend. Nicht selten ist der Harn durch Eiweißbestandteile getrübt.

Nierensteine. Sehr starke krampfartige Schmerzen können durch Nierensteine verursacht werden. Diese entstehen völlig unbemerkt über einen langen Zeitraum aus Salzen, die normalerweise im Harn gelöst sind, aber auch Kristalle bilden können. Bleiben Nierensteine bei der Ausscheidung des Harns beispielsweise im Harnleiter stecken, dann lösen sie starke schmerzhafte Verkrampfungen der Beckenmuskulatur (Koliken) aus. Nur in Einzelfällen ist eine Operation notwendig. Die Mehrzahl der Steine kann mit Unterstützung von harntreibenden Medikamenten, reichlicher Flüssigkeitszufuhr und speziellen Bewegungsübungen ausgeschieden werden. Möglich ist auch eine Zertrümmerung großer Steine mittels Ultraschallstoßwellen. Die kleineren Bruchstücke gelangen dann mit dem Harn über den Harnleiter und die Blase nach außen.

Inneres eines Nierensteins

Wenn die Niere versagt. Sollte durch Erkrankung doch einmal eine Niere ihre Funktionen nicht mehr ausführen können, dann übernimmt die andere Niere ihre Aufgaben mit. Menschen mit nur einer Niere können durchaus ein normales Leben führen. Lebensbedrohlich ist jedoch der Ausfall beider Nieren. Das Wasser kann vom Körper nicht mehr abgegeben werden und wird im Gewebe eingelagert, die Blutreinigung durch die Nieren entfällt und die Giftstoffe stauen sich im Körper an. Der Erkrankte muss an eine künstliche Niere angeschlossen werden. Etwa dreimal in der Woche wird über einen Blutfilter außerhalb des Körpers das Blut gereinigt. Eine solche Blutwäsche, die Dialyse, dauert etwa 4 bis 5 Stunden. Aus einer Armschlagader des Patienten wird das Blut in das Dialysegerät geleitet. In ihm befindet sich eine stark poröse Membran, die wie ein Filter wirkt. Die Blutwäsche beruht auf einem Gegenstromprinzip. Auf der einen Seite der Membran fließt das Blut des Patienten, auf der anderen Seite eine Waschflüssigkeit (eine Lösung aus Wasser und Salzen). Durch die Poren der Membran gelangen die gelösten Stoffe wie Harnstoffe und Salze. Die roten Blutzellen und die größeren Eiweißmoleküle werden im Blut zurückgehalten. Die niedermolekularen Stoffe wie Mineralsalze, Zucker, Aminosäuren und Harnstoff, werden mit der Waschflüssigkeit weggeschwemmt und gelangen zum Teil wieder in das Blut zurück, da die Waschflüssigkeit nur langsam fließt.

Die Behandlung ist sehr aufwendig und belastet sowohl Patienten als auch Familienangehörige. Oftmals ist für Menschen mit Nierenversagen eine Organtransplantation der einzige Weg zu einem relativ normalen Leben.

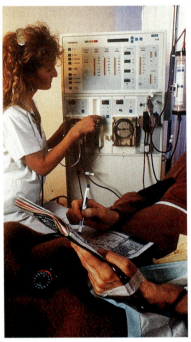
Während einer Dialyse

> Die Nieren scheiden die nicht verwertbaren Stoffe aus dem Stoffwechsel aus. In den Nierenkörperchen wird das Blut gefiltert und Primärharn gebildet. Die verwertbaren Stoffe werden in die Nierenkanälchen rückresorbiert. Der entstandene Endharn wird ausgeschieden.

Organspende und Organtransplantation

Tanja (16) hatte einen Verkehrsunfall. Ein LKW hatte Tanjas Fahrrad erfasst. Mit schwersten Kopfverletzungen wird sie in ein Krankenhaus gebracht. Obwohl die Ärzte alles versuchen, können sie Tanja nicht mehr helfen. Sie stirbt an einer Gehirnblutung. Tanja hatte bei ihrem Ausweis auch einen Ausweis zur Organspende. Der Arzt bittet in einem Gespräch mit den Eltern um die Erlaubnis zur Organentnahme bei Tanja. Nach einiger Bedenkzeit stimmen die Eltern, da es Tanjas Wille war, zu.
Organspender kann jeder werden, es gibt keine Altersgrenze. Entscheidend für eine Organentnahme ist der biologische Zustand des Organs. Bei jeder Form der Organspende muss die schriftliche Einwilligung des Spenders vorliegen. Dafür gibt es den Organspendeausweis, der in Krankenhäusern und Arztpraxen erhältlich ist.

Probleme bei der Organspende. Bei der Organentnahme beginnt ein Wettlauf mit der Zeit. Soll das Organ des Toten Leben retten, muss es innerhalb einer Stunde nach Eintritt des Todes entnommen werden, damit die Zellen des Organs nicht absterben.
Das Immunsystem des Körpers wehrt sich normalerweise gegen körperfremde Substanzen. So kann es bei transplantierten Organen zu Abstoßreaktionen kommen, weil vom Immunsystem des Empfängers Antikörper gegen das fremde Organ gebildet werden. Daher werden nach einer Transplantation Immunabwehrreaktionen des Empfängers durch Medikamente herabgesetzt. Das bedeutet aber eine erhöhte Anfälligkeit gegenüber allen anderen Infektionskrankheiten.

Stefan bekommt eine Niere. Stefan (27) ist Student. Seit einigen Jahren ist er nierenkrank, dreimal in der Woche muss er zur Blutwäsche. Heute erreicht ihn ein Anruf der Medizinischen Hochschule. Für ihn gibt es ein Spenderorgan. Tanjas Körperwerte passen zu seinen. Er bekommt in einer Operation Tanjas Niere transplantiert. Für Stefan beginnt nun erneut die Zeit des Wartens. Nachdem er einige Jahre auf das Spenderorgan gewartet hat, kommt jetzt die Frage: Nimmt der Körper das fremde Organ an, wird die Niere arbeiten? Nach einigen Monaten ist für Stefan klar: Er hat Glück gehabt, die Niere arbeitet einwandfrei. Nun kann er wieder ein relativ normales Leben führen.
Wie Stefan warten viele Menschen auf ein Spenderorgan. Nicht immer verläuft eine Organtransplantation erfolgreich, oftmals stößt der Körper das fremde Organ ab und es muss in einer weiteren Operation wieder entfernt werden.

Organhandel. Aufgrund des dramatischen Mangels an Spenderorganen blüht der illegale Handel mit Organen. Für eine Niere aus Indien oder Südamerika werden beispielsweise bis zu 50 000 DM gezahlt. Der „Spender" bekommt allerdings nur einen Bruchteil des Geldes. Solch ein Handel ist nur mit Organen möglich, die im Körper doppelt vorhanden sind, z. B. Nieren, sodass das Leben des Spenders kaum beeinträchtigt wird.

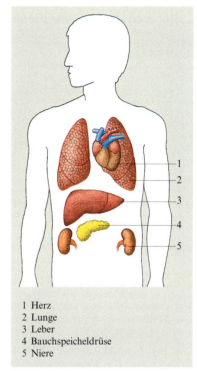

1 Herz
2 Lunge
3 Leber
4 Bauchspeicheldrüse
5 Niere

Organe, die transplantiert werden können (Stand 2000)

Spenderausweis

AUFGABE

Nach einer Umfrage in Nordrhein-Westfalen von 1995 würden von 450 befragten Personen 63,1% einer Organentnahme nach ihrem Tod zustimmen, 22,7% lehnen eine Organspende ab, 14,2% sind in dieser Hinsicht unentschieden. Welche Meinungen gibt es dazu in eurer Klasse?

Die Haut als Ausscheidungsorgan

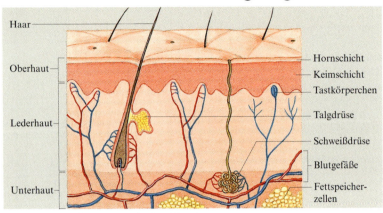
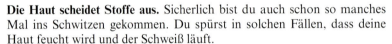

Bau der menschlichen Haut (äußere Haut)

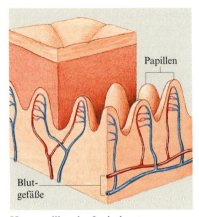

Hautpapillen der Lederhaut

Die Haut scheidet Stoffe aus. Sicherlich bist du auch schon so manches Mal ins Schwitzen gekommen. Du spürst in solchen Fällen, dass deine Haut feucht wird und der Schweiß läuft.

Die Haut ist nicht nur eine strapazierfähige lebende Hülle, die unseren Körper nach außen hin umgibt, sich ständig selbst erneuert und trotzdem allmählich altert. Sie ist auch ein Ausscheidungsorgan, sie scheidet Schweiß aus. Die Tätigkeit der Nieren kann jedoch durch die Haut nicht ersetzt werden. Vielleicht hast du auf deiner Zunge schon einmal einen Tropfen Schweiß geschmeckt – er schmeckt salzig. Schweiß besteht also nicht nur aus Wasser. In ihm sind neben den Abbauprodukten des Stoffwechsels (z. B. Harnstoff) auch etwa 20 g Mineralsalze je Liter enthalten. Der Schweiß wird in den Schweißdrüsen, die sich in der Haut befinden, gebildet. Besonders viele Schweißdrüsen kommen in den Achselhöhlen, auf der Stirn und an den Hand- und Fußflächen vor.

Bau der äußeren Haut. Beim Erwachsenen beträgt die Oberfläche der äußeren Haut etwa 2 m^2. Sie besteht aus drei Schichten. Die äußere Schicht, die Oberhaut, besteht aus der Keimschicht und der darüber liegenden Hornschicht. Sie ist etwa 1 mm stark. In der Keimschicht entstehen ständig neue Zellen, die allmählich an die Oberfläche gelangen, absterben und verhornen. Nach und nach ersetzen sie die Zellen der Hornschicht, die durch die mechanische Beanspruchung unserer Haut abgenutzt wurden. Die Keimschicht bildet auch die Hautpigmente, die unseren Körper vor zu starker Sonneneinstrahlung, insbesondere der ultravioletten Strahlung im Sonnenlicht, schützen.

Die mittlere Schicht, die Lederhaut, besteht aus netzartig verbundenen Bindegewebsfasern. Sie machen die Haut fest und elastisch. Die Lederhaut ist von zahlreichen Blutgefäßen (Kapillaren) durchzogen, die über kleine kegelförmige Hautpapillen Kontakt zur Oberhaut halten und diese mit Sauerstoff und Nährstoffen versorgen. Unter der Lederhaut befindet sich die Unterhaut. Das in der Unterhaut enthaltene Fett schützt die darunter liegenden Muskeln und Organe vor Stoßverletzungen. Außerdem bildet es eine Fettreserve und einen Wärmeschutz.

> Die Haut besteht aus 3 Schichten und gibt mit dem Schweiß auch Salze und nicht verwertbare Stoffe aus dem Stoffwechsel ab.

AUFGABEN

1. Stelle in einer Tabelle die Hautschichten und die entsprechenden Aufgaben zusammen!
2. Stecke eine Hand mehrere Minuten in eine durchsichtige Plastiktüte. Dichte am Handgelenk gut ab. Erkläre die Veränderungen an den Innenwänden der Plastiktüte!

3. Entnimm danach mit einem Objektträger etwas Schweiß von der Haut und lass ihn durch Erhitzen verdunsten. Betrachte den Rückstand mit einem Mikroskop und deute das Ergebnis!

Die Lunge ist mehr als ein Atmungsorgan

In einer Stunde holen wir durchschnittlich 900-mal Luft. In Körperruhe werden während eines einzigen Atemzuges 0,5 l Luft ein- bzw. ausgeatmet. Bei maximaler Atmung kann das Volumen auf 2,5 l erhöht sein. Das maximale Atemvolumen wird als Vitalkapazität bezeichnet.

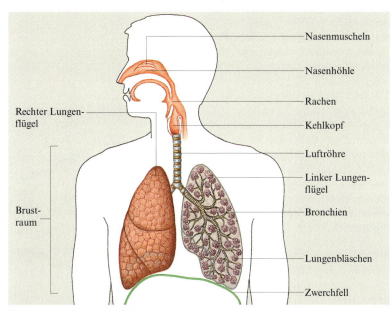

Die Atmungsorgane des Menschen

Vitalkapazität verschiedener Lebensalter in Litern		
Alter	Frauen	Männer
5-jährig	0,7	0,8
10-jährig	0,9	1,0
15-jährig	3,3	4,0
20-jährig	3,6	5,4
30-jährig	3,4	5,0
40-jährig	3,6	4,5
50-jährig	3,2	4,6
60-jährig	3,1	3,8

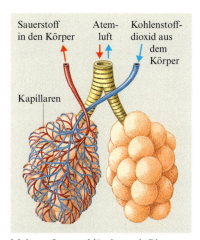

Mehrere Lungenbläschen mit Blutkapillaren

Bau und Funktion der Atmungsorgane. Die Einatemluft gelangt über Nase, Mund und Rachenraum bis in die Luftröhre. Die beiden Nasenhöhlen sind von einer stark durchbluteten, mit kleinen Flimmerhärchen besetzten Schleimhaut ausgekleidet. Im oberen Teil der Nasenhöhlen befinden sich die Riechzellen. In der Nase wird die einströmende Luft vorgewärmt und angefeuchtet. Die Riechzellen prüfen die Luft auf Geruchsstoffe, eingeatmete Fremdkörperchen fängt die Schleimhaut auf und befördert sie mit feinen Flimmerhärchen in den Rachenraum.

Die Luftröhre ist ein 10 bis 12 cm langer, biegsamer Schlauch, der von 15 bis 20 hufeisenförmigen Knorpelspangen ständig offen gehalten wird. Die Flimmerschleimhaut der Luftröhre dient ebenfalls dem Abtransport von Fremdkörpern in den Rachenraum. Am oberen Ende der Luftröhre liegt der Kehlkopf. Sein beweglicher Deckel verhindert, dass beim Hinunterschlucken der Nahrung Speiseteilchen in die Luftröhre gelangen. Diese verzweigt sich am unteren Ende in zwei Hauptbronchien, die zum rechten und linken Lungenflügel führen. In den Lungenflügeln verzweigen sich die Bronchien immer stärker. Der Durchmesser der kleinsten Verzweigungen misst weniger als ein Millimeter. Die Bronchien enden in den hauchdünnen Lungenbläschen, die von Kapillaren eng umsponnen sind und in ihrer Gesamtheit das Lungengewebe bilden.

Das Lungenfell, eine Haut, umgibt die Lungenflügel. Der Brustraum wird vom Brustfell bzw. Rippenfell ausgekleidet. Die Kontaktflächen dieser Häute sind glatt und feucht, sodass sie beim Atmen fast ohne Reibung ganz dicht aneinander vorbeigleiten können.

Bronchien und Blutgefäße sind sehr fein verzweigt.

Menge der von einem Menschen je Minute eingeatmeten Luft	
Tätigkeit	Liter
In Ruhe	5 bis 8
Beim Wandern	14 bis 18
Beim Sportwettkampf	50 bis 100

Unter Atmung verstehen wir den Gasaustausch zwischen unserem Körper und der Umwelt. Innerhalb des Körpers findet jedoch auch noch eine zweite Form der Atmung statt. Man unterscheidet deshalb zwischen einer äußeren (Lungenatmung) und einer inneren Atmung (Zellatmung).

Äußere Atmung (Gasaustausch). Sie bildet die eigentliche Atmung. Man spricht auch von äußerem Gaswechsel oder Respiration. Der Gasaustausch erfolgt bei der äußeren Atmung über die Atmungsorgane. Die Einatmung wird auch Inspiration, die Ausatmung Exspiration genannt (lat.: spirare = wehen, hauchen; in = hinein; ex = hinaus).
Wie erfolgt nun der Gasaustausch in den Lungenbläschen? Die sehr dünnen Wände der Lungenbläschen sind eng mit einem weit verzweigten Netz von Kapillaren umsponnen. Die Gesamtlänge dieser Kapillaren wird auf etwa 2000 km geschätzt.
Eine ausreichende Sauerstoffaufnahme in der Lunge ist gesichert, weil das Blut mit einer großen Lungenfläche in Kontakt treten kann. Das wird durch die etwa 400 bis 500 Millionen Lungenbläschen erreicht, die insgesamt eine Oberfläche von mehr als 100 m^2 haben. Außerdem ist im Vergleich zu den großen Arterien die Strömungsgeschwindigkeit der roten Blutzellen in den Kapillaren sehr stark herabgesetzt. Dadurch ist ein längerer Kontakt mit den Lungenbläschen (etwa 0,4 s) möglich. Der Sauerstoff diffundiert durch die feuchten dünnen Wände der Lungenbläschen und Kapillaren in das Blut, weil im Blut die Sauerstoffkonzentration beträchtlich niedriger als in der eingeatmeten Luft ist. Ebenfalls durch Diffusion gelangt Kohlenstoffdioxid aus dem Blutplasma in die Lungenbläschen. Bei einer Diffusion bewegen sich die Gase stets vom Ort der höheren zum Ort der niedrigeren Konzentration. Die Diffusionsgeschwindigkeit der Gase ist relativ gering. Auch aus diesem Grund ist die große Lungenoberfläche für eine ausreichende Sauerstoffaufnahme wichtig.
Eine weitere Voraussetzung für die Diffusion sind die feuchten Wandflächen der Lungenbläschen. Der Feuchtigkeitsfilm wird ständig von aus dem Blut stammenden Wasser erneuert. Ein Teil des Wassers diffundiert in die Lungenbläschen und wird ausgeatmet. Deshalb enthält die Ausatemluft mehr Wasser als die eingeatmete Luft.

Innere Atmung. Der Sauerstoff wird in den roten Blutzellen vom Hämoglobin gebunden, das so zu Oxyhämoglobin wird. Mithilfe des Blutstroms gelangt es in alle Körperteile. Für die Lebensprozesse wird in den Zellen ständig Energie benötigt. Durch biochemische Reaktionen, an denen der Sauerstoff beteiligt ist, wird die in den energiereichen Nährstoffen enthaltene Energie freigesetzt. Dabei entsteht Kohlenstoffdioxid, das mit dem Blut zur Lunge transportiert und ausgeatmet wird. Da die innere Atmung in den Mitochondrien der Zellen stattfindet, wird sie auch als Zellatmung bezeichnet. Mitochondrien sind ovale Zellbestandteile mit zwei Membranen. Die innere Membran bildet durch Faltung und Einstülpungen eine große Oberfläche, die für die Wirksamkeit der ablaufenden Reaktionen günstig ist. In dieser Membran befinden sich auch die Enzyme, die für die biochemischen Reaktionen benötigt werden.
Neben Kohlenstoffdioxid und Wasser wird bei der inneren Atmung Energie frei. Aber nur ein Teil der freigesetzten Energie kann in den Zellen von einem organischen Stoff, dem ATP, gespeichert werden, ein anderer Teil wird als Wärme an die Umwelt abgegeben. ATP ist eine Phosphatverbindung, das Adenosintriphosphat. Dieser Stoff kann die Energie nicht nur speichern, sondern sie auch für andere Prozesse (z. B. Stoffaufbau, Muskelarbeit) freisetzen.

Zusammensetzung der eingeatmeten Luft	
Stickstoff	78 %
Sauerstoff	21 %
Kohlenstoffdioxid	0,03 %

Zusammensetzung der ausgeatmeten Luft	
Stickstoff	78 %
Sauerstoff	16 bis 17 %
Kohlenstoffdioxid	3,5 %

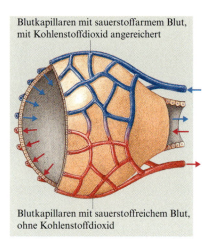

Gasaustausch an einem Lungenbläschen

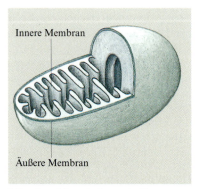

Mitochondrium (schematisch)

Die Lunge ist mehr als ein Atmungsorgan

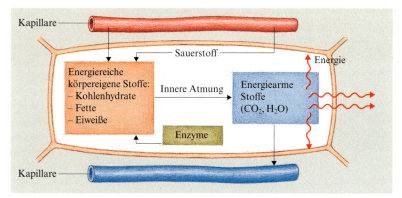

Schema des Abbaus körpereigener Stoffe bei der inneren Atmung

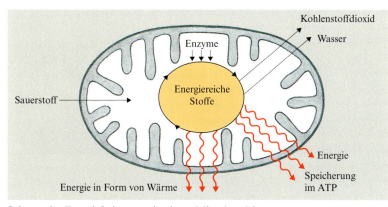

Schema der Energiefreisetzung in einem Mitochondrium

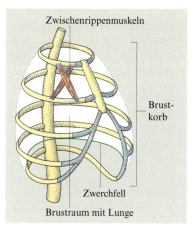

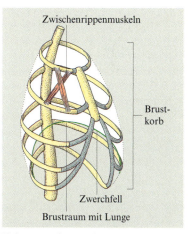

Volumenänderung der Brusthöhle beim Ein- und Ausatmen

Atembewegungen. Wir wissen, dass die Luft beim Einatmen über Mund, Rachen und Luftröhre durch passive Bewegung der Lungenflügel in die Lunge gelangt. Die eigentliche Atembewegung wird vom Zwerchfell und dem Brustkorb ausgeführt.

Das muskulöse Zwerchfell trennt die Brusthöhle von der Bauchhöhle. Da die Lungen selbst keine Muskeln haben, erfolgt der Austausch der Atemluft durch Verengung bzw. Erweiterung des Brustraums. Beim Einatmen bewegen die Rippenmuskeln den Brustkorb nach oben, er dehnt sich aus. Gleichzeitig senkt sich das Zwerchfell und trägt so ebenfalls zur Vergrößerung des Brustraums sowie zur Weitung der Lungenflügel bei. Die unterschiedlichen Druckverhältnisse zwischen der Luft der Lunge und der Außenluft bewirken das Einströmen der Außenluft in die Lunge.

Beim Ausatmen erschlaffen die Brust- und Zwerchfellmuskulatur, das Volumen des Brustkorbs verkleinert sich, die Lungen werden zusammengedrückt und die Luft nach außen gepresst.

Die Anzahl der Atemzüge je Minute (Atemfrequenz) ist abhängig vom Alter und der Größe eines Menschen sowie vom Körperzustand.

Über die Lunge werden Stoffwechselendprodukte ausgeschieden (Kohlenstoffdioxid und Wasser). Durch viele Lungenbläschen ist die Oberfläche der Lungenflügel stark vergrößert. In den Lungenbläschen findet der eigentliche Atmungsvorgang, der Gasaustausch, statt. Wir unterscheiden zwischen der äußeren Atmung (Lungenatmung) und der inneren Atmung (Zellatmung).

Atemfrequenz in verschiedenen Lebensaltern

Alter	Atemzüge je Minute in Ruhehaltung
Neugeborenes	40 bis 50
5-jährig	20 bis 30
10-jährig	bis 25
15-jährig	bis 20
Erwachsener	16 bis 18

AUFGABEN

1. Beschreibe den Weg der Atemluft beim Einatmen!
2. Was geschieht mit dem Sauerstoff in den Körperzellen?
3. Vergleiche äußere und innere Atmung. Stelle das Ergebnis in einer Tabelle zusammen!

Erforschen Verstehen

Wir untersuchen Luft

Weise Kohlenstoffdioxid in ausgeatmeter Luft nach!

Fülle zwei Gaswaschflaschen mit frischer Calciumhydroxidlösung. Atme durch ein Mundstück langsam und vorsichtig (keine Lösung dabei ansaugen!) so ein und aus, dass durch die eine Gaswaschflasche die einzuatmende Luft, durch die andere Gaswaschflasche die ausgeatmete Luft strömt.
Beim Ein- und Ausatmen muss im Wechsel die jeweils andere Gaswaschflasche verschlossen werden.
Beobachte und erkläre die unterschiedlich starke Trübung der Lösungen in den Gaswaschflaschen!

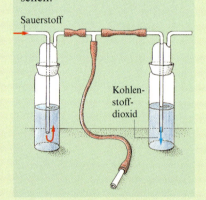

So leisten wir erste Hilfe beim Atemstillstand

1. Wenn erforderlich, den Verletzten in die stabile Seitenlage bringen und mit einem Tuch oder den Fingern vorsichtig die Atemwege von Erbrochenem befreien!

2. Bei Atemstillstand (keine Bewegungen des Brustkorbes spürbar) den Verletzten dann in die Rückenlage bringen und den Kopf vorsichtig in Richtung Nacken dehnen!

3. Durch die Nase Luft einpressen, sodass sich der Brustkorb gleichmäßig hebt und senkt. Dabei den Mund des Verletzten mit einer Hand verschließen! Das Einpressen der Luft wird 15- bis 20-mal je Minute rhythmisch wiederholt. Der Helfer hebt dabei seinen Kopf an und atmet selbst tief ein, erst dann erfolgt die Beatmung des Verletzten.

Weise den unterschiedlichen Gehalt an Sauerstoff in frischer und ausgeatmeter Luft nach!

1. Befestige eine brennende Kerze in einem Glasgefäß mit angefärbtem Wasser und stülpe ein Becherglas darüber. Die Kerze erlischt, wenn der Sauerstoff im Becherglas verbraucht ist. Es steigt so viel Wasser in das Becherglas, wie vorher Sauerstoff darin enthalten war. Berechne den prozentualen Anteil des Wassers im Becherglas und vergleiche mit dem Anteil des Sauerstoffs in der Luft!

2. Ein Becherglas wird in einer pneumatischen Wanne mit ausgeatmeter Luft gefüllt, mit einer Glasscheibe verschlossen und rasch über eine brennende Kerze gestülpt.
Nach dem Erlöschen der Kerze steigt das Wasser in dem Becherglas nicht so hoch wie im Versuch mit der unverbrauchten Luft.
Erkläre diese Erscheinung!

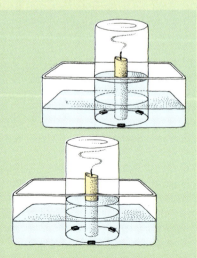

Erkrankungen der Atmungsorgane

Die Lunge ist wie alle Organe ein empfindliches System, das z. B. durch Bakterien oder Viren, aber auch durch verunreinigte Atemluft geschädigt werden kann. Lungenerkrankungen sind sehr gefährlich und können tödlich verlaufen, da der lebenswichtige Gasaustausch nicht mehr funktioniert. Viele Erkrankungen der Atmungsorgane werden durch Luftverschmutzung (z. B. Auto- und Industrieabgase) verursacht. Besonders belastend sind die Schadstoffe bei Smog. Die in der Luft enthaltenen Schadstoffe können sich besonders in Tälern, vor hohen Bergen oder an verkehrsreichen Straßen anreichern. An sehr kalten, sehr heißen und windstillen Tagen tritt diese Anreicherung besonders häufig auf. Ist dann die Luft über dem Boden besonders trüb, Fernsicht kaum noch möglich und Brandgeruch spürbar, spricht man von Smog (englisch: Smoke/Fog = Rauch/Nebel). Der Gesetzgeber kann bei Smoggefahr durch besonderen Alarm zum Beispiel das Fahren mit Kraftfahrzeugen verbieten.

Smog ist gesundheitsgefährdend.

Bronchitis. Bei einer Bronchitis lagert sich vermehrt Schleim in den einzelnen Verästelungen und Lungenbläschen ab. Wir unterscheiden die akute und die chronische Bronchitis. Eine akute Bronchitis tritt oft nach einer Erkältung auf. Ursache ist eine Infektion durch Viren oder Bakterien. Die Erkrankung verläuft mit Fieber, Husten, Schnupfen, Schüttelfrost und Muskelschmerzen. Die Behandlung erfolgt durch Medikamente. Wichtig sind eine hohe Flüssigkeitszufuhr und Bettruhe. Eine chronische Bronchitis wird durch eine ständige Reizung der Bronchien ausgelöst, beispielsweise durch starkes Rauchen, Aufenthalt in schlechter Luft oder durch Bakterieninfektion. Kennzeichnend ist ein Husten mit Auswurf, der mindestens drei Monate im Jahr auftritt. Diese Krankheit kann jahrelang immer wieder zum Ausbruch kommen und eine fortschreitende Zerstörung der Bronchien und der Lunge zur Folge haben.

Lungenentzündung. Die Entzündung des Lungengewebes, durch Bakterien oder Viren hervorgerufen, war früher eine tödlich verlaufende Krankheit. Heute ist diese Erkrankung fast immer durch Medikamente heilbar. Bei älteren Menschen, die mehrmals an Lungenentzündung erkrankt waren, oder bei Menschen, die durch eine andere Krankheit geschwächt sind, kann Lungenentzündung trotz Behandlung tödlich verlaufen. Kennzeichnend für diese Erkrankung sind plötzlich auftretendes hohes Fieber, Hustenanfälle und das Ansammeln von Schleim und Blutflüssigkeit in den Lungenbläschen.

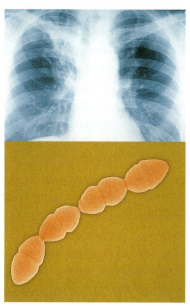
Bakterielle Erreger (unten) von Lungeninfektionen (oben)

Pseudokrupp. Diese Erkrankung tritt häufig im Kleinkindalter (1 bis 3 Jahre) auf. Charakteristisch sind ein bellender Husten und Atemnot. Hervorgerufen wird diese Krankheit durch Viren und führt zur Entzündung und Verdickung der Kehlkopfschleimhaut. Da im Bereich des Kehlkopfes die Luftwege sehr eng sind, führt das Anschwellen der Schleimhaut schnell zu Atemnot und Erstickungsanfällen.

Berufskrankheiten. Manche Menschen leiden unter Erkrankungen der Lunge, die aufgrund ihres Berufes (Bergmann, Steinmetz, Bauarbeiter) auftreten. Solche Erkrankungen sind die so genannte Staublunge oder die Asbestose. Das ständige Einatmen von Staub führt zu Schädigungen des Lungengewebes, die Lunge wird für Krankheiten anfälliger. So wird bei der Asbestose durch Asbest das Bindegewebe der Lunge geschädigt. Es kann zu Zellwucherungen kommen, die zu Lungenkrebs führen können.

Das Tragen von Atemschutzmasken ist bei manchen Arbeiten Vorschrift.

Blut ist mehr als eine Körperflüssigkeit

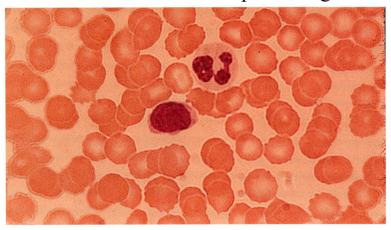

Blutausstrich (1 000fache Vergrößerung)

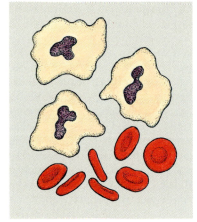

Rote und weiße Blutzellen

Das Deutsche Rote Kreuz wirbt auf Plakaten mit der Aufforderung: „Rettet Leben – spendet Blut!" Woraus besteht unser Blut? Durch welche besonderen Eigenschaften wird es zum bisher durch nichts zu ersetzenden „Lebenssaft"?

Zusammensetzung des Blutes. Betrachtet man Blut mit einem Mikroskop, so wird deutlich, dass in der Flüssigkeit auch geformte Bestandteile enthalten sind. Bei etwa 1000- facher Vergrößerung lassen sich diese Bestandteile identifizieren, es sind die Blutzellen. Mehr als 5 Millionen Blutzellen können in einem einzigen Kubikmillimeter Blut vorhanden sein. Vor allem an diese Blutzellen sind die spezifischen Funktionen des Blutes gekoppelt. Insgesamt besteht das Blut zu 56 % aus der Blutflüssigkeit, dem Blutplasma, und etwa zu 44 % aus Blutzellen.

Man unterscheidet rote Blutzellen (Erythrozyten), weiße Blutzellen (Leukozyten) und Blutplättchen (Thrombozyten). Die Anzahl der verschiedenen Blutzellen in einer bestimmten Blutmenge ist kennzeichnend für den Gesundheitszustand eines Menschen. Zum Beispiel erhöht sich die Anzahl der weißen Blutzellen bei Infektionskrankheiten.

Schon gewusst?

Abhängig von Geschlecht, Körpergröße und Körpermasse besitzt der Mensch etwa 4 bis 6 Liter Blut. Jeder gesunde Erwachsene kann ohne Schaden für seine Gesundheit mehrmals im Jahr Blut spenden. Die gespendete Blutmenge wird vom Körper innerhalb weniger Tage vollständig ersetzt. Zum Beispiel können in einem Zeitraum von nur einer Sekunde mehr als 2 Millionen rote Blutzellen im roten Knochenmark gebildet werden.

Im gesamten Organismus eines Menschen befinden sich etwa 25 Billionen rote Blutzellen. Alle roten Blutzellen aneinandergereiht würden eine Strecke ergeben, die dem fünffachen Erdumfang entspricht.

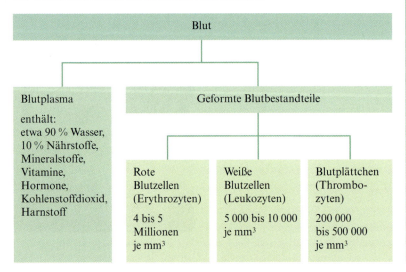

Blut ist mehr als eine Körperflüssigkeit

Rote Blutzellen (Erythrozyten). Die Lebensdauer ausgereifter roter Blutzellen beträgt etwa vier Monate. Sie werden im roten Knochenmark ständig nachgebildet. Ihre Form gleicht einer beiderseits nach innen gewölbten (bikonkaven) Scheibe. Durch diese Form haben rote Blutzellen eine relativ große Oberfläche.
Würde man die Oberflächen aller roten Blutzellen eines Menschen addieren, dann ergäbe dies die erstaunliche Fläche von 3 500 m^2, was etwa der halben Größe eines Fußballfelds entspricht.
Rote Blutzellen sind im Vergleich zu anderen Körperzellen kernlos und sehr klein. Ihr Durchmesser beträgt 0,008 mm, ihre Dicke 0,002 mm. Dadurch können die roten Blutzellen ihre Form verändern und auch die dünnsten Blutgefäße passieren.
Rote Blutzellen enthalten den roten, eisenhaltigen Blutfarbstoff, das Hämoglobin. Das Hämoglobin ist ein kompliziert gebautes Körpereiweiß, das mit Sauerstoff eine lockere Bindung eingeht. So kann durch die roten Blutzellen der Sauerstoff zu allen Teilen des Körpers transportiert werden.

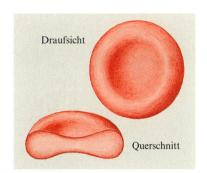
Rote Blutzellen

Weiße Blutzellen (Leukozyten). Die weißen Blutzellen werden hauptsächlich im Knochenmark und in den Lymphknoten gebildet. Sie sind größer als die roten Blutzellen, enthalten einen Zellkern und können sich aktiv auch gegen den Blutstrom fortbewegen und sogar die Blutgefäße verlassen und in das Gewebe vordringen. Ermöglicht wird ihnen das durch ihre dünne, sehr elastische Zellmembran. Wie die Amöben bilden die weißen Blutzellen Plasmaausstülpungen, mit denen sie sich in alle Richtungen fortbewegen können. Es gibt verschiedene Typen weißer Blutzellen, die jeweils spezifische Abwehrfunktionen ausüben.
Die weißen Blutzellen sind das Zentrum unseres Abwehrsystems. Etwa ein Viertel dieser Zellen sind Lymphozyten, die wiederum in vielen Unterformen vorkommen. Sie bekämpfen Krankheitserreger mit Abwehrstoffen. Andere weiße Blutzellen werden als Fresszellen bezeichnet, da sie Erreger oder abgestorbene Zellen in ihr Zellplasma aufnehmen und verdauen.

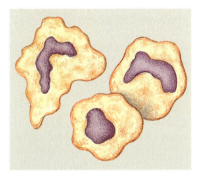
Weiße Blutzellen

Blutplättchen (Thrombozyten). Die Blutplättchen sind bedeutend kleiner als die roten und die weißen Blutzellen (etwa 0,002 bis 0,003 mm Durchmesser). Sie sind kernlos, leben etwa 8–14 Tage und zerfallen bei Berührung verletzter Blutgefäßwände. Dadurch wird eine Zusammenballung sehr vieler Blutplättchen ausgelöst und die Wunde wird verschlossen. Bei diesem Prozess werden aus den Blutplättchen Wirkstoffe freigesetzt, die die Blutgerinnung einleiten.

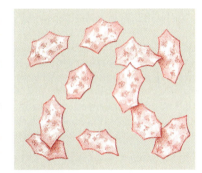
Blutplättchen

Blutgerinnung. Tim hat sich beim Linolschneiden geschnitten. Sofort quillt Blut aus der Wunde. Es fließt dickflüssig und warm die Hand herab. Der Lehrer holt den Verbandskasten und legt einen kleinen Druckverband an. „Wieso nur wird das Zeug so schnell fest?" fragt Andreas, sein Freund, der mit Papier versucht die Blutkruste an Tims Arm abzuwischen.
Bei Verletzung kleiner Gefäße verengen sich diese, sodass der Blutaustritt so gering wie möglich gehalten wird. Hierbei spielen besonders die Blutplättchen eine wichtige Rolle. Bei einer Gefäßverletzung zerfallen diese und der in ihnen enthaltene Gerinnungsstoff wird freigesetzt. Über mehrere Teilreaktionen wird das Enzym Thrombin gebildet. Thrombin bewirkt die Umwandlung des wasserlöslichen Bluteiweißstoffes Fibrinogen in wasserunlösliches Fibrin (Gerinnung). Fibrin bildet an der Verletzungsstelle lange Eiweißfäden, die zusammen mit den roten Blutzellen das verletzte Gefäß verschließen. Diesen Wundverschluss hat Andreas bei Tim versucht abzuwischen.

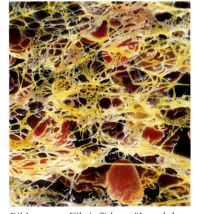
Bildung von Fibrinfäden während der Blutgerinnung

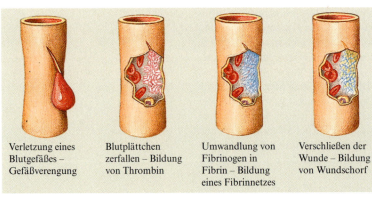

| Verletzung eines Blutgefäßes – Gefäßverengung | Blutplättchen zerfallen – Bildung von Thrombin | Umwandlung von Fibrinogen in Fibrin – Bildung eines Fibrinnetzes | Verschließen der Wunde – Bildung von Wundschorf |

Schrittweiser Wundverschluss

Frisch abgenommenes Blut

Bei gesunden Menschen beträgt die Gerinnungszeit etwa 5 bis 6 Minuten. Nach einiger Zeit bildet sich ein trockener, fest sitzender Wundschorf. Dieser fällt ab, wenn von den Wundrändern her neu gebildete Zellen von den darunter liegenden Hautschichten in die Wunde eingewachsen sind und die Wunde verheilt ist. Es gibt Menschen, deren Blut nicht gerinnt. Sie werden Bluter genannt. Diese Menschen bekommen Medikamente, in denen blutgerinnungsfördernde Stoffe enthalten sind.

Sauerstofftransport durch rote Blutzellen. Im Verlauf eines Tages nimmt der Mensch mit der Atemluft etwa 600 Liter Sauerstoff auf, bei starker körperlicher Belastung noch weit mehr. Dies lässt ahnen, mit welch hoher Geschwindigkeit und Effektivität die Aufnahme und der Transport des Sauerstoffs erfolgen. Während des kurzen Augenblicks der Einatmung ist die Sauerstoffkonzentration in den Lungenbläschen höher als im Blut. Durch Diffusion bewegen sich die Sauerstoffmoleküle aus Bereichen hoher Konzentration in solche niedrigerer Konzentration. Dort werden sie vom eisenhaltigen Blutfarbstoff, dem Hämoglobin, sofort gebunden und mit dem Blutstrom weitertransportiert. Bruchteile einer Sekunde reichen aus, um den Sauerstoffgehalt des Blutes um 25 % zu erhöhen. Das Hämoglobin verändert sich dabei zu Oxyhämoglobin.

Zentrifugiertes Blut

Hämoglobin + Sauerstoff $\rightleftharpoons$ Oxyhämoglobin

Der Sauerstoff wird für die Zellatmung benötigt. Etwa 45 % des gebildeten Kohlenstoffdioxids übernehmen die roten Blutzellen aus den Gewebszellen und bringen es zur Lunge, wo es ausgeatmet wird.

Stofftransport durch das Blutplasma. Weitere 45 % des Kohlenstoffdioxids werden für den Transport zur Lunge chemisch im Blutplasma gebunden, die restlichen 10 % werden im Blutplasma gelöst transportiert.
Das Blutplasma besteht zu etwa 90 % aus Wasser und zu 10 % aus gelösten Stoffen. Die Anteile von Wasser und gelösten Stoffen werden durch Wasseraufnahme und -abgabe des Körpers relativ konstant gehalten. Das Blutplasma befördert außerdem Nährstoffe, Salze, Vitamine, Enzyme, Hormone, Kohlenstoffdioxid und Harnstoff, die in ihm gelöst sind.

> Blut besteht aus Blutzellen und Blutplasma. Das Blutplasma transportiert die in ihm gelösten Stoffe. Die roten Blutzellen transportieren den Sauerstoff, die weißen vernichten eingedrungene Bakterien und andere Fremdkörper. Blutplättchen sind an der Blutgerinnung beteiligt.

AUFGABEN

1. Erläutere den Transport von Sauerstoff und Kohlenstoffdioxid durch das Blut!
2. Welche Nährstoffmoleküle werden im Dünndarm vom Blutplasma aufgenommen?
3. Bei längerem Aufenthalt in sauerstoffärmerer Luft (z. B. im Hochgebirge) nimmt die Anzahl der roten Blutzellen im Blut zu. Versuche dafür eine Erklärung zu finden!
4. „Die Katze meines Nachbarn hat mich gekratzt. Zunächst blutete es, doch dann …"
Vollende die Beschreibung der Blutgerinnung!

Wir mikroskopieren Blut

Die Untersuchung von Blut hilft uns, die unterschiedlichen Zelltypen genauer kennen zu lernen und das Verhältnis der roten und weißen Blutzellen abzuschätzen.

Blut ist medizinisch gesehen eine infektiöse Flüssigkeit, durch die auch Krankheitserreger übertragen werden können, da sie im Blut lange überleben können. Deshalb müssen Sicherheitsbestimmungen genau beachtet werden: Blut vom Menschen (Gefahr der HIV-Infektion) und Rinderblut (BSE) sind in Schulen nicht mehr für Schülerversuche zugelassen. Wir benutzen deshalb Schweineblut.

Arbeitet am besten mit Einmalhandschuhen, die man in jeder Apotheke günstig erwerben kann.

Auftropfen des Blutes auf den Objektträger

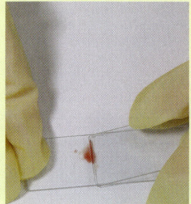
Ausziehen des Blutstropfens mit zweitem Objektträger

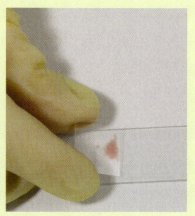
Auflegen des Deckglases

Gib einen Tropfen frisches Schweineblut auf einen Objektträger. Ziehe mit einem zweiten Objektträger den Tropfen so dünn wie möglich aus (1 bis 2 Zelllagen). Lege dann das Deckglas vorsichtig auf, ohne dass Luftblasen entstehen. Mikroskopiere bei steigender Vergrößerung die verschiedenen Zellen und skizziere sie. Oder lass dir von deiner Lehrerin/deinem Lehrer ein Dauerpräparat geben, bei dem die Kerne der weißen Blutzellen angefärbt sind. Nach der Größe und Form kannst du selbst die Zellen erkennen und unterscheiden. Skizziere zwei bis drei Zellen jeder Sorte und beschrifte sie wie unten vorgegeben!

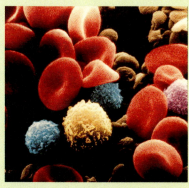
Stark vergrößerte Schweineblutzellen

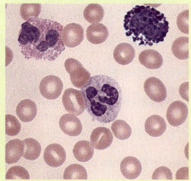
Angefärbte Zellen

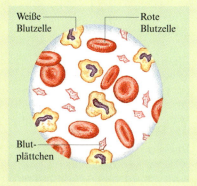
Zellen des Schweineblutes, schematisch

Blutgruppe A, B oder 0 ?

Es war 1899. In ein Spital wurde ein kleines Mädchen eingeliefert, das von einer Kutsche angefahren worden war und viel Blut verloren hatte. Der Arzt war besorgt, nur eine Blutübertragung konnte ihr Leben retten. Ihre Mutter spendete sofort für ihr einziges Kind, doch dann der Schock: Das Kind starb trotz intensiver Bemühungen kurz nach der Blutübertragung. Was war geschehen?

Karl Landsteiner entdeckte die Blutgruppen. Im Jahre 1901 sitzt der österreichische Arzt in seinem Labor und betrachtet die Ergebnisse seiner Untersuchung. Von seinen fünf Mitarbeitern und sich selbst hat er Blutproben entnommen und untereinander gemischt („jede mit jeder"). Hierbei bemerkte er, dass in etwa 65 % der Fälle Verklumpungen auftraten, in 35 % der Fälle das Blutgemisch flüssig blieb. Er folgerte: Blut ist nicht gleich Blut. Nicht jedes Blut weist mit einem anderen eine Verträglichkeit auf. Es muss mindestens drei Blutgruppen geben! Kurz darauf wurde noch eine vierte Blutgruppe entdeckt. Diese vier Blutgruppen bezeichnet man als Blutgruppe A, B, AB und 0 (Null).

AB0-System. Beim Menschen sind über 20 verschiedene Blutgruppensysteme bekannt. Für Bluttransfusionen (Blutübertragungen) ist das AB0-System mit den vier Blutgruppen A, B, AB und 0 besonders wichtig. Sie unterscheiden sich voneinander durch das Vorhandensein von Antigenen, die sich auf der Oberfläche der roten Blutzellen befinden und den Antikörpern im Blutplasma. Wird einem Empfänger blutgruppenfremdes Blut übertragen, kann es zur Verklumpung der roten Blutzellen kommen und damit zum Ausfall des Sauerstofftransportes.

Antigen und Antikörper. Weitere Untersuchungen der Blutgruppen ergaben, dass die Blutgruppenmerkmale durch zwei Gruppen von Molekülen (Eiweißmoleküle) bestimmt werden. Die eine Gruppe befindet sich auf der Oberfläche der roten Blutzellen: die Antigene. Wir unterscheiden Antigen-A und Antigen-B. Die roten Blutzellen der Blutgruppe 0 tragen auf ihrer Oberfläche keine Antigene. Die andere Gruppe der Eiweißmoleküle befindet sich im Blutplasma: die Antikörper. Auch hier unterscheiden wir Antikörper-A (Anti-A) und Antikörper-B (Anti-B).
Hat ein Mensch die Blutgruppe A, befinden sich auf den roten Blutzellen die Antigene-A. In seinem Blutplasma befinden sich die Antikörper gegen die Blutgruppe B (Anti-B). Die Aufgabe der Antikörper ist es, „fremde" rote Blutzellen (z. B. die der Blutgruppe B) aufzufinden und diese an sich zu binden, d. h. zu verklumpen. Diese Reaktion wird als Antigen-Antikörper-Reaktion bezeichnet, die 1899 zum Tod des kleinen Mädchens geführt hatte.

Bluttransfusion. Da das Blut eines bestimmten Menschen nicht mit sich selbst verklumpt, können nur die Antigene der jeweils fremden Blutgruppe zu Verklumpungen (Agglutination) führen. Um diese auszuschließen, wird bei einer Bluttransfusion die Blutgruppe des Patienten bestimmt. Diese Bestimmungen werden mit so genannten Testseren durchgeführt.

Rhesuspositiv/rhesusnegativ. 1940 gelang es, weitere Blutgruppeneigenschaften nachzuweisen. Auf der Oberfläche der roten Blutzellen wurde noch ein weiteres Antigen gefunden, der so genannte Rhesusfaktor, das Antigen-D. Dieser Faktor wurde zuerst bei den Rhesusaffen entdeckt.

Schon gewusst?

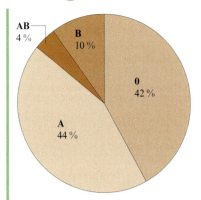

Häufigkeitsverteilung der Blutgruppen in der Bundesrepublik Deutschland

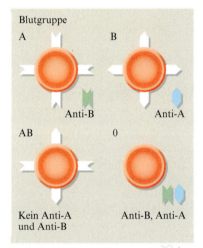

Modellhafte Darstellung der Blutgruppenmerkmale

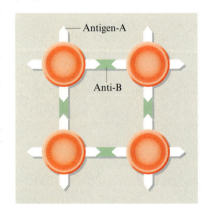

Blutgruppe A
Verklumpung roter Blutzellen der Blutgruppe B durch Anti-B im Blutplasma von Blutgruppe A (Modell)

Blutgruppe A, B oder 0?

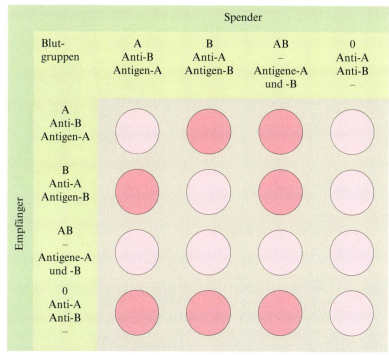

Schema möglicher Bluttransfusionen (● verklumpt, ○ verklumpt nicht)

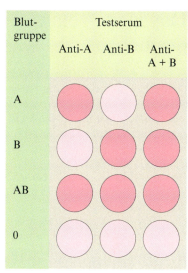

Blutgruppenbestimmung mit Testseren
● Verklumpung (Agglutination)
○ keine Verklumpung (keine Agglutination)

Das Antigen-D spielt bei der Bluttransfusion eine entscheidende Rolle. Ist das Antigen-D vorhanden, bezeichnet man das Blut als rhesuspositiv (Rh+). Fehlt das Antigen-D, bezeichnet man das Blut als rhesusnegativ (rh−). Mischt man rhesuspositives Blut mit rhesusnegativem Blut, kommt es zu Verklumpungen.
Besondere Bedeutung hat das Antigen-D bei einer Schwangerschaft. Ist der Vater des zu erwartenden Kindes rhesuspositiv, die Mutter dagegen rhesusnegativ, dann ist das Kind meist rhesuspositiv. Während des Geburtsvorganges können kindliche rote Blutzellen in den mütterlichen Organismus gelangen. Die rhesusnegative Mutter bildet Antikörper gegen das Antigen-D (Anti-D-Antikörper). Diese können während einer weiteren Schwangerschaft einen rhesuspositiven Fetus schädigen (S. 136).
Die Bildung der Anti-D-Antikörper wird durch eine so genannte Anti-D-Prophylaxe nach der Geburt des ersten Kindes verhindert. Dabei wird der rhesusnegativen Mutter ein Serum injiziert, das Antikörper gegen dieses Antigen-D enthält.

Bei einer Bluttransfusion darf nur blutgruppengleiches Blut (A, B, AB oder 0) übertragen werden. Die Unterscheidung von Blutgruppen und Rhesusfaktor basiert auf bestimmten Eiweißmolekülen (Antigenen), die auf den roten Blutzellen vorkommen.
Bei Übertragung von blutgruppenfremdem Blut kommt es zu einer Antigen-Antikörper-Reaktion; das Blut verklumpt. Eine Ausnahme bildet die Blutgruppe 0: Da ihre roten Blutzellen keine AB-Antigene aufweisen, kann das Blut der Blutgruppe 0 allen anderen Blutgruppen gespendet werden.
Besondere Bedeutung hat das Antigen-D bei einer Schwangerschaft einer rhesusnegativen Mutter.

Schon gewusst?

Etwa 85 % der Europäer sind rhesuspositiv. Nur 15 % der europäischen Bevölkerung sind rhesusnegativ. Besonders diese Menschen sind zur Blutspende aufgerufen.

AUFGABEN

1. Tim hat die Blutgruppe A und ist rh−. Er braucht bedingt durch einen Unfall eine Blutspende. Welcher seiner Freunde könnte für ihn Blut spenden?
   Andreas: B, Rh+
   Kai: A, Rh+
   Verena: 0 (Null), rh−
   Dirk: AB, Rh+
   Nicole: AB, rh−
   Anne: A, rh−
   Begründe deine Antwort!
2. Ermittle in deiner Klasse, welche Blutgruppen vorkommen. Berechne den prozentualen Anteil der einzelnen Blutgruppen!
3. Das Blut der Blutgruppe B besitzt Anti-A, aber nicht Anti-B. Begründe!

Das Herz – ein rastloser Motor des Lebens

Es ist Nacht. Kirstin hatte der Mutprobe zugestimmt, doch so allein in der Dunkelheit fühlt sie Angst aufsteigen. Erschrocken bleibt sie stehen, als sie ein Geräusch hört. Das Herz schlägt ihr bis zum Hals, als eine Gestalt sich aus dem Schatten löst. „Na, Angst gekriegt?", hört sie ihre Freundin Pia sagen und langsam beruhigt sich ihr Pulsschlag. Wieso schlägt Kirstins Herz „bis zum Hals"?

Bau des Herzens. Bei körperlicher Anstrengung wie beispielsweise im Sportunterricht oder bei Erregung spüren wir wie Kirstin unser Herz deutlich schlagen.
Das Herz ist ein etwa faustgroßer Hohlmuskel, der geschützt im Brustkorb zwischen den beiden Lungenflügeln hinter dem Brustbein liegt. Die Spitze des Herzens zeigt im Körper schräg nach links unten.
Das Herz wird durch eine Scheidewand in eine linke und eine rechte Hälfte geteilt. Jede Hälfte besteht aus einer dünnwandigen Vorkammer und einer dickwandigen Herzkammer. Vorkammer und Herzkammer sind durch Herzklappen (Segelklappen) getrennt. Die Herzklappen verhindern ein Zurückfließen des Blutes aus den Herzkammern in die Vorkammern. Zwischen den beiden Herzkammern und der wegführenden Arterie befindet sich jeweils eine kleinere Herzklappe, die Taschenklappe.
Die Kranzgefäße des Herzens versorgen das Herz ständig mit Sauerstoff und Nährstoffen.

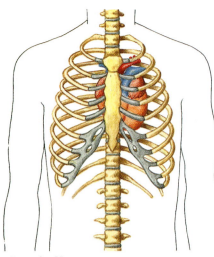

Lage des Herzens

Schon gewusst?

Das Herz hat eine Masse von etwa 300 g. Es pumpt mit jedem Herzschlag 80 ml Blut und schlägt in einer Minute etwa 70-mal.

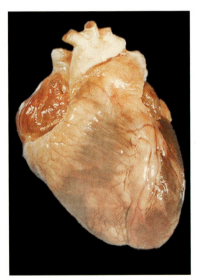

Herz des Menschen

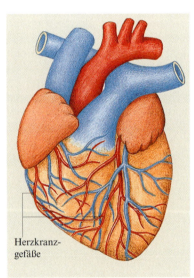

Herz mit Kranzgefäßen

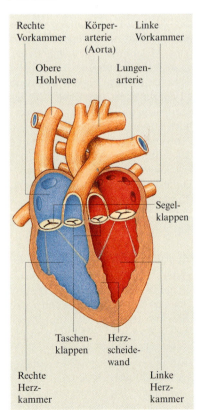

Herz im Längsschnitt

Der Herzschlag. Kirstin spürte ihr Herz deutlich schlagen. Dieser Herzschlag ist der fühlbare Ausdruck der Arbeit des Herzens. In einem ganz bestimmten Rhythmus spannt und entspannt sich der Herzmuskel. Dadurch wird das Blut ständig in Bewegung gehalten.
Man kann die Arbeit des Herzens mit der Funktion einer Saug-Druck-Pumpe vergleichen. Beginnen wir die Betrachtung des Herzschlags zu dem Zeitpunkt, zu dem die Herzkammern mit Blut prall gefüllt sind und das Herz als Druckpumpe arbeitet.

Das Herz – ein rastloser Motor des Lebens

Die Kontraktion des Herzmuskels verkleinert den Innenraum der Herzkammern, der entstehende Druck lässt das Blut in die abführenden Gefäße strömen. Von der linken Herzkammer strömt das Blut in die große Körperarterie (Aorta), von der rechten Herzkammer in die Lungenarterie. Diese Phase der Kontraktion der Herzmuskulatur wird als Anspannungsphase (Systole) bezeichnet. Die Kontraktion des Herzmuskels erzeugt Schallschwingungen, die als erster, dunkel tönender Herzton hörbar werden. Während der Systole verschließen die Segelklappen die Vorkammern, sodass ein Zurückfließen des Blutes verhindert wird. Gegen Ende der Systole lässt der Druck in den Herzkammern nach, die Taschenklappen schließen sich. Das „Zuschlagen" der Taschenklappen ist als zweiter, hellerer Herzton hörbar und bezeichnet das Ende der Systole.

Anschließend erschlafft die Herzmuskulatur und die Herzkammern erweitern sich; die Diastole beginnt. Es entsteht ein Unterdruck, der die Segelklappen öffnet und das Blut in die Herzkammern fließen lässt. Das Herz arbeitet also nicht nur als Druck- sondern auch als Saugpumpe. Mit einer Systole beginnt der Kreislauf der Herztätigkeit von vorn.

Wie gelangt das Blut jedoch in die Vorkammern des Herzens? Durch die Kontraktion der Muskulatur während der Systole werden die Segelklappen nach unten gezogen und gleichzeitig die Vorkammern erweitert. Der entstehende Sog lässt das Blut aus den zuführenden Venen in die Vorkammern fließen, die sich nun wieder füllen.

Das Herz arbeitet autonom. Jeder Muskel benötigt elektrische Impulse, um sich zu kontrahieren. Der Herzmuskel erregt sich jedoch selbst und ist damit unabhängig vom Zentralnervensystem. Schrittmacher für jeden Herzschlag ist eine spezielle Muskelgruppe, der Sinusknoten. Er liegt oberhalb der oberen Hohlvene und erreicht über Fasern auch die untere Herzmuskulatur. Fällt der Sinusknoten aufgrund von altersbedingten Veränderungen aus, wird dem betreffenden Patienten oft ein künstlicher, elektrischer Schrittmacher eingepflanzt (Herzschrittmacher).

Elektrokardiogramm. Die elektrische Erregung des Sinusknotens breitet sich im Herzen aus. Dabei kommt es zu einem geringen Stromfluss, der sich auch auf der Körperoberfläche ausbreitet. Man kann ihn deshalb auch an Armen und Beinen und an der Brustwand messen. Die Stromflusskurve des Herzens heißt Elektrokardiogramm (EKG). Aus einem EKG kann der Arzt wichtige Informationen über die Herztätigkeit entnehmen. Die Kurvenspitzen (Piks) zeigen die Schlagtätigkeit des Herzens.

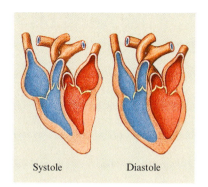
Arbeitsphasen des Herzens

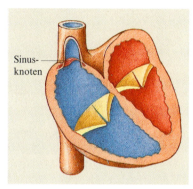
Ort der Erregungsentstehung

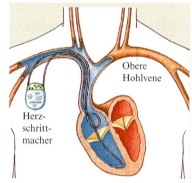
Der Herzschrittmacher wird unter die Haut des Brustkorbes eingepflanzt

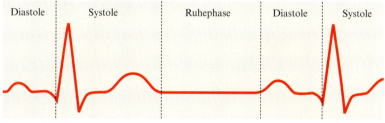
Standard-EKG

> Das Herz ist ein faustgroßer Hohlmuskel, der aus zwei Herzkammern und zwei Vorkammern besteht. Das Herz arbeitet autonom in einem ganz bestimmten Rhythmus, nach dem sich der Herzmuskel spannt und entspannt.

AUFGABEN

1. Kirstin bekam starkes Herzklopfen, als Sven sie fragte, ob sie sich treffen wollen. Erkläre diese Reaktion!
2. Berechne, wie viel Liter Blut das Herz je Tag und je Jahr pumpt!
3. Oma soll einen Herzschrittmacher erhalten. Erkläre ihr, wie ihr dieser helfen kann!

Von der Aorta bis zur Kapillare – ein Kreislauf

Tim hatte sich beim Linolschneiden in den Finger geschnitten und aus der Wunde lief dunkelrotes Blut. Er muss sich also ein Blutgefäß verletzt haben – aber welches Blutgefäß?
In unserem Körper fließt das Blut in einem System von miteinander verbundenen Blutgefäßen: den Arterien, Venen und Kapillaren.

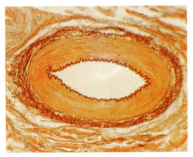

Querschnitt einer Arterie (Original)

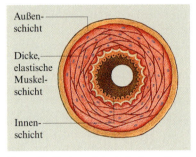

Querschnitt einer Arterie (schematisch)

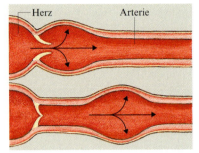

Pulswelle in der Arterie

Arterien. Arterien sind Blutgefäße, die das Blut vom Herzen wegführen. Die Wände der Arterien werden von drei Schichten gebildet. Die Mittelschicht ist sehr stark mit Muskelzellen durchsetzt. Dadurch können sich die Arterien bei jedem Blutstoß aus den Herzkammern elastisch erweitern und danach wieder verengen. Auf diese Art und Weise wird der Blutfluss unterstützt. Die dabei entstehende Druckwelle können wir als Puls besonders deutlich am Handgelenk, am Hals und an den Schläfen spüren.
Mit zunehmender Entfernung vom Herzen verzweigen sich die Arterien immer mehr und der Druck des Blutes nimmt allmählich ab.

Venen. Venen sind Blutgefäße, die das Blut zum Herzen hinführen. Ihre Wände sind sehr dünn und dehnbar, die Muskulatur ist nur schwach ausgebildet. Das Blut wird durch den wechselnden Druck der benachbarten Skelett- oder Organmuskulatur auf die Venenwand transportiert. Außerdem unterstützt die Pulswelle nahe liegender Arterien den Blutrückfluss zum Herzen. In den Venen ist der Blutdruck so gering, dass er hier kaum gespürt werden kann. Und noch eine Besonderheit weisen die Venen auf: In ihren Wänden befinden sich in Abständen von wenigen Zentimetern taschenartige Klappen, die ein Zurückfließen des Blutes verhindern.

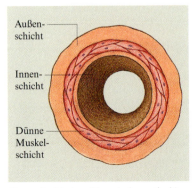

Querschnitt einer Vene (schematisch)

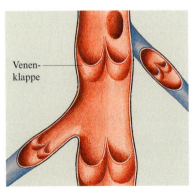

Geöffnete Venen mit Venenklappen

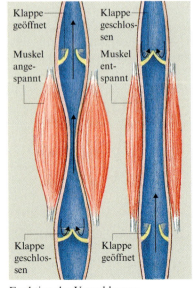

Funktion der Venenklappen

Von der Aorta bis zur Kapillare – ein Kreislauf

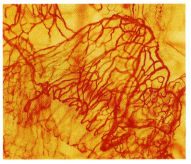
Kapillaren, mikroskopische Aufnahme

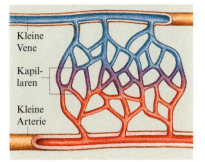
Kapillaren, schematisch

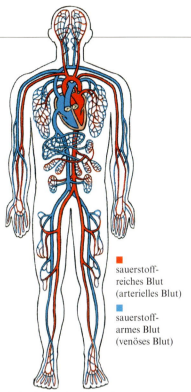

■ sauerstoffreiches Blut (arterielles Blut)

■ sauerstoffarmes Blut (venöses Blut)

Blutkreislauf des Menschen

Kapillaren. Diese mikroskopisch feinen Gefäße verbinden die Arterien mit den Venen. Sie bilden im gesamten Körper ein ausgedehntes, dicht geknüpftes Netz.
In den zahlreichen Kapillaren ist der Blutdruck so gering, dass bei Verletzungen dieser Gefäße das Blut gleichförmig ausfließt, während es aus größeren Arterien entsprechend den rhythmischen Herzbewegungen stoßweise hervorquillt. Die Wand der Kapillaren besteht nur aus einer einzigen Zellschicht. Sie ermöglicht den Stoffaustausch zwischen dem Blut und den Körperzellen. Die Kapillaren vereinigen sich wieder zu größeren Blutgefäßen, den Venolen. Diese führen das Blut zu den Venen.

Blutkreislauf. Das Blut wird durch Herz, Arterien, Venen und Kapillaren in einem geschlossenen Röhrensystem zu allen Zellen des Körpers transportiert. Zunächst erscheint uns dieses System sehr verwirrend. Verfolgen wir einmal den Weg des Blutes: Das aus dem Körper kommende sauerstoffarme Blut (venöses Blut) wird durch die rechte Herzhälfte in die Lunge gepumpt. Hier gibt es das Kohlenstoffdioxid ab und wird mit Sauerstoff angereichert. Das sauerstoffreiche Blut wird zur linken Herzhälfte befördert. Diesen Teil bezeichnet man als den Lungenkreislauf. Das aus der Lunge kommende sauerstoffreiche Blut (arterielles Blut) wird durch die linke Herzhälfte in alle Organe des Körpers gepumpt. Der Sauerstoff wird in den Kapillaren an die umgebenden Zellen abgegeben und Kohlenstoffdioxid wird von dort aufgenommen. Es wird dann als sauerstoffarmes Blut in die rechte Herzhälfte gepumpt. Dieser Teil des Blutkreislaufes wird als Körperkreislauf bezeichnet. Somit besitzen wir eigentlich zwei Blutkreisläufe, die in ihrem Zusammenwirken den Körper ständig mit Sauerstoff versorgen und Kohlenstoffdioxid abtransportieren.

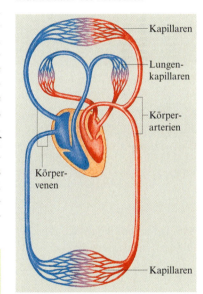
Schema des Blutgefäßsystems mit Körper- und Lungenkreislauf

> Das Blut fließt durch die Tätigkeit des Herzens in einem Gefäßsystem, bestehend aus Arterien, Venen und Kapillaren, durch den Körper. Der Blutkreislauf des Menschen besteht aus einem Lungen- und Körperkreislauf; es ist ein doppelter Kreislauf.

AUFGABEN

1. Nach einem 100-m-Sprint rast der Puls. Erkläre, wie der Puls entsteht, und begründe das Pulsrasen!
2. Stelle in einer Tabelle die Gemeinsamkeiten und Unterschiede bezüglich Bau und Funktion der Arterien und Venen dar!
3. Oma hat Krampfadern. Der Arzt meint, dass die Venenklappen defekt sind. Erkläre, welche Folgen das für die Venen hat!
4. Beschreibe den Weg des arteriellen und des venösen Blutes im Körper des Menschen!

Wir untersuchen einige Herzfunktionen

Für die folgenden Untersuchungen arbeitet ihr am besten in Gruppen zu je 3 Schülern und wechselt euch ab: Ein Schüler ist die Testperson, der zweite Schüler führt die Untersuchung durch und der Dritte notiert die Werte in eine Tabelle. Beachtet bei den Untersuchungen Folgendes: Blutgefäße dürfen nie zugedrückt werden (nicht am Hals messen), die Testperson sollte nicht zu schnell aufstehen.

1. Wir hören den Herzschlag

Nimm ein Stethoskop, lege die Ohrenstöpsel vorsichtig an und halte es zunächst an deine eigene Brust. Wenn du mit dem Knopf etwas hin und her wanderst, hast du dort, wo die Herztöne am deutlichsten zu hören sind, die Herzklappen gefunden. Du kannst dabei zwei Herztöne unterscheiden: einen ersten dunklen und einen zweiten hellen Ton.
Erkläre deine Beobachtungen!

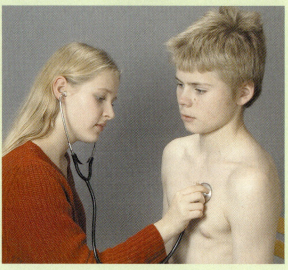

Mit dem Stethoskop den Herzschlag hören

2. Wir messen den Puls

Du kannst deinen Pulsschlag am besten an der Stelle fühlen, wo die Arterien dicht unter der Hautoberfläche verlaufen: an den Hand- und Fußgelenken, in der Armbeuge und am Hals. Du legst die Fingerkuppen sanft auf die Arterie und zählst die Schläge je Minute. Miss den Puls in Ruhe (liegend), im Sitzen, im Stehen und unter Belastung (beispielsweise nach 15 Kniebeugen). Stelle deine Ergebnisse in einer Tabelle dar und werte sie aus. Achte darauf, dass auch der Gesundheitszustand, das Geschlecht, Sportlichkeit und Alter den Puls beeinträchtigen. Versuche, die Unterschiede zwischen den in der Klasse gemessenen Werten zu erklären!

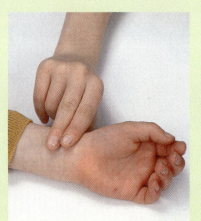

Messung des Pulses im Handgelenk

3. Wir messen den Blutdruck

Lege die Manschette um den Oberarm. Halte das Stethoskop in die Armbeuge und pumpe rasch den Ballon bis etwa 150 mbar auf. Öffne dann das Ventil ein kleines bisschen und lass die Luft langsam entweichen. Bei einem bestimmten Druck wirst du auf einmal Herztöne hören. Notiere jeweils den Druckwert, bei dem du den ersten Herzschlag und den letzten hörst. Erfasse deine Ergebnisse tabellarisch und vergleiche sie mit den Werten der anderen Testpersonen!

Messen des Blutdrucks in den Arterien

Lymphgefäße und Lymphe

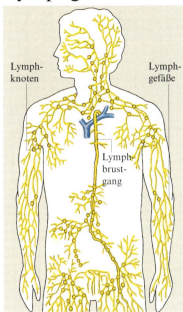

Lymphgefäßsystem

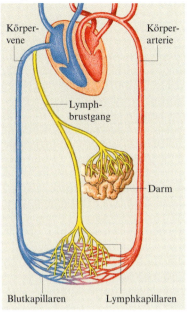

Verbindung von Blutgefäßsystem und Lymphgefäßsystem

Vielleicht hattest du schon einmal eine Mandelentzündung; die Mandeln waren dick angeschwollen. Wieso können Mandeln so anschwellen?
Neben dem Blutgefäßsystem gibt es noch ein weiteres Transportsystem, das Lymphgefäßsystem. Zwischen diesen beiden Gefäßsystemen findet besonders im Bereich der Kapillaren ein ständiger Stoffaustausch statt. Ein Teil der Blutflüssigkeit verlässt die Kapillaren und durchströmt die Zwischenräume der Zellen und Gewebe.
Nicht die gesamte aus den Kapillaren ausgetretene Blutflüssigkeit wird von den Blutkapillaren wieder aufgenommen. Ein Teil davon, die Lymphe, erreicht über Lymphkapillaren größere Lymphgefäße, die in einem Hauptlymphgefäß, dem Lymphbrustgang, zusammentreffen. Dieser mündet im Schulterbereich in die Körpervene.
Wichtige Bestandteile des Lymphgefäßsystems sind die Lymphknoten, die als Filterstationen wirken. Sie halten Krankheitserreger zurück, die dann von Lymphozyten vernichtet werden. Bei Infektionen können deshalb Schwellungen im Bereich der Lymphknoten auftreten. Bis zu etwa 1 000 Lymphknoten sind über die gesamten Lymphbahnen verteilt. Besonders viele befinden sich im Bereich des Halses, der Leistengegend und in den Achselhöhlen. Mandeln und Milz sind sehr große lymphatische Organe.
Die weißliche bis gelbliche Lymphflüssigkeit enthält neben den Lymphozyten auch Nährstoffe (z. B. Fette) und Abwehrstoffe. Die Bewegung der Lymphe erfolgt durch die aktive rhythmische Kontraktion der Gefäßwand und der benachbarten Skelettmuskeln. Der Rückfluss der Lymphe wird durch Klappen und Trichterventile in den Lymphgefäßen verhindert.

> Die Lymphe entsteht im Bereich der Blutkapillaren. Sie ermöglicht den Stofftransport zwischen Körperzellen und Kapillaren. Die Lymphknoten filtern Krankheitserreger heraus und machen diese unschädlich.

Schon gewusst?

Der dänische Arzt Dr. Vodder fand in jahrelanger Erprobung eine Methode, die der Unterstützung der Bewegung der Lymphe im Körper dient, die Lymphdrainage.
Diese Methode gewinnt für die Gesunderhaltung (Prophylaxe) und die Therapie des menschlichen Körpers an Bedeutung. Durch spezielle Massagegriffe mit pumpender Technik wird der Lymphfluss unterstützt. Bewährt hat sich diese Methode bei der Behandlung von Gelenkrheumatismus. Sie beschleunigt außerdem die Wundheilung nach Verletzungen und hilft, entzündliche Krampfadern oder Unterschenkelgeschwüre zu heilen.
Durch ruckartiges Einziehen der Bauchmuskulatur oder „Rad fahren" in Kerzenhaltung der Beine kann die Lymphdrainage wirksam unterstützt werden.

AUFGABEN

1. Christian hat sich beim Skaten verletzt.
   Am Abend bemerkt er einen dunkelroten Strich am Handgelenk, der langsam hochwandert. Eine so genannte Blutvergiftung ist eingetreten. Der Arzt erklärt ihm, dass sich die Lymphbahn im Arm entzündet hat.
   „Obwohl die Krankheit Blutvergiftung heißt, ist nicht das Blut entzündet, sondern ...."
   Erkläre den Verlauf der Blutvergiftung!
2. John stellt fest, dass sein Hals wehtut, und bemerkt beim Zähneputzen Schwellungen im Rachen. Was ist geschehen?

Herz- und Kreislauferkrankungen und deren Vorbeugung

Oma ist herzkrank. Anfangs hatte sie von der Verengung ihrer Blutgefäße nichts bemerkt. Durch Einlagerungen des Fettes Cholesterin kam es zur weiteren Verengung in einem Blutgefäß am Gehirn. Ihre Oma hatte eine Arterienverkalkung. Sie muss Medikamente einnehmen, damit es nicht zu einer Mangeldurchblutung des betreffenden Gewebeabschnittes kommt. Außerdem soll sie auf Eier und tierische Fette verzichten und sich mehr bewegen. „Statt Kuchen esse ich jetzt Pillen", schmunzelt sie. „Was kann denn passieren, wenn du vergisst die Tabletten zu nehmen?", fragt Anke. „Durch die verengte Ader fließt das Blut langsamer. Es fängt an Fibrin zu bilden und ein Blutpfropf (Thrombus) entsteht. Dieser kann die Ader vollständig verschließen. Das Gewebe wird nicht mehr genügend mit Sauerstoff versorgt und kann absterben. Dann droht ein Schlaganfall, denn das Blutgefäß kann platzen. Deshalb soll ich auch wesentlich weniger Fett essen, denn Teile davon lagern sich in den Blutgefäßen ab." Anke versteht. Der Opa ihrer Freundin hatte über heftige, ausstrahlende Schmerzen und Angstzustände geklagt. Bei ihm war ein Herzkranzgefäß verstopft, das Herz wurde an dieser Stelle nicht mehr ausreichend mit Sauerstoff versorgt. Er hatte einen Herzinfarkt. Da er rechtzeitig ins Krankenhaus eingeliefert wurde, konnte ihm auch geholfen werden.

Gesunderhaltung und Vorbeugung. Anke hat in einem Buch nachgelesen, warum ihre Oma nur noch sehr wenig Fett essen darf. Ein erhöhter Fettgehalt im Blut kann die Bildung von Arterienverkalkung (Arteriosklerose) fördern. Deshalb sollte der Cholesterinspiegel im Blut einen bestimmten Wert nicht überschreiten. Bei hohem Blutdruck werden die Gefäße stark beansprucht und in den Gefäßwänden beginnt Arteriosklerose.

Arterie mit Ablagerungen

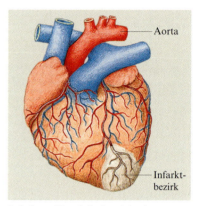

Bei einem Herzinfarkt stirbt das von dieser Arterie versorgte Herzmuskelgewebe ab.

Mit einem „Bypass" wird der verengte Gefäßabschnitt mit einem Gefäßstück aus den Beinvenen umgangen. Blutverdünnende Medikamente verhindern die Bildung eines Thrombus.

Gesunderhaltung und Vorbeugung: So   oder so?

AUFGABEN

1. Tim hat nachgelesen, dass bei einer Lungenembolie ein Thrombus ein Lungengefäß verstopft. Die Ursache sei dieselbe wie bei einem Herzinfarkt. Erkläre den Verlauf einer Lungenembolie!
2. Treibe Sport – das hält gesund! Diskutiere diese These innerhalb deiner Klasse!
3. „Ich liebe Schokolade!" Notiere deine Essgewohnheiten und vergleiche sie mit beiden Abbildungen. Werte deine Notizen kritisch in Bezug auf Gesunderhaltung! Musst du immer auf Schokolade verzichten? Was musst du beachten?
Entwickle dazu ein Merkblatt!

Erste Hilfe leisten kann man lernen

Erik rennt plötzlich über die Straße. Das Auto kann nicht mehr halten. Als Helena und Andi dazukommen, liegt Erik immer noch am Boden. Er sieht furchtbar blass aus und blutet.
„Was müssen wir jetzt nur tun?" Auch Helena ist hilflos. „Schocklage, Blutungen stillen" schießt es ihr durch den Kopf – aber wie?"

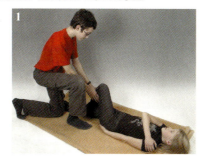
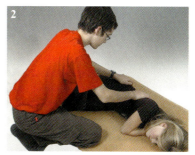
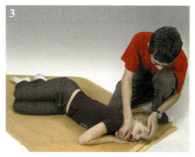
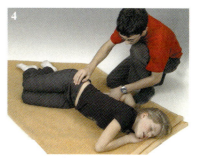

Bewusstlosigkeit. Viele Organisationen bieten Kurse an, in denen du Erste-Hilfe-Maßnahmen erlernen kannst. Im Ernstfall kannst du dann richtig helfen. Eine Grundvoraussetzung für erste Hilfe ist beispielsweise die Durchführung der stabilen Seitenlage.

So führt man eine stabile Seitenlage aus.

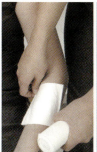

Anlegen eines Druckverbandes (von links: steriles Abdecken der Wunde, Befestigen der Wundauflage, Druckpolster auflegen, festbinden)

Blutende Wunden. Wenn aus einer Wunde Blut stoßweise strömt, musst du sehr schnell handeln, da eine Arterie verletzt ist. Du musst einen Druckverband anlegen, der das Blut stoppt, bis ein Arzt die Wunde versorgt.

Schock. Du kannst an Blässe, kaltem Schweiß und fehlender Orientierung einen Schockzustand erkennen. Ein Schock ist lebensgefährlich, weil das Gehirn nicht genügend mit Blut versorgt wird. Hier kannst du helfen, indem du den Verletzten flach hinlegst und seine Beine hoch lagerst. Dadurch strömt mehr Blut in das Gehirn. Versuche, den Verletzten zu beruhigen und lass ihn möglichst nicht allein.

> **Die fünf „W" der ersten Hilfe**
>
> – **Was** ist geschehen?
> – **Wo** ist der Unfallort?
> – **Wie viele** Personen sind verletzt?
> – **Welche** Verletzungen sind erkennbar?
> – **Wer** macht diese Meldung?
>
> Unfallmeldung über Telefonnummer 112

AUFGABEN

1. Was bedeuten die fünf „W" der ersten Hilfe?
2. Informiere dich über Erste-Hilfe-Maßnahmen. Nutze den Erste-Hilfe-Koffer im Auto oder in der Wohnung. Auch karitative Verbände helfen. Übt in der Klasse unter fachgerechter Anleitung die wichtigsten Handgriffe (z. B. während der Projekttage)!
3. „Ich muss gar nichts – schließlich bin ich ein freier Mensch!" Was hältst du von dieser These? Diskutiert innerhalb eurer Klasse Sinn und Notwendigkeit der ersten Hilfe!
Schreibt anonym und ehrlich auch eure Bedenken und Ängste auf!

ZUSAMMENFASSUNG

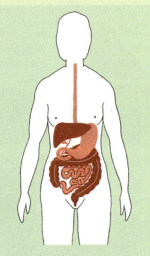

Verdauungsorgane

Nährstoffe (Kohlenhydrate, Fette, Eiweiße) werden durch physikalische und biochemische Prozesse in von den Zellen verwertbare Stoffe umgewandelt. Die Verdauungsvorgänge werden von Verdauungsenzymen gesteuert.

Stoffwechsel und Energieumsatz

Der Organismus steht durch den Stoffwechsel und Energieumsatz in einem intensiven Austausch mit seiner Umwelt. Ständig werden Stoffe aufgenommen, transportiert, umgewandelt und abgegeben. Der Stoffwechsel und Energieumsatz finden ununterbrochen in allen lebenden Zellen statt. Dabei sind die einzelnen Organe bzw. Organsysteme in spezifischer Weise an bestimmten Stoffwechselprozessen beteiligt. Der mit den Stoffwechselvorgängen verbundene Energieumsatz ist eine unabdingbare Voraussetzung für sämtliche Lebensvorgänge.

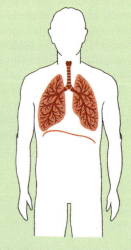

Atmungsorgane

Das Blut scheidet in den Lungen Kohlenstoffdioxid aus und nimmt Sauerstoff auf. Es transportiert den Sauerstoff zu den Körpergeweben, nimmt dort entstandenes Kohlenstoffdioxid auf und bringt es zu den Lungen.

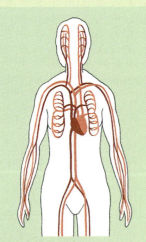

Blut und Blutkreislauf

Das Blut transportiert Sauerstoff von den Lungen, Nährstoffe, Mineralien und Wasser von den Verdauungsorganen zu den Zellen des Körpers sowie Wasser und die beim Stoffwechsel entstehenden Endprodukte zu den Ausscheidungsorganen.

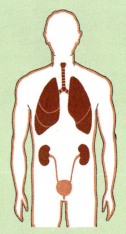

Ausscheidungsorgane

Durch die Ausscheidungsorgane werden die Stoffwechselendprodukte (Kohlenstoffdioxid, Harnstoff, Mineralsalze) aus dem Körper entfernt. Harnorgane, Haut und Lungen sind wesentlich an der Regulierung des Wasserhaushalts im Körper beteiligt.

Gesundsein – Abwehr von Krankheiten

Der Niederländer ANTONY VAN LEEUWENHOEK berichtete 1683 von „levende Dierkens" im Zahnbelag, die er unter einem Mikroskop, das er selbst angefertigt hatte, beobachten konnte. Er wusste nicht, dass es Bakterien waren und manche von ihnen Krankheiten verursachen.

Bakterien als Krankheitserreger

Nicht nur Wasser, Boden und Luft, sondern auch der Körper des Menschen, der Tiere und der Pflanzen sind Lebensräume für eine Vielzahl von Bakterienarten. Obwohl Pest, Cholera, Lepra oder auch Tuberkulose als Krankheiten seit Jahrhunderten oder Jahrtausenden Menschenleben forderten, kannten die Menschen die Ursachen dafür nicht. Bakterien waren als Krankheitserreger noch unentdeckt.

Entdeckungsgeschichte der Bakterien. Mit ANTONY VAN LEEUWENHOEK, der wahrscheinlich als erster Mensch 1683 lebende Bakterien sah und zeichnete, beginnt die Zeit der mikroskopischen Erforschung dieser Organismen. Fast zweihundert Jahre später, 1857, entdeckte der französische Chemiker LOUIS PASTEUR bei der Untersuchung von Gärungen die Milchsäurebakterien. Der russische Botaniker MICHAIL VORONIN sah 1866 beim Mikroskopieren Knöllchenbakterien. Um 1870 fand der Franzose DAVAINE im Blut erkrankter Tiere Mikroorganismen, die er „bacteridia" nannte.
Einen großen Beitrag zur Bakteriologie leisteten Mediziner und Veterinärmediziner bei der Erforschung von Infektionskrankheiten. Der deutsche Arzt ROBERT KOCH deckte im Jahre 1876 den Krankheitsverlauf des gefährlichen Milzbrandes auf. Er fand heraus, dass die Sporen des Milzbrandbazillus unempfindlich gegen Hitze, Trockenheit und viele Chemikalien sind. Die ersten Mikrofotos von Bakterien konnte ROBERT KOCH 1877 herstellen. Im Jahre 1882 entdeckte er die Tuberkelbazillen und 1883 die Choleravibrionen.
In der Folgezeit entwickelten die optische Industrie und die Glasindustrie immer leistungsfähigere Mikroskope. Die chemische Industrie produzierte verschiedene Färbemittel und Ausgangsstoffe für Nährböden zur Kultivierung von Bakterien. In der Pharmaindustrie begann die Produktion von Medikamenten gegen krankheitserregende Bakterien. Eine entscheidende Entdeckung im Kampf gegen die Infektionskrankheiten gelang 1928 dem schottischen Arzt ALEXANDER FLEMING. Er beobachtete an Kulturen von Staphylokokken, dass der Schimmelpilz *Penicillium notatum* einen Stoff ausscheidet, der Bakterien abtötet. Diesen Stoff nannte er Penicillin. Penicillin ist ein Antibiotikum.
Erst ab 1944 wurde es durch die großtechnische Produktion gereinigten und konzentrierten Penicillins möglich, Infektionskrankheiten in der Bevölkerung mit einem Antibiotikum wirksam zu bekämpfen.

ROBERT KOCH (1843 bis 1910)

ROBERT KOCH wurde in Clausthal-Zellerfeld geboren. In Göttingen studierte er Medizin. Während seiner Arbeit als Landarzt bei Posen (Poznan) begann er mit der Erforschung des Milzbrandes. Er entwickelte neue Untersuchungsmethoden, wie den „hängenden Tropfen" und Färbeverfahren, beobachtete Wachstum, Teilung, Sporenbildung und züchtete Bakterien in Reinkultur. Weltruhm erlangte er mit seinen Arbeiten über die Tuberkulosebazillen und die Choleravibrionen. Zur Erforschung von Infektionskrankheiten unternahm er Expeditionen in Seuchengebiete der Erde. 1905 wurde ROBERT KOCH mit dem Nobelpreis geehrt.

Arbeitsplatz von Robert Koch

Bakterien als Krankheitserreger

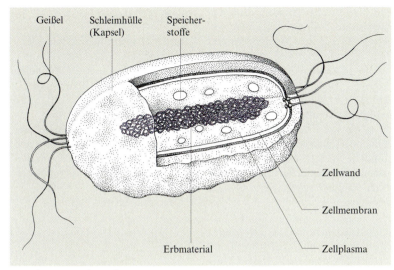

Bau einer Bakterienzelle

Bau einer Bakterienzelle. In einer Bakterienzelle ist das Erbmaterial nicht durch eine Kernmembran vom Zellplasma abgegrenzt. Bakterien werden deshalb als „Kernlose" den Organismen, die einen Zellkern besitzen, gegenübergestellt. Sie haben weder Mitochondrien noch Chloroplasten. Einstülpungen der Zellmembran ins Zellinnere können Chlorophyll oder andere Farbstoffe enthalten. Im Zellplasma kommen als Speicherstoffe Glykogen und Fette vor. Bei manchen Bakterienarten sind in der Zellmembran Geißeln verankert. Sie wirken im Wasser wie Schiffsschrauben oder Propeller. Die Zellwand ist bei vielen Bakterienformen zusätzlich von einer Schleimhülle oder Kapsel umgeben.

Vermehrung. Eine Bakterienzelle vermehrt sich durch Teilung. Nach der Verdopplung des Erbmaterials streckt sich die Zelle und es bildet sich, von außen beginnend, eine Trennwand. Damit sind zwei neue Zellen entstanden. Die Teilung einer Bakterienzelle bezeichnet man als Spaltung. Unter günstigen Bedingungen können im Abstand von je 20 bis 30 Minuten viele Spaltungen aufeinander folgen. Oft bleiben die Bakterien durch Schleimhüllen verbunden, sodass deutlich sichtbare Kolonien entstehen.

Schon gewusst?

Bakterien kommen auf allen Erdteilen und in allen Weltmeeren, selbst in arktischer Kälte und in heißen Quellen vor. Manche leben auf der Körperoberfläche und im Inneren von Pflanzen, Tieren und Menschen.

Bakterienformen:
Kokken mit 0,1 µm bis 1 µm Durchmesser und Stäbchen oder Vibrionen mit 2 µm bis 5 µm Länge sind noch viel kleiner als Tier- oder Pflanzenzellen.

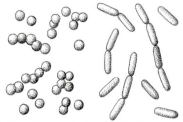

Kugelförmige Bakterien (Kokken) und stäbchenförmige Bakterien

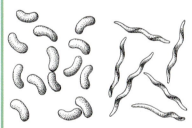

Bohnenförmige Bakterien (Vibrionen) und schraubige Bakterien (Spirillen)

Bakterienkolonien auf einem Nährboden mit Geldstückabdrücken

Bakterienkolonien auf einem Nährboden mit Fingerabdrücken

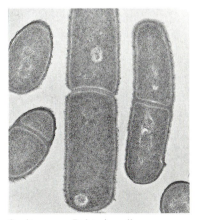

Spaltung von Bakterienzellen

Dauersporen. Manche Bakterien können bei Verschlechterung ihrer Lebensbedingungen eine so genannte Dauerspore bilden. Dabei wird der Wassergehalt des Zellplasmas stark verringert, es wird eine Sporenwand aus mehreren Hüllen gebildet. Nach dem Auskeimen einer Spore setzen die Lebensprozesse der Bakterienzelle wieder in vollem Umfang ein.

Lebensbedingungen. Alle Bakterien benötigen zum Leben eine Energiequelle (z. B. Nährstoffe), Wasser und bestimmte Temperaturen. Ein Temperaturbereich zwischen 20 °C und 40 °C ist für das Überleben vieler Bakterien optimal. Während Heubazillen Sauerstoff benötigen, können sich Milchsäurebakterien unter Sauerstoffabschluss vermehren.
Manche Bakterien schädigen als krankheitserregende Parasiten andere Organismen. Andere Bakterien leben als Fäulniserreger (Saprophyten) von den organischen Stoffen toter Organismen.

Verbreitung. Die Übertragung von Krankheitserregern und ihr Eindringen in den Körper bezeichnet man als Infektion (Ansteckung). Infektionsquellen können Wasser, Luft, Erde, aber auch Tiere, Pflanzen und andere Menschen sein. Die Krankheitserreger können über die Atemluft, die Nahrung und das Trinkwasser, über offene Wunden (z. B. Schnittwunden, Insektenstiche, Bisswunden) oder über direkte Haut- und Schleimhautkontakte übertragen werden. Ansteckende Krankheiten werden als Infektionskrankheiten bezeichnet.
Manche Bakterienarten kann man aber auch in einem gesunden Menschen nachweisen. Erst wenn dessen Abwehrkräfte geschwächt sind, wachsen und vermehren sich die Bakterien so stark, dass sie eine Krankheit auslösen. Mangelhafte Ernährung, Überanstrengungen, extreme Klimabedingungen und andere Erkrankungen können zu einer körpereigenen Abwehrschwäche führen.
Die Zeit von Beginn der Infektion bis zum Ausbruch der Krankheitszeichen wird Inkubationszeit genannt.
Viele krankheitserregende Bakterien scheiden giftige Eiweiße aus ihren Zellen aus, so genannte Toxine. Bei den Salmonellen, zu denen die Erreger von Typhus und Lebensmittelvergiftungen gehören, sind die Toxine direkt an die Bakterienzelle gebunden.
Nach dem Ausbruch einer Krankheit werden entweder Antibiotika oder Sulfonamide als Medikamente verordnet. Sie sollen die Bakterien abtöten. Von großer Bedeutung sind aber auch vorbeugende Maßnahmen gegen Infektionskrankheiten, beispielsweise Immunisierungen.

> Bakterien sind einzellige kernlose Organismen mit Zellplasma, Zellmembran und Zellwand. Die Zellkernsubstanz ist fadenförmig und befindet sich im Zellplasma. Einige Bakterienarten sind Krankheitserreger und rufen Infektionskrankheiten hervor.

Schon gewusst?

Im Experiment haben Bakteriensporen Tiefsttemperaturen von −253 °C sowie auch 30 Stunden in siedendem Wasser überstanden.

Etwa die Hälfte aller Krankheiten, die den Menschen befallen können, werden durch Bakterien ausgelöst. Dazu gehören zum Beispiel Pest, Lepra, Cholera, Tuberkulose, Diphtherie, Scharlach, Keuchhusten und Typhus.

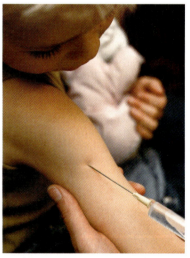

Impfungen schützen vor Infektionen.

AUFGABEN

1. Erläutere und begründe Vorbeugungsmaßnahmen gegen Zahnkaries!
2. Bakterien vermehren sich durch Spaltung. Berechne, wie viel Nachkommen sich innerhalb von zwei Stunden bilden, wenn sich alle 20 Minuten eine Bakterienzelle spaltet!
3. Vergleiche den Bau eines Bakteriums mit dem Bau einer Pflanzenzelle. Erkläre, warum Bakterien keine Pflanzen sind!
4. Beim Konservieren von Lebensmitteln werden den Bakterien Lebensgrundlagen entzogen. Erläutere das an mehreren Beispielen!

Infektionskrankheiten können sich weltweit ausbreiten

Auch in heutiger Zeit gefährden Infektionskrankheiten unsere Gesundheit. Sie sind vor allem in vielen Entwicklungsländern auf dem Vormarsch. Schätzungen der Weltgesundheitsorganisation besagen beispielsweise, dass jährlich weltweit etwa 3 Millionen Menschen an Tuberkulose sterben. Auch Cholera, Typhus und Diphtherie treten jetzt wieder gehäuft auf. Regionale Kriege, zerstörte Wohnstätten und große Flüchtlingsströme sind dafür ein Ursachenkomplex. In der Folge führt der Mangel an Nahrung, Trinkwasser, Heizmaterial und Bekleidung zu einem schlechten körperlichen Allgemeinzustand der Betroffenen. Unzureichende hygienische Bedingungen und medizinische Versorgung begünstigen die Seuchenausbreitung.

Eine weitere Ursache wieder zunehmender Infektionen ist die so genannte Impfmüdigkeit der Bevölkerung. Ein ungenügender Impfschutz und der zunehmende Massentourismus fördern die Verbreitung der Erreger.

Auch das Auftreten von Bakterienstämmen, die gegen ganz bestimmte Medikamente resistent (widerstandsfähig) sind, erschwert die Bekämpfung der Infektionskrankheiten. Durchfallerkrankungen auf Reisen haben meist nichts mit Erschöpfung oder mit dem Verzehr ungewohnter Speisen zu tun. Die Vorbeugung ist relativ einfach:
- Vorsicht bei der Wahl der Nahrung.
- Kein Leitungswasser, sondern Mineralwasser trinken.
- Mit Mineralwasser Zähne putzen.

Der beste Rat zur Vorbeugung lautet daher: Was du nicht schälen, kochen und garen kannst, das iss auch nicht!

Cholera – eine weltweite Infektionskrankheit. Eine Infektion mit Choleraerregern erfolgt in den meisten Fällen über verunreinigtes Trinkwasser. Naturkatastrophen können durch Wasserverseuchung und durch Mangel an Trinkwasser Choleraepidemien auslösen. Trinkwasseraufbereitung, Abwasserklärung und gründliches Abkochen von Speisen und Getränken können Cholerainfektionen verhindern. Die wichtigsten Maßnahmen zur Behandlung von Cholera-Kranken sind reichliches Trinken und das Einflößen großer Mengen zucker- und mineralsalzhaltigen Wassers sowie Antibiotikagaben zur Bekämpfung der Choleraerreger im Körper.

Schon gewusst?

Die Choleravibrionen werden vorwiegend in warmen Gebieten der Erde durch verunreinigtes Trinkwasser übertragen. Nach einer Inkubationszeit zwischen wenigen Stunden und 5 Tagen werden beim Zerfall dieser Bakterien Gifte (Toxine) freigesetzt, die krampfartige Bauchschmerzen, Erbrechen und Durchfall verursachen. Der hohe Wasserverlust trocknet den Körper aus. Kreislauf- und Nierenversagen führen ohne ärztliche Hilfe meist zum Tode.
Gründliches Abkochen des Trinkwassers ist eine der wichtigsten hygienischen Maßnahmen.

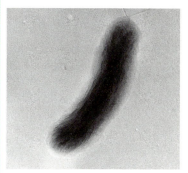

Cholerabakterium

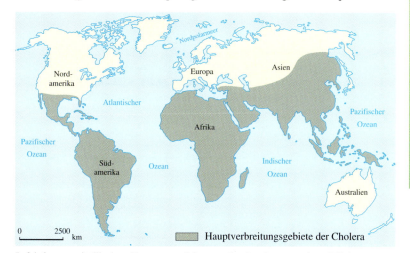

Infektionen mit Cholera-Erregern erfolgen meist durch verseuchtes Trinkwasser.

Häufig vorkommende bakterielle Infektionskrankheiten

Tuberkulose (Tbk). Der Erreger dieser Krankheit ist das etwa 3 bis 5 µm große stäbchenförmige *Mycobacterium tuberculosis*. Diese stäbchenförmigen Bakterien können in unterschiedlichen Typen auftreten und Haut und Knochen, aber auch die Atmungs-, Harn- und Geschlechtsorgane befallen. Eine Knötchenbildung (lat. Tuberkulum – Knötchen), das Auftreten von Geschwüren und die Zerstörung der befallenen Gewebe kennzeichnen das Krankheitsbild der Tuberkulose. Mit dem Speichel, dem Stuhl und dem Urin erkrankter Menschen können die Tuberkelbakterien bei einer so genannten offenen Tuberkulose übertragen werden. Auch über Nahrungsmittel, wie beispielsweise Produkte erkrankter Hühner, Rinder, Ziegen oder Schweine kann Tuberkulose auf den Menschen übertragen werden.

Mit der Tuberkulinprobe (z. B. Spritzen einer kleinen Dosis ungiftiger Stoffwechselprodukte von zerstörten Bakterien unter die Haut) wird getestet, ob ein Mensch Abwehrstoffe gegen Tuberkulose hat. Nach einigen Tagen zeigt eine Hautrötung an, dass sich der Mensch mit diesen Erregern auseinandergesetzt hat. Verläuft die Probe negativ, kann eine aktive Immunisierung (BCG-Schutzimpfung) erfolgen. Diese ist nach den französischen Forschern CALMETTE und GUERIN benannt. Sie erfolgt mit einer ungefährlichen Form des Tuberkelbakteriums (Bacille-Calmette-Guerin).

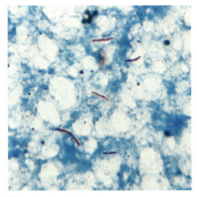

Tuberkulosebakterien

Diphtherie. Das *Corynebacterium diphtheriae* wird über die Atmungsorgane durch Tröpfcheninfektion übertragen. Schon nach einer kurzen Inkubationszeit von einem Tag bis zu einer Woche bricht die Krankheit mit Fieber, Halsschmerzen und Atembeschwerden aus. Ursache sind fest haftende grauweiße Bakterienbeläge am Gaumen und an den Mandeln, die sogar zur Erstickungsgefahr führen. Die Bakterientoxine können außerdem den Herzmuskel und das Nervensystem schädigen. Eine Impfung bietet gegen diese Krankheit wirksamen Schutz.

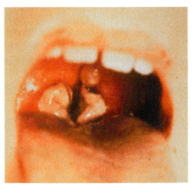

Beläge auf den Mandeln bei Diphtherie

Tetanus (Wundstarrkrampf). Die Erreger können mit Erde oder Straßenstaub in offene Wunden gelangen. Hier vermehren sie sich unter Sauerstoffabschluss und produzieren ein starkes Nervengift. Dieses führt zu Muskelstarre und Muskelkrämpfen. Die Inkubationszeit beträgt 2 Wochen bis mehrere Monate. Eine aktive Immunisierung gegen Tetanus sollte spätestens nach 10 Jahren aufgefrischt werden.

Typhus. Die Infektion erfolgt durch Nahrungsmittel, die mit Fäkalien Erkrankter verunreinigt sind. Die Inkubationszeit beträgt eine bis 3 Wochen. Schüttelfrost, sehr hohes Fieber und Durchfall sind Symptome dieser Infektionskrankheit. Unbehandelt endet Typhus durch Lungenentzündung und Darmbluten tödlich.

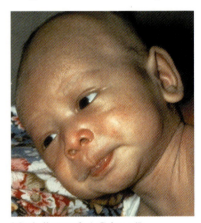

Muskelkrämpfe („Grinsen") bei Tetanus

AUFGABEN

1. Überprüfe deinen Impfpass! Gegen welche Infektionskrankheiten bist du schon geimpft? Wie alt warst du, als die Impfungen erfolgten?
2. Kontrolliere mithilfe eines Impfkalenders (von der Impfstelle besorgen), ob du ausreichenden Impfschutz besitzt!
3. Leite aus den geschilderten Infektionsmöglichkeiten vorbeugende Maßnahmen zum Schutz vor Krankheitserregern ab!
4. Erläutere den Verlauf einer Infektionskrankheit. Gehe dabei auf Erreger, Infektion, Krankheitsbild, Vorbeugung und Behandlung ein!

Pilze mit unterschiedlicher Wirkung

Pilze können Krankheiten hervorrufen. Eva geht zum Schwimmen gern in ein Hallenbad. Eines Tages nach dem Hallenbadbesuch verspürte sie ein starkes Jucken an ihrem Fuß. Da ihr Fuß außerdem gerötet ist, sucht sie einen Arzt auf. Er stellt bei Eva eine Hauterkrankung fest, die durch Pilze hervorgerufen wird und ansteckend ist: Hautpilzerkrankung.
Verschiedene Schimmel- und Hefepilze können sich auf der Haut ausbreiten. In Hautritzen setzen sich die Sporen fest. Hier keimen sie aus, lösen die Hornschicht der Oberhaut auf und dringen in die obersten Hautschichten ein. Eine unbehandelte Pilzinfektion breitet sich immer weiter aus, deshalb ist eine ärztliche Behandlung notwendig.
Eva muss einmal am Tag die Füße waschen und zwischen den Zehen gut abtrocknen. Anschließend kremt sie die betroffenen Hautstellen mit einer pilzabtötenden Salbe ein.
Pilze können aber auch über Berührung, beim Essen oder durch Einatmen in den Körper gelangen und Krankheiten hervorrufen.

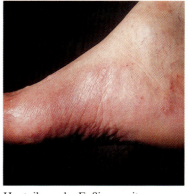

Hautpilz an der Fußinnenseite

Pilze können heilen. Einige Arten von Schimmelpilzen können Stoffe bilden, die als Arzneimittel Verwendung finden. Im Jahre 1928 entdeckte der Wissenschaftler ALEXANDER FLEMING (1881 bis 1955), dass bestimmte Schimmelpilzarten einen Stoff bilden, der das Wachstum anderer mikroskopisch kleiner Organismen behindert. Diese Substanz nannte FLEMING Penicillin, da er von Schimmelpilzen gebildet wurde, die den wissenschaftlichen Namen Penicillium tragen. Erst 1941 gelang es, Penicillin in größerer Menge zu gewinnen und in der Medizin einzusetzen.
Mit dem Penicillin wurde der Medizin ein ganz neuartiges, sehr wirksames Mittel gegen ansteckende Krankheiten zur Verfügung gestellt. Inzwischen sind viele derartige Wirkstoffe entdeckt worden. Man nennt diese Wirkstoffe Antibiotika, weil ihre Wirkung darin besteht, die Lebenstätigkeit anderer mikroskopisch kleiner Organismen zu hemmen. Penicillin war das erste industriemäßig hergestellte Antibiotikum. Es ist gelungen, solche technischen Verfahren zu entwickeln, mit denen Penicillin und andere Antibiotika in kurzer Zeit unter definierten Bedingungen in großer Menge in riesigen Behältern hergestellt werden können. Die Weltproduktion an verschiedenen Antibiotika liegt zurzeit bei mehr als 100 000 Tonnen pro Jahr. Zellen von Schimmelpilzen teilen sich nur dann, wenn ausreichend Nahrung, Feuchtigkeit und Wärme vorhanden sind. Bei der technischen Herstellung von Antibiotika werden diese Erkenntnisse genutzt.

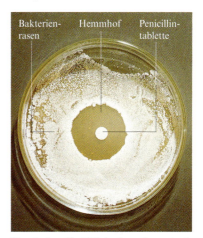

Durch das allmählich abgegebene Antibiotikum wird das Wachstum der Bakterien im Umfeld der Tablette unterdrückt.

> Krankheitserregende Pilze gelangen über die Haut, den Magen oder die Lunge in den Körper und wachsen dort weiter. Eine medizinische Behandlung ist notwendig. Pilze können aber auch medizinisch genutzt werden. Antibiotika, wie z. B. Penicillin, dienen als Arzneimittel.

AUFGABEN

1. Stelle aus etwas Bäckerhefe und wenig Wasser eine Suspension her und gib davon einen Tropfen auf einen Objektträger. Betrachte nun das mikroskopische Bild und zeichne einen Ausschnitt!
2. Entwickle für Schwimmbadbenutzer ein Merkblatt. „Wie kann ich mich vor Fußpilz schützen?"
3. Was ist ein „Antibiotikum"? Worin liegt die Gefahr bei zu früh abgebrochener Antibiotikaeinnahme?
4. Gegen Infektionskrankheiten werden spezifisch wirkende Antibiotika eingesetzt.
Überlege, welche Funktion ein „Breitbandantibiotikum" besitzt!

Pest – eine historisch bedeutsame Volksseuche

Menschenfloh

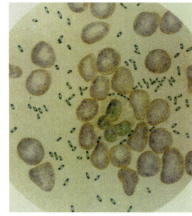
Yersinia pestis

Im Mittelalter wütete die Pest in vielen Städten Europas. Oft starben dabei mehr als die Hälfte der Einwohner.
Der Erreger, das winzige Bakterium *Yersinia pestis*, wird durch Flöhe von kranken Ratten auf den Menschen oder durch Tröpfchen in der Atemluft von Mensch zu Mensch übertragen.
Hohes Fieber, Schüttelfrost, Kopfschmerzen, Atemnot und Kreislaufversagen führen meist schon nach 2 bis 3 Tagen zum Tod.

Pest als Seuche. Auf Schiffen gelangte die Pest aus Asien nach Europa, denn an Bord der Schiffe waren auch Ratten. Wurde ein Mensch von den Flöhen, die auf den Ratten in großer Anzahl lebten, gebissen, so zeigten sich die typischen Symptome der Beulenpest:
Die Lymphknoten und die Hautgebiete um die Flohbisse herum schwollen an. Durch kapillare Blutungen verfärbte sich die Haut schwärzlich.
Dieses Krankheitsbild gab der Pest im Mittelalter ihren Namen: der schwarze Tod. Bis zum Ausbruch der Krankheit dauerte es einige Tage.
Ein anderer Ansteckungsweg war die Tröpfcheninfektion. Die Bakterien wurden durch die Luft direkt in die Lunge eingeatmet. Dort entwickelte sich innerhalb weniger Stunden eine Lungenentzündung, in deren weiteren Verlauf der Erkrankte verblutete.

Erforschung der Pest. 1894 wurde das stäbchenförmige Bakterium, das die Pest auslöste, durch den Schweizer Tropenarzt Alexandre J. E. Yersin entdeckt. *Yersinia pestis* ist ein kleines Bakterium, das in Ratten lebt. Flöhe wiederum leben auf bestimmten Nagetieren (z. B. auf Ratten und Mäusen). Über diese Nagetiere kann der Mensch von Flöhen befallen werden, die ihn während des Blutsaugens mit den Bakterien infizieren.

Schutz vor der Pest. Die Pest kommt in einigen Gebieten Zentralasiens, Afrikas und Amerikas bei den dort lebenden Nagetieren immer noch vor. Sie kann heute im Gegensatz zur Zeit des Mittelalters mit Antibiotika geheilt werden. Diese Medikamente müssen nach exaktem Zeitplan eingenommen werden, weil die Resistenz (Widerstandsfähigkeit) gegenüber Antibiotika immer mehr zunimmt. An Pest Erkrankte müssen in Quarantäne, um eine weitere Ansteckung und Ausbreitung zu verhindern.

Pestarzt in Schutzkleidung: Die mit Weihrauch gefüllte Nasenmaske sollte schädliche Ausdünstungen abhalten.

Schon gewusst?

Pest (lat. pestis: Geißel, Seuche) ist ursprünglich der Ausdruck für alle Seuchen mit hoher Sterblichkeit. Schon 1395 v. Chr. sprach Pharao Echnaton mit dem Prinzen von Byblos über die Pest.

AUFGABEN

1. Weshalb ist die Pest nicht auszurotten, obwohl es Medikamente gibt, die helfen?
2. Welche Abbildungen kennst du von der Pest (Gemälde, Filme)? Suche Material zusammen und werte es aus! Welche Ängste werden in den Darstellungen über die Pest deutlich?

Viren als Krankheitserreger

Es ist jedes Jahr im Winter dasselbe: Einer in der Klasse hustet und schnupft, klagt über Halsschmerzen, bekommt Fieber und wird krank. Er muss zu Hause bleiben. Nach einiger Zeit treten diese Symptome auch bei anderen Mitschülern auf. Eine neue Grippewelle hat die gesamte Klasse erfasst. Wie kommt es fast regelmäßig zu solchen Grippewellen?
Erreger, kleiner als Bakterien, sind die Ursache für diese Infektionskrankheit. Diese Erreger heißen Grippeviren.

Was sind Viren? Alle krankheitserregenden Stoffe wurden früher als Virus (Gift) bezeichnet. ROBERT KOCHS Assistent LÖFFLER entdeckte 1897 am Beispiel der Maul- und Klauenseuche, dass eine Flüssigkeit aus dem Körper erkrankter Tiere, auch nachdem sie durch Bakterienfilter geflossen war, noch ansteckend wirkte. Die unbekannten Erreger, die noch viel kleiner als Bakterien sein mussten, erhielten den Namen Viren. Viren können alle Organismen befallen. Pflanzenviren dringen durch Wunden in Pflanzenzellen ein oder sie werden von Insekten übertragen. Viren, die Bakterien befallen, werden als Bakteriophagen (Bakterienfresser) bezeichnet. Bei Tieren können Viren beispielsweise Grippe, Maul- und Klauenseuche, Schweinepest und Tollwut auslösen. Typische Viruserkrankungen des Menschen sind dagegen Röteln, Masern, Windpocken, Pocken, Kinderlähmung (Poliomyelitis), Schnupfen, Grippe und AIDS.

Bau, Größe und Vermehrung. Ein Virusteilchen besteht aus Erbmaterial und einer Eiweißhülle. Manche Viren sind darüber hinaus noch von einer Hüllmembran umgeben. Viren haben keinen eigenen Stoffwechsel. Alle Viren können nur in lebenden Wirtszellen vermehrt werden. Dabei werden das Erbmaterial und die Eiweißhüllen für viele neue Viren gebildet, die Wirtszelle stirbt meist ab. Die Lebenserscheinungen Reizbarkeit, Wachstum und Bewegung kommen bei Viren nicht vor.

Schon gewusst?

Von Schweinepest-Viren befallene Jungtiere reagieren nach ein bis zwei Wochen mit Fieber, Erbrechen, Durchfall und Hautblutungen. Oft tritt nach kurzer Zeit der Tod ein.
Die erkrankten Tiere müssen getötet, die Kadaver vernichtet und die Ställe desinfiziert werden, um weitere Infektionen zu vermeiden. Es besteht Anzeigepflicht und meist werden Sperrgebiete festgelegt.

Viren sind äußerst kleine Erreger. Ihre Größe wird in Nanometern angegeben (1 nm ist der millionste Teil eines Millimeters). Die Viren der Maul- und Klauenseuche haben beispielsweise einen Durchmesser von 10 nm, Grippeviren sind 110 nm und Herpesviren etwa 180 nm groß. Damit sind Viren hundert- bis tausendmal kleiner als Bakterien.

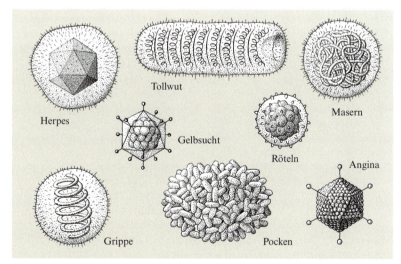

Erreger verschiedener Viruskrankheiten

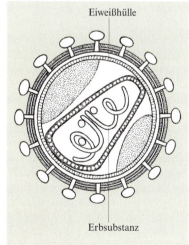

Bau eines HI-Virus

> Viren bestehen nur aus Erbmaterial und Eiweißhülle und können nur in lebenden Zellen vermehrt werden. In den von ihnen befallenen Organismen lösen manche Viren schwere Erkrankungen aus.

Häufige Viruserkrankungen

Grippe. Grippeviren befallen vor allem die Schleimhautzellen der Nase und Bronchien. In diesen Schleimhautzellen vermehren sie sich sehr rasch. Durch Tröpfcheninfektion beim Niesen und Husten gelangt die virushaltige Flüssigkeit auf die Schleimhäute anderer Menschen. So können diese innerhalb weniger Stunden oder erst bis zu 4 Tage später angesteckt werden. In der Folgezeit können krankheitserregende Bakterien leichter in Gewebe oder Organe eindringen und verursachen eine so genannte Sekundärinfektion. Die häufigste Sekundärinfektion während einer Grippe ist eine Lungenentzündung. Gegen solche bakteriellen Sekundärinfektionen verschreibt der Arzt Medikamente, die das hohe Fieber abschwächen.

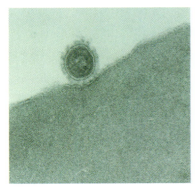

Grippevirus auf Schleimhautzelle

Röteln. Auch hier erfolgt die Übertragung durch Tröpfcheninfektion. Nach einer Inkubationszeit von 12 bis 21 Tagen bilden sich am Nacken hinter den Ohren schmerzhafte Schwellungen der Lymphknoten. In der Folgezeit kann man am Körper kleine rosarote zusammenlaufende Flecken wahrnehmen. Der Betroffene bekommt leichtes Fieber. Röteln als Kinderkrankheit verlaufen unkompliziert. Infiziert sich aber eine Schwangere während der ersten drei Schwangerschaftsmonate, kann das beim Fetus zu schweren Missbildungen (Schädigung an den Augen oder den inneren Organen) führen.

Windpocken. Diese Krankheit beginnt nach einer Inkubationszeit von 10 bis 21 Tagen mit leichtem Fieber und Schnupfen. Schubweise folgt anschließend ein Hautausschlag mit rot gesäumten Bläschen, die mit Flüssigkeit gefüllt sind.

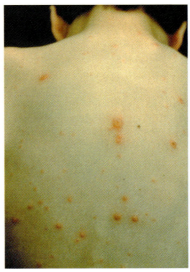

Windpocken

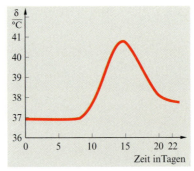

Fieberkurve bei Windpocken
Am Tag 0 erfolgte die Infektion. Nach der Inkubationszeit steigt das Fieber an. Ist das Immunsystem voll aktiviert, werden die Erreger vernichtet.

Masern. Die Übertragung erfolgt durch Tröpfcheninfektion. Nach einer Inkubationszeit von 8 bis 14 Tagen sind neben Fieber und Kopfschmerzen kleine weiße Flecken auf den Mundschleimhäuten und typische rote Flecken am Körper die Merkmale dieser Krankheit.

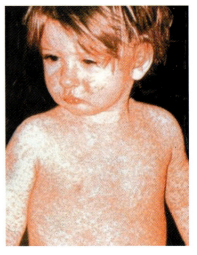

Masern

Kinderlähmung. Die Erreger der Kinderlähmung befallen das Zentralnervensystem. Durch Tröpfchen- oder Schmierinfektion werden die Erreger übertragen. Nach einer Inkubationszeit von 4 bis 35 Tagen beginnt die Krankheit mit leichtem Fieber, Magen- und Darmbeschwerden und Muskelschmerzen. Im weiteren Verlauf steigt das Fieber an, Kopfschmerzen und Muskelschwäche kommen noch hinzu. Meist gibt es eine spontane Heilung, jedoch treten häufig Spätfolgen auf. In einem Prozent der Fälle kommt es zu Lähmungen, die zu bleibenden Schäden führen.

AUFGABEN

1. Kann ein Mensch, der sich gesund fühlt, dennoch ansteckend krank sein? Begründe deine Entscheidung und nimm dabei die Fieberkurve zuhilfe.
2. Jedes Jahr erkranken viele Menschen an Grippe. Erläutere, wie du einer Grippeerkrankung vorbeugen kannst!
3. Erläutere am Beispiel einer Viruserkrankung die Begriffe Infektion, Inkubationszeit und Krankheitsbild!

Unser Körper wehrt sich gegen Krankheitserreger

Andreas ist krank – er hat Grippe. Schon seit zwei Tagen fühlt er sich schlapp. Heute hat er noch hohes Fieber bekommen. Andreas möchte gern wissen, was sich in seinem Körper zurzeit abspielt. Er spricht darüber mit seinem Hausarzt. Dieser beruhigt ihn: „Dein Immunsystem wehrt sich gegen die Krankheitserreger."

Reaktion des Körpers auf Krankheitserreger

Unser Immunsystem. In unserer Umgebung kommen wir ständig mit dort lebenden Bakterien, Viren und Pilzsporen in Kontakt, von denen auch viele Krankheitserreger sind.
Gegen bestimmte Bakterien und Viren sind die Menschen unempfindlich – sie sind gegen diese Art von Erregern von Natur aus immun. Dazu gehören beispielsweise Erreger, die ausschließlich bei Pflanzen oder Tieren Krankheiten hervorrufen.
Aber nicht jede Infektion mit Krankheitserregern führt zum Ausbruch der Krankheit. Unser Körper kann demnach Krankheitserreger abwehren. Wie ist das möglich?
Die äußere Haut verhindert als natürliche Schutzbarriere das Eindringen der meisten Erreger. Schleimhäute wie beispielsweise die Mundschleimhaut oder die der Atmungsorgane enthalten in ihrer Schleimflüssigkeit Bakterien abtötende Stoffe, sodass das Eindringen von Erregern auch dadurch behindert wird.
Können trotzdem Krankheitserreger diese natürlichen Schutzbarrieren überwinden, werden die weißen Blutzellen aktiv. Sie sind die wichtigsten Bestandteile unseres Abwehrsystems und werden hauptsächlich im Knochenmark und in den Lymphknoten gebildet. Etwa ein Viertel der weißen Blutzellen sind die Lymphozyten, die wiederum in vielen Unterformen vorkommen und mit spezifischen Abwehrstoffen bestimmte Krankheitserreger bekämpfen. Andere weiße Blutzellen bezeichnet man als Fresszellen, da sie die Erreger in ihr Zellplasma aufnehmen und verdauen können. Fresszellen sind nicht auf bestimmte Erreger spezialisiert und sind daher für die unspezifische zelluläre Abwehr verantwortlich.

Antigene. Viren, Bakterien oder deren Ausscheidungsprodukte können über Verletzungen der Haut oder über die Atmungs- und Verdauungsorgane in den Körper gelangen, sich dort rasch vermehren und bestimmte Krankheiten hervorrufen. Auf der Oberfläche solcher Krankheitserreger befinden sich bestimmte Eiweißstoffe, die als Antigene bezeichnet werden.

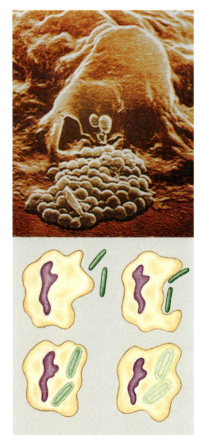

Fresszelle (spezialisierte weiße Blutzelle) nimmt Bakterien auf.

Antikörper. Nach dem Eindringen der Krankheitserreger — im Fall von Andreas sind es Grippeviren — „erkennen" die Lymphozyten den Aufbau der Antigene und veranlassen eine andere Gruppe von Lymphozyten, die so genannten B-Lymphozyten, sofort zur Bildung von Abwehrstoffen. Diese Abwehrstoffe sind Eiweißverbindungen und werden als Antikörper bezeichnet. Antikörper sind so aufgebaut, dass sie sich an die Antigene anheften und mit ihnen eine Reaktion eingehen können. Diese Reaktion führt zur Verklumpung und später zur Abtötung der Krankheitserreger. Sie wird als Antigen-Antikörper-Reaktion bezeichnet. Zu jedem Antigen passt nur ein ganz spezifischer Antikörper so wie zu einem bestimmten Schloss nur ein ganz bestimmter Schlüssel passt (Schlüssel-Schloss-Prinzip). Antikörper sind Bestandteil der nicht zellulären (humoralen) Abwehr. Fresszellen können die durch Antikörper markierten Antigene aufnehmen und durch Verdauung (Phagozytose) vernichten.

Einige Grippeviren haben sich aber in die Körperzellen „zurückgezogen" und „entgehen" so der humoralen Abwehr. Die so infizierten Körperzellen werden von den T-Lymphozyten erkannt. Die T-Helferzellen, eine Untergruppe der T-Lymphozyten, bilden Botenstoffe und regen damit andere T-Lymphozyten zur Vermehrung an. Die so entstandenen T-Lymphozyten reifen zu T-Killerzellen heran, die die infizierten Körperzellen aufsuchen und sie zerstören. Auch bei dieser Abwehrreaktion, die man als zelluläre Abwehr bezeichnet, vermehren sich die durch Botenstoffe von den T-Helferzellen informierten B-Lymphozyten und bilden Antikörper. Beide Abwehrreaktionen sind spezifische Abwehrreaktionen. Nach der Vernichtung der spezifischen Krankheitserreger – im Fall von Andreas waren es Grippeviren – nimmt die Anzahl der Antikörper wieder ab. Zurück bleibt in einigen Lymphozyten eine „Erinnerung" an das betreffende Antigen. Diese Lymphozyten werden deshalb als Gedächtniszellen bezeichnet (primäre Immunantwort). Bei einer erneuten Infektion mit demselben Erreger kommt es viel schneller zur Bildung von spezifischen Antikörpern (sekundäre Immunantwort) und so zu einem nur leichten Krankheitsverlauf. Andreas wird nun auf natürliche Weise gegen diesen Grippeerreger immun werden. Warum aber gibt es jedes Jahr eine neue Grippewelle? Grippeviren können ihre Form verändern. Andreas ist aber gegen andere Grippeviren nicht immun und kann deshalb erneut erkranken. Durch Grippeschutzimpfungen können wir uns vor diesen jährlich neu auftretenden Virustypen schützen.

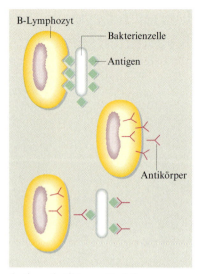

Antigen-Antikörper-Reaktion (Erkennen des Antigens, Bilden von Antikörpern, Binden der Antigene an Antikörper, Abtöten der Erreger)

> Die Abwehr von Krankheitserregern ist eine wichtige Funktion der weißen Blutzellen. Neben der angeborenen Immunität verfügt unser Immunsystem über die Fähigkeit, Immunität gegen ganz bestimmte Antigene von Erregern zu erwerben. Möglich ist das durch eine überstandene Infektionskrankheit, bei der Gedächtniszellen aufgebaut wurden. Die weißen Blutzellen greifen die Antigene auf vielfältige Weise an. Die Bildung von spezifischen Antikörpern ist hierbei die wichtigste Aufgabe, da sie ein ganz bestimmtes Antigen vernichten können.

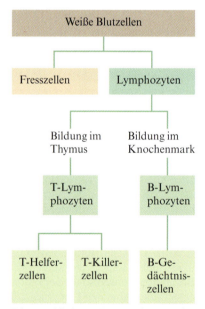

Die verschiedenen Formen der Lymphozyten werden aus gemeinsamen Stammzellen, aus bestimmten weißen Blutzellen, gebildet.

AUFGABEN

1. Erkläre am Beispiel der Virusgrippe, was man unter einer Infektion versteht!
2. Wie reagiert der Körper auf das Eindringen von Antigenen?
3. Weshalb treten beim zweiten Kontakt mit dem gleichen Erreger keine Krankheitssymptome auf?
4. Begründe, weshalb man sich jährlich im Herbst gegen Grippe impfen lassen sollte!

Immunisierung

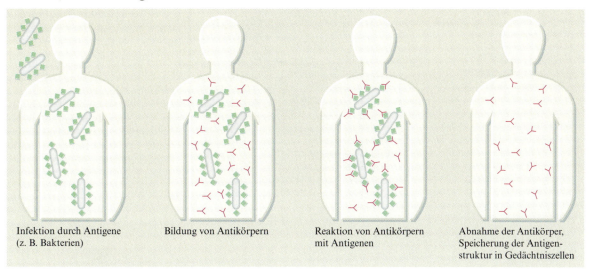

Infektion durch Antigene (z. B. Bakterien) | Bildung von Antikörpern | Reaktion von Antikörpern mit Antigenen | Abnahme der Antikörper, Speicherung der Antigenstruktur in Gedächtniszellen

Durch Überstehen einer Krankheit erworbene Immunität

Die Fähigkeit unseres Abwehrsystems, bei Kontakt mit Krankheitserregern Immunität zu erwerben, wird bei Schutzimpfungen genutzt. Es gibt zwei Möglichkeiten, Immunität gegen eine Krankheit zu erlangen, ohne dabei selbst zu erkranken.

Aktive Immunisierung. Andreas muss sich nicht mehr gegen diese Grippeart impfen lassen. Er war bereits erkrankt und ist nun immun dagegen. Doch sein Freund Jens will erst gar nicht erkranken, er lässt sich impfen. Der Arzt injiziert abgetötete oder abgeschwächte Krankheitserreger, die die B-Lymphozyten zur Bildung von Antikörpern veranlassen. Ein Teil dieser Lymphozyten speichert als Gedächtniszellen die „Erinnerung" an das betreffende Antigen. Dadurch wird ein längerer oder auch ein lebenslanger Schutz erreicht. Es dauert jedoch einige Zeit, bis sich so viele Antikörper gebildet haben, wie für einen ausreichenden Schutz erforderlich sind. Bei einigen Krankheiten (z. B. bei Masern) genügt ein einmaliges Impfen, bei anderen (z. B. Tetanus) sind Wiederholungsimpfungen nötig. Bei der aktiven Immunisierung wird Immunität erreicht, ohne dass eine Krankheit überstanden werden muss. Das ist ein wesentlicher Vorteil. Eine aktive Immunisierung darf nur dann erfolgen, wenn der Betreffende in guter gesundheitlicher Verfassung ist.

Passive Immunisierung. Annette ist an einer Virusgrippe erkrankt, die lebensgefährlich werden kann. In ihrem Körper befinden sich sehr viele Antigene. Noch sind nicht genügend Antikörper vorhanden, um die Antigene unschädlich zu machen. Durch eine passive Immunisierung wird der Heilungsprozess bei bereits ausgebrochenen Infektionskrankheiten unterstützt. Dabei wird dem Erkrankten ein Serum gespritzt, das bereits die speziellen Antikörper enthält. Diese fremden Antikörper schützen den Erkrankten sofort. Sie wirken insbesondere in dem Zeitraum, den der Körper benötigt, um genügend eigene Antikörper zu bilden. Die Schutzwirkung einer passiven Immunisierung hält nur einige Wochen an. Das Serum gewinnt man aus Blut von Tieren, die nach aktiver Immunisierung Antikörper gegen die Grippeviren gebildet haben.

Schon gewusst?

Die Pocken forderten in der Vergangenheit viele Todesopfer. Der englische Arzt JENNER hatte beobachtet, dass an harmlosen Kuhpocken erkrankte Melker später nicht an Menschenpocken erkrankten. Daraufhin impfte er 1796 erstmals Kinder mit der Flüssigkeit aus Rinderpocken, um sie so vor den Menschenpocken zu schützen. Er hatte damit die aktive Immunisierung eingeführt.

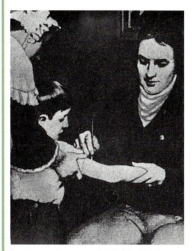

EDWARD JENNER (1749 bis 1823) beim Impfen

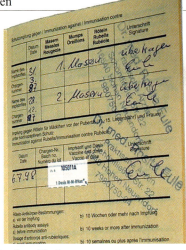

Impfbuch und Impfplan für einige Infektionskrankheiten

Schon gewusst?

Die aktive Immunisierung wird in Deutschland von der ständigen Impfkommission nur dann dringend empfohlen, wenn es sich um den Schutz gegen eine Krankheit mit hoher Ansteckungsgefahr handelt und der Krankheitsverlauf zu schweren gesundheitlichen Schäden oder gar zum Tod führen könnte. Das trifft für die im Impfkalender auf dieser Seite aufgeführten Infektionskrankheiten ausnahmslos zu. Deshalb sollte jeder die Schutzimpfung nutzen.

Kalender für Schutzimpfungen gegen häufige und gefährliche Infektionskrankheiten des Menschen

Empfohlenes Lebensalter	Schutzimpfung gegen
Ab 3. Monat	Diphtherie, Keuchhusten, Tetanus (DPT, Kombination); HIB (Haemophilus influenzae B); Kinderlähmung
6 Wochen nach der Erstimpfung	Diphtherie, Keuchhusten, Tetanus (Kombination)
4 Wochen nach der zweiten Impfung	Diphtherie, Keuchhusten, Tetanus (Kombination); HIB
6 bis 8 Wochen nach der Erstimpfung	Kinderlähmung
Ab 15. Lebensmonat	Diphtherie, Keuchhusten, Tetanus (Kombination); HIB; Kinderlähmung; Masern, Mumps, Röteln (Kombination)
Ab 6. Lebensjahr	Masern, Mumps, Röteln (Kombination); Diphtherie, Keuchhusten, Tetanus (Kombination)
Im 10. Lebensjahr	Kinderlähmung
Mädchen zwischen 11 und 15 Jahren	Röteln
Ab 12. Lebensjahr und alle 5 bis 10 Jahre	Tetanus; Diphtherie
Alle 10 Jahre	Kinderlähmung

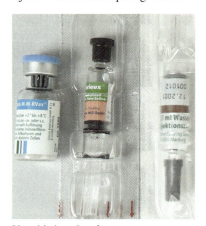

Verschiedene Impfseren

AUFGABEN

1. Stelle mithilfe deines Impfbuches fest, welche Impfungen du noch erhalten musst!
2. Berichte an einem Beispiel über Ziel und Verlauf der aktiven Immunisierung!
3. Annette bekam eine passive Immunisierung, Jens eine aktive. Begründe!
4. Nicole hatte als Kleinkind Masern. In der Schule werden nun alle Mädchen gegen Röteln geimpft. Muss Nicole mitmachen, oder nutzen ihr die Gedächtniszellen, die sie für Masern hat, auch für Röteln? Muss sich Michael auch gegen Röteln impfen lassen? Begründe deine Antwort!

Immunisierungen schützen uns vor lebensgefährlichen Krankheiten. Die aktive Immunisierung führt durch Antigengabe zum Aufbau von Antikörpern und Gedächtniszellen. Der Organismus erwirbt eine spezifische Immunität. Die passive Immunisierung unterstützt den bereits erkrankten Körper durch Antikörpergabe. Es werden keine Gedächtniszellen aufgebaut.

Allergien

Heuschnupfen. Jeden Sommer ist es wieder so weit: Die Nase läuft, die Augen tränen, die Haut rötet sich. In der Luft befindliche Pollen lösen bei vielen Menschen Allergien aus. Auch Tom reagiert allergisch auf Pollen – er hat Heuschnupfen. Allergisch reagiert man nur auf bestimmte Stoffe, so zum Beispiel auf Pollen von Birke, Linde oder Gräsern oder auf einige Nahrungsmittel, wie z. B. Erdbeeren oder Nüsse. Aber auch Nickel (z. B. in Ohrringen), Staub oder Reinigungsmittel können allergische Reaktionen auslösen. Wie kommt es zu diesen Reaktionen?

Ursache einer Allergie. Allergische Reaktionen sind Antworten eines überempfindlichen Immunsystems. Pollenkörner werden eingeatmet, gelangen auf die Nasenschleimhäute und lösen bei einigen Menschen eine Überempfindlichkeitsreaktion aus. Bestimmte weiße Blutzellen, die Mastzellen, werden aktiviert und schütten ein Gewebshormon (Histamin) aus.

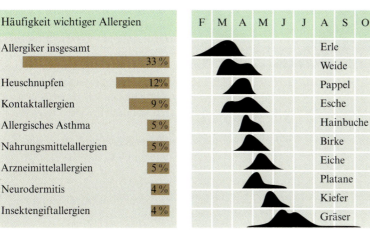

Jeder dritte Bundesbürger reagiert auf harmlose Fremdstoffe allergisch.

Ausschnitt aus einem Pollenflugkalender

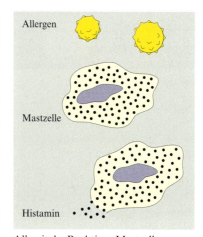

Allergische Reaktion: Mastzellen geben Histamin ab

Histamin löst eine verstärkte Durchblutung der Haut aus und regt die Kontraktion der Muskulatur an. Deshalb rötet sich die Haut und man muss niesen. Außerdem läuft die Nase verstärkt. Der Körper wehrt sich, indem er die allergieauslösenden Stoffe, die so genannten Allergene, durch den Schleim der Schleimhaut fortschwemmt.

Hilfe bei Allergie. Tom hat immer ein besonderes Spray und Augentropfen dabei. Dies lindert die Symptome, aber völlig beschwerdefrei ist er nicht. Bei Susanne dagegen versucht der Arzt mit einer Desensibilisierung die Ursache der Allergie zu beseitigen. Er spritzt ihr Allergene, auf die sie überempfindlich reagiert, in abgeschwächter Form. Ziel ist, dass sich ihr Immunsystem an diese Allergene gewöhnt und die Überempfindlichkeit verliert. „Wenn es klappt, bin ich meine Allergie los!", strahlt Susanne.

> Bei einer Allergie reagiert das Immunsystem überempfindlich auf ansonsten harmlose Stoffe, die so genannten Allergene. Bei einer allergischen Reaktion wird vor allem die unspezifische Abwehr aktiviert. Durch Desensibilisierung versucht man, die Überempfindlichkeit gegen Allergene abzubauen.

AUFGABEN

1. Christian leidet an einer Allergie gegen Katzenhaare. Sobald sich eine Katze in seiner Nähe befindet, muss er niesen. Erläutere, was er tun kann!
2. Menschen mit einer starken Pollenallergie sollten ihren Urlaub am Meer oder im Hochgebirge verbringen. Begründe!
3. Histamin ist ein wichtiges Hormon, das der Körper für Entzündungsreaktionen braucht. Es erleichtert die Durchblutung betroffener Gewebe. Wie wirkt es bei Allergikern?

Pflanzen helfen heilen

Sammeln von Birkenblättern

Das Problem. Im Unterricht werden Infektionskrankheiten behandelt. Der Biologielehrer, Herr Müller, erinnert sich, dass durch nasskaltes Wetter im Herbst fast die Hälfte der Klasse nach und nach an Husten und Heiserkeit erkrankt war. Er will nun wissen, wie bei den einzelnen Schülern die Erkrankung behandelt wurde. Lisa erzählt, dass ihr warme Umschläge um den Hals und Inhalationen mit Salbei geholfen haben. Außerdem hat sie am Tag mehrmals heißen Kamillentee getrunken. Gegen diese Behandlung hatte der Arzt nichts einzuwenden. Die Mutter von Maria sammelt regelmäßig im Frühjahr Huflattichblüten. Schon als Kind ist sie damit kuriert worden. Nun hat sie diese Behandlung auch bei ihrer Tochter mit Erfolg angewandt. Robert dagegen erhielt eine Packung Tabletten, die er über 10 Tage regelmäßig einnehmen musste. Am Ende war auch er geheilt. Auf der Ratgeberseite einer Zeitung hatte er jedoch gelesen, dass pflanzliche Heilmittel bei den verschiedensten Erkrankungen wieder mehr an Bedeutung gewinnen. „Allerdings sind meine Kenntnisse darüber völlig unzureichend. Wir alle müssten über die Heilwirkung von Pflanzen mehr wissen." Herr Müller findet diese Idee ausgezeichnet.
„In der nächsten Biologiestunde werden wir ausführlicher darüber sprechen. Stellt dazu schon erste Überlegungen an."

Planung. Zwei Tage später ist es dann so weit. „Ohne Bücher wird es nicht gehen, schließlich müssen wir unsere Kenntnisse über Heilpflanzen erweitern und auch über die Inhaltsstoffe Bescheid wissen", meint Antje. „Vielleicht lassen sich auch Experimente durchführen, die die Wirkung von Heilpflanzen verdeutlichen", schlägt Robert vor. „Wir sollten uns nicht nur auf die Aussagen aus Büchern verlassen. Wie wäre es, wenn wir zu diesem Thema unsere Eltern, Großeltern oder sogar einen Apotheker befragen?", diese Idee hat Anne.
Herr Müller gibt zu bedenken, dass es allein mit dem Zusammentragen von Fakten nicht getan ist. „Schließlich wollen wir den Mitschülern am Ende unsere Ergebnisse zeigen. Also sollten wir uns auch über eine entsprechende Präsentation unserer Arbeit Gedanken machen."

Projekt

Kleines Gesundheitslexikon

Heilpflanzen: Pflanzen, die wegen ihres Gehalts an bestimmten Wirkstoffen zur Bereitung von heilenden Mitteln dienen, werden als Heilpflanzen bezeichnet. Oft enthalten sie mehrere Wirkstoffe, sodass ihre Wirkungsbreite größer sein kann als die von chemisch hergestellten Präparaten. Von den etwa 600 000 Pflanzen der Erde sind bisher nur 6 % auf ihre heilende Wirkung hin untersucht worden. Etwa 10 % der Arzneimittel sind in Deutschland reine Heilpflanzenpräparate.
Heilpflanzen müssen zum richtigen Zeitpunkt gesammelt werden. Oft werden sie auch in Gärten und auf Feldern angebaut.

Heiserkeit: Entzündung der Schleimhaut des Kehlkopfes, beispielsweise durch Erkältung hervorgerufen, die zu einer belegten oder rauen Stimme führt.

Husten: Beim Husten erfolgen krampfartige Ausatmungsstöße der Atmungsorgane. Dadurch wird der Auswurf von schleimigen Stoffen aus den Atemwegen bewirkt, die beispielsweise durch erkältungsbedingte Entzündungen der Schleimhaut hervorgerufen werden.

Schnupfen: Absonderung eines schleimigen Sekrets aus der Nase, verbunden mit einer Schleimhautentzündung durch Bakterien. Auslöser ist meist eine Erkältung.

Inhalation: Einatmen von heilenden Dämpfen, die zum Beispiel mit einem Inhalator erzeugt und auf die Schleimhäute der Atemwege gebracht werden.

Pflanzen helfen heilen

Maria schlägt vor, Heilpflanzen zu sammeln, zu trocknen und zu Tee zu verarbeiten. „Wir könnten sogar eine Verkostung organisieren. Ein heißer Kamillentee wird uns bestimmt gut tun." Am Ende der Stunde erklären sich Robert und Anne bereit, für das angestrebte Projekt einen Planungsvorschlag zu erarbeiten.

Die Arbeit beginnt. Der Planungsvorschlag sieht vor, dass in der Klasse 3 Gruppen mit unterschiedlichen Arbeitsaufgaben gebildet werden.
Gruppe 1 sammelt aus Büchern Informationen nach folgender Gliederung: Pflanzenart, Vorkommen, Sammelgut, Sammelzeit, Anwendung und Wirkung.
Gruppe 2 führt Befragungen zur Wirkung von Heilpflanzen durch. Die Notizen sollen Antwort auf folgende Fragen geben:

> Welche Pflanzenart wird verwendet?
> Welche Pflanzenteile werden gesammelt?
> Bei welchen Krankheiten erfolgt eine Anwendung?
> Wie erfolgt die Anwendung?
> Welche Wirkung tritt ein?

Präsentation der Ergebnisse. Schon bei der Planung der Arbeit wurde vereinbart, dass Gruppe 3 eine Ausstellung „Pflanzen helfen heilen" vorbereitet. „Diese Art der Darstellung wird unsere Arbeitsergebnisse am besten darstellen", meint Herr Müller. „Die Ausstellung soll verschiedene Heilpflanzen unserer Gegend zeigen und den Besuchern außerdem auf Schrifttafeln wichtige Informationen geben". Maria und Maik wollen selbst hergestellte Tees zur Verkostung anbieten.

Hinweise für Sammler

- Sammle nur Heilpflanzen, die du genau kennst!
- Beachte beim Sammeln die Naturschutzbestimmungen!
- Sammle nur bei trockenem Wetter!
- Sammle nur frische und saubere Pflanzenteile!
- Trockne das Sammelgut rasch, aber nicht in der prallen Sonne!
- Schütze getrocknete Pflanzen vor Feuchtigkeit!
- Verwende gesammelte Heilpflanzen innerhalb eines Jahres!

Art: Hänge-Birke
Familie: Birkengewächse
Vorkommen: Auf armen, trockenen und feuchten, sauren Böden.
Sammelgut: Blätter, im Dunklen trocknen und aufbewahren.
Sammelzeit: Mai bis Juli
Anwendung: Als harntreibender Tee.
Nebenwirkungen: Keine bekannt.

Aus der Ausstellung „Heilpflanzen"

Johanniskraut (Tüpfel-Hartheu)

Vorkommen: Wegränder, Bahndämme und Brachflächen mit trockenen Böden
Sammelgut: Oberirdische Pflanzenteile mit Blättern und Blüten
Sammelzeit: Juli bis August
Anwendung: Wirkt als Tee beruhigend und harntreibend; fördert bei äußerlicher Anwendung die Wundheilung.

Huflattich

Vorkommen: Felder, Wegränder, Bahndämme, Geröllhalden; besonders an lehmigen Stellen
Sammelgut: Blüten, Blätter
Sammelzeit: Blüten März und April, Blätter April und Mai
Anwendung: Wirkt als Tee bei Husten, Reizhusten, Heiserkeit und Schnupfen schleimlösend und beruhigend.

AUFGABEN

1. Ergänze den Inhalt und die Planung dieses Projekts mit weiteren Ideen und Vorschlägen!
2. Welche Fragen würdest du Erwachsenen über Heilpflanzen stellen?
3. In welcher Form könnten den Schülern anderer Klassen und den Eltern die Arbeitsergebnisse präsentiert werden?
4. Warum solltest du über die Inhaltsstoffe von Heilpflanzen gut informiert sein?

Erworbenes Immundefektsyndrom – AIDS

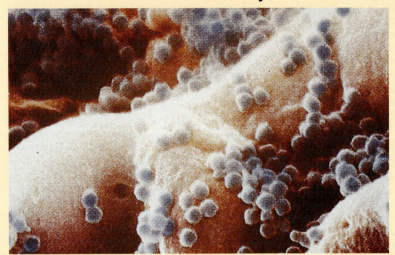

HI-Viren auf einer weißen Blutzelle

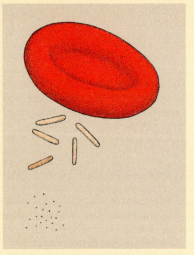

Größenvergleich: rote Blutzelle, Tuberkuloseerreger und HI-Viren

Geschichtliches. Das erworbene Immundefektsyndrom (Acquired Immune Deficiency Syndrome) ist eine im Jahr 1981 erstmals beschriebene Immunschwächekrankheit, die durch die Infektion mit dem Humanen Immundefizienz-Virus (HIV) hervorgerufen wird. Dieses Virus hat sich in zwei Jahrzehnten von Afrika aus über die gesamte Erde ausgebreitet. So eine weltweite Ausbreitung wird als Pandemie bezeichnet. Weltweit sind etwa 40 Millionen Menschen infiziert.

HI-Viren. HI-Viren sind winzig klein, sie haben einen Durchmesser von etwa 0,0001 mm. Das HIV wird wie alle Viren nur in lebenden Zellen vermehrt. Es dringt in die Zellen des Immunsystems, besonders in die T-Helferzellen, ein. Hier heftet es sich an die Zellmembran an, schleust in das Erbgut der T-Helferzelle seine Erbinformation ein und kann hier jahrelang ruhen. Zeitlich nicht absehbar wird die Erbinformation des HI-Virus wieder aktiv und stellt den Stoffwechsel der T-Helferzelle (Wirtszelle) um. Diese bildet neue Virusbestandteile, die sich an ihrer Zellmembran zu neuen Viren zusammensetzen. Die neuen Viren werden nun freigesetzt und können jetzt andere T-Helferzellen befallen. Durch die Vermehrung des HIV wird die T-Helferzelle zerstört und stirbt ab. Die Anzahl der T-Helferzellen nimmt durch die Massenvermehrung von HI-Viren immer mehr ab und schließlich wird das Immunsystem zerstört. Dann ist der Körper vielen Infektionen, die bei einem gesunden Menschen harmlos verlaufen würden, wehrlos ausgesetzt. Wenn dieser Zustand eintritt, kommt es zum Ausbruch von AIDS.

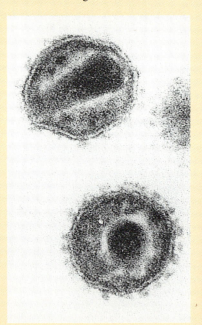

HI-Viren (wirkliche Größe: etwa 100 Nanometer bzw. 1/10 000 mm; elektronenmikroskopisches Foto)

HIV-Infektion. Da das Virus nur in Körperflüssigkeiten leben kann, wird die Krankheit ausschließlich durch den Kontakt mit infizierten Körpersekreten weitergegeben.
Sonst harmlose Infektionen können jetzt zum Tod des Erkrankten führen. Der Verlauf der Krankheit ist unterschiedlich. Zu den ersten Symptomen gehören häufig lang anhaltende Lymphknotenschwellungen. Später treten schwere Darmentzündungen, Lungenentzündungen, Hautgeschwüre und Fieber auf, die den Körper stark schwächen. Noch ist nicht bekannt, welche Umstände den Zeitpunkt des Ausbruchs der Krankheit bestimmen.

Erworbenes Immundefektsyndrom - AIDS

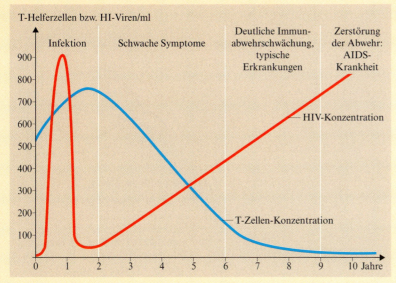

Stadien einer HIV-Infektion

Positive Frauen

Wenn sie lächelt, strahlt ihr ganzes Gesicht. Dann springt etwas hinüber, ein Funke – Lebensfreude. Ihr Lächeln ist wie ein Geschenk für diese Welt. Doch die Menschen nehmen das Lächeln nicht wahr.
Brigitte ist HIV-positiv. Sie steht im Abseits und lächelt unserer Welt nur von weitem zu.
Wie ihr ergeht es über 12 700 Frauen, die laut Statistik mit einem positiven Testergebnis in der Bundesrepublik leben. Während die Zahl der Neuinfektionen insgesamt zurückgegangen ist, steigt das HIV-Risiko für Frauen weiter an. 21 % aller Neuinfizierten sind Frauen. Etwa ein Drittel von ihnen haben sich den Virus geholt, als sie mit einem Mann schliefen.
Das Wissen um Schutzmöglichkeiten ist in der Regel vorhanden. Aber oft fällt es schwer, „nein" zu sagen, auch wenn er das Kondom ablehnt. „Du glaubst doch nicht, dass ich so was habe", lautet immer wieder ein Vorwurf, wenn Frauen um Sicherheit bitten.
Zu sehr wurde von Risikogruppen anstatt von Risikoverhalten gesprochen.
1985 erfuhr Brigitte von ihrem Testergebnis. Höchstens noch 5 Jahre, hieß es damals.
Der Weltuntergang.
Als ich vor neun Jahren nach Berlin kam, erzählt sie, habe ich viele Betroffene kennen gelernt, mittlerweile sind sie alle gestorben.
„Positiv denken, Ziele setzen", sagt sie sich. „Das wirkt auch auf das Immunsystem."

(Aus einer Tageszeitung, 1997)

Schutz vor HI-Viren. Ein Gesunder kann sich nur infizieren, wenn HI-Viren über kleine Wunden direkt in sein Blut gelangen. Häufig nimmt der frisch Infizierte lange Zeit keinerlei Krankheitsanzeichen wahr. In dieser Zeit kann er jedoch die Erreger auf andere Menschen übertragen. Das geschieht vor allem über Schleimhautverletzungen beim ungeschütztem Geschlechtsverkehr, über Blutkontakt durch Verletzungen oder Spritzenaustausch bei Drogenabhängigen sowie durch Muttermilch infizierter Frauen. Der beste Schutz gegen die Übertragung dieser Krankheitserreger besteht in der Verwendung von Kondomen und in festen Partnerbeziehungen. Außerhalb des menschlichen Körpers stirbt das Virus sehr schnell ab. Es ist nicht zu befürchten, dass man sich durch gemeinsamen Gebrauch von Gegenständen oder Umarmung mit Infizierten anstecken kann. Infizierte benötigen unsere Hilfe und dürfen nicht ausgegrenzt werden. Trotz umfangreicher Forschungsarbeiten ist eine Heilung HIV-Infizierter gegenwärtig noch nicht möglich.
Für viele Erkrankte gibt es inzwischen wirksame Behandlungsmethoden, die den Krankheitsverlauf mildern und verzögern können. Impfstoffe gegen HI-Viren wie gegen andere Infektionskrankheiten zu entwickeln ist bis heute noch nicht gelungen. Der Einsatz abgeschwächter HI-Viren ist nicht machbar, da diese abgeschwächten Erreger eine Infektion auslösen können. Jeder von uns trägt die Verantwortung, sich selbst und andere vor Ansteckung mit HIV zu schützen.

AUFGABEN

1. Erläutere, weshalb ein HIV-Infizierter noch viele Jahre weitgehend gesund leben kann.
2. Überlege Argumente zu der These: „Isolation tötet."
Welche Ängste, Gefühle und Fakten verbindest du mit AIDS? Sammle zu allen Aspekten Informationen, um ein umfassendes Bild zu erhalten! In Gesundheitsämtern kannst du Material bekommen.
3. „Hast du ein Kondom dabei?"
Was für eine Frage beim ersten Rendezvous! Trotzdem ist es die einzige Möglichkeit sich zu schützen. Wie aber stellt man so eine Frage und wie antwortet man darauf? Führe den Dialog weiter und versuche möglichst realistisch zu sein!
4. Wodurch unterscheidet sich die AIDS-Krankheit von anderen Infektionskrankheiten, die du kennst?

ZUSAMMENFASSUNG

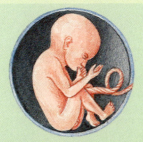

Angeborene Abwehr

Gegen viele Erreger der Umwelt ist der menschliche Körper von Geburt an immun. Viele Erreger, die bei bestimmten Tieren oder Pflanzen Krankheiten auslösen, können unseren Organismus nicht infizieren. Entweder verhindert die unspezifische Abwehr die Infektion oder die Erreger finden keine Möglichkeit, in die Körperzellen einzudringen.

Immunsystem

Der Organismus steht tagtäglich verschiedensten Antigenen, z. B. auf Bakterien, Viren, Pilzen und anderen Einzellern, gegenüber, die als Krankheitserreger in den Körper eindringen und ihn schwächen können. Das Immunsystem, das Abwehrsystem des Körpers gegen Krankheitserreger, schützt den Organismus erfolgreich. Dabei sind einzelne Organe (z. B. Milz, Gaumenmandeln) und Zellen (z. B. verschiedene Lymphozyten) in spezifischer Weise immunologisch

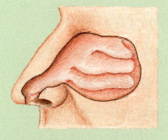

Unspezifische Abwehr

Haut und Schleimhaut bilden durch ihren Bau und durch die Sekretion von Säure oder Schleim eine erste Schranke gegen Erreger. Fresszellen können bereits eingedrungene Erreger unschädlich machen.
Eine Allergie ist eine Überempfindlichkeitsreaktion des Immunsystems auf Allergene, die ansonsten nicht krankheitserregend sind.

Spezifische erworbene Abwehr

Humorale und zelluläre Immunantworten arbeiten zusammen. Spezifische Antikörper erkennen die Antigene der Erreger und gehen eine Antigen-Antikörper-Reaktion ein. Dann können bestimmte weiße Blutzellen, die Fresszellen, die Erreger zerstören, indem sie diese auffressen (Phagozytose).
Gedächtniszellen „merken" sich die Antigene. Sie verhindern eine zweite Infektion mit demselben Erreger.

Immunisierungen

Gesunde erhalten eine aktive Immunisierung. Dabei werden abgeschwächte Antigene injiziert, um Gedächtniszellen aufzubauen. Ziel ist, dass der Körper gar nicht erst erkrankt. Erkrankte erhalten eine passive Immunisierung. Hierbei werden spezifische Antikörper injiziert. Ziel ist es, die bestehende Infektion zu heilen. Es werden keine Gedächtniszellen gebildet und damit auch kein Immunisierungsschutz aufgebaut. Gegen AIDS gibt es noch keine Möglichkeit zur aktiven oder passiven Immunisierung.

Sinnesorgane vermitteln Kontakte zur Umwelt

Auf einer blühenden Sommerwiese zu liegen ist ein Erlebnis für die Sinne. Der würzige Wiesenduft steigt in deine Nase und du hörst das Summen von Bienen und Hummeln. Der Himmel strahlt in einem tiefen Blau und die warmen Sonnenstrahlen zaubern dir ein wohliges Gefühl auf die Haut. Hast du dir schon einmal Gedanken gemacht, wie wir diese Eindrücke aufnehmen und in uns verarbeiten?

Reize aus der Umwelt wirken auf uns ein

Sinnesorgane. Hörst du Disko-Musik, die dir gefällt, dann beginnen vielleicht deine Beine oder dein Körper rhythmische Bewegungen zu machen. Wenn du deine Freunde auf der Tanzfläche entdeckst, suchst du Kontakt zu ihnen, um Neuigkeiten des Alltags auszutauschen. Beim Tanzen wird dir nach wenigen Minuten warm und du gehst vor die Tür, um dich abzukühlen. Alle diese unterschiedlichen Verhaltensweisen sind Reaktionen deines Körpers auf unterschiedliche Reize aus der Umwelt.

Die dich umgebende Umwelt verändert sich ständig. Die Veränderungen wirken als Reize auf unsere Sinnesorgane. Zu den Sinnesorganen gehören Auge, Ohr, Zunge, Haut und Nase. Die Sinnesorgane enthalten spezielle Zellen, die Sinneszellen (Rezeptoren). Jede Sinneszelle reagiert auf einen ganz spezifischen Reiz, sobald er eine bestimmte Stärke erreicht hat.

Trifft ein Reiz auf die Sinneszellen, werden diese erregt. Die Erregung läuft als elektrischer Impuls über aufsteigende (sensible) Nerven zum Gehirn. Erst hier wird der in Erregung umgewandelte Reiz wahrgenommen und der Körper kann darauf entsprechend reagieren.

Reizarten. Der Mensch kann auf 5 verschiedene Reizarten reagieren. Durch Licht und Farben in der Disko werden die Lichtsinneszellen im Auge erregt. Mechanische Reize, wie die Berührung des Tanzpartners (Druck) und die Musik (Schall) werden von den Sinneszellen in der Haut oder im Ohr wahrgenommen. Auf chemische Reize wie beispielsweise den Parfümduft der Freundin oder den Fruchtgeschmack der Limonade sprechen die Sinneszellen der Nase und der Zunge an. Thermische Reize, wie Kälte oder die Aufheizung des Diskoraumes (Wärme) werden von den Sinneszellen der Haut registriert. Lebensnotwendig ist die Wahrnehmung von Schmerzreizen. Sie zeigen eine Bedrohung des Körpers an und werden von speziellen Sinneszellen der Haut und fast aller anderen Organe wahrgenommen. Auf diese Weise informieren uns die Sinneszellen ständig über das Geschehen in der Umwelt und in unserem Körper.

Schon gewusst?

Fliegen schmecken mit den Beinen und den Schmeckborsten am Mund.
Fische fühlen Druckunterschiede mit der Seitenlinie.
Fledermäuse hören Ultraschall mit den Ohren.
Stechmücken finden ihre „Opfer" mit Wärmesensoren, die sich in den Fühlern befinden.
Nachtfaltermännchen riechen mit den Fühlern die Weibchen kilometerweit.

AUFGABE

Stelle aus dem Text eine Tabelle zusammen! Sie soll die verschiedenen Reizarten, die dazugehörenden Sinnesorgane (Sinneszellen) und die Umwelteinwirkungen enthalten.

Das Auge ermöglicht das Sehen

Bau des Auges. Hältst du dir einen Spiegel vors Gesicht, dann siehst du Teile des geschützt in der Augenhöhle liegenden Augapfels. Seinen Hauptteil nimmt der Glaskörper ein. Er besteht aus einer wasserklaren Gallerte und bewirkt zusammen mit dem Kammerwasser den Augeninnendruck. Das Kammerwasser befindet sich in den Augenkammern. Die äußere Schicht der Wand des Augapfels ist die Lederhaut. Sie schützt das Innere des Auges. Der vordere Teil der Lederhaut, die Hornhaut, ist gewölbt und glasklar durchsichtig. Durch sie können die Lichtstrahlen in das Auge gelangen. Unter der Lederhaut liegt die von Blutgefäßen durchzogene Aderhaut. Die Blutgefäße versorgen das Auge mit Nährstoffen und Sauerstoff. Den vorderen Teil der Aderhaut bildet die Regenbogenhaut (Iris). Sie umschließt das Sehloch, die Pupille. Durch sie gelangt das Licht in das Augeninnere. In der Iris befinden sich Muskelzellen, welche die Pupille verengen oder erweitern können und so den Pupillenreflex ausführen. Der Ziliarkörper besteht aus ringförmigen Muskeln, die über Haltebänder mit der durchsichtigen und elastischen Augenlinse verbunden sind. Hornhaut und Linse bewirken die Brechung der Lichtstrahlen. Die Lichtsinneszellen und die Austrittsstelle des Sehnervs befinden sich in der Netzhaut.

Schon gewusst?

Die Iris bestimmt die Augenfarbe des Menschen. Sie besteht aus dem Irisgewebe und den Deckzellen. Enthalten beide Gewebe den dunklen Farbstoff Melanin, dann sind die Augen braun. Bei blauen Augen enthalten nur die Deckzellen Melanin. Bei so genannten Albinos fehlt das Melanin vollständig. Ihre Augen erscheinen rot, weil die Blutgefäße der Aderhaut sichtbar sind.

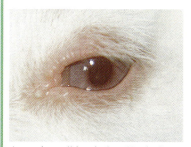

Auge eines albinotischen Kaninchens

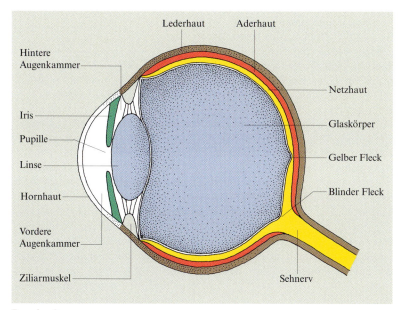

Bau des Auges

Schutzmechanismen des Auges. Wenn eine Mücke in Richtung unserer Augen fliegt, dann schließen sie sich automatisch. Dieser uns angeborene Lidschutzreflex schützt die Augen vor dem Eindringen von Fremdkörpern oder vor zu grellem Licht. Erfolgt das Schließen der Augenlider mit den Wimpern zu spät, gelangt das Insekt ins Auge. Hier löst das Insekt einen Tränenfluss aus. Die Tränenflüssigkeit fließt aus der Tränendrüse über den Augapfel, wird im Tränensack gesammelt und kann durch den Tränennasengang in die Nase gelangen. Die salzige Tränenflüssigkeit spült den Fremdkörper meist aus dem Auge. Außerdem enthält diese Flüssigkeit einen Wirkstoff, der Bakterien abtötet, die aus der Luft auf die Hornhaut gelangt sind. Auch die Augenbrauen haben eine Schutzfunktion: Sie verhindern, dass Schweiß in die Augen fließt.

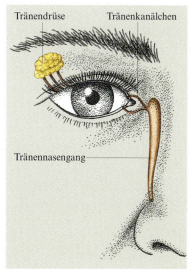

Tränenorgane

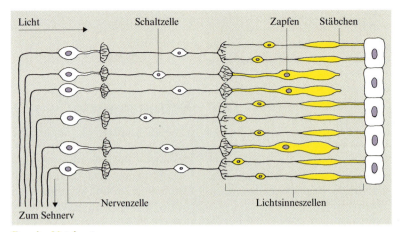

Bau der Netzhaut

Wirkung der Lichtenergie in den Lichtsinneszellen der Netzhaut

Funktionen der Netzhaut. Die Auslösung elektrischer Impulse durch das Licht erfolgt in der mehrschichtigen Netzhaut. Sie enthält Stäbchen und Zapfen als Lichtsinneszellen, Schaltzellen sowie Nervenzellen, die Erregungen zum Sehnerv leiten. In jedem Auge befinden sich etwa 125 Millionen Stäbchen und 6 Millionen Zapfen. Sie sind ungleichmäßig verteilt. Im Bereich gegenüber der Pupille ist die Anzahl der Zapfenzellen besonders hoch (Bereich des schärfsten Sehens, „gelber Fleck" der Netzhaut). Mit den Zapfen werden Farben, mit den Stäbchen Hell-Dunkel-Unterschiede erkannt. Unterschiedliche Zapfenzellen sind für je eine der drei Grundfarben des Lichts (Rot, Grün oder Blau) empfindlich. Gemeinsam ermöglichen sie das Farbsehen. Die Zapfen benötigen mehr Licht. In der Dämmerung funktionieren daher nur die Stäbchen. Bei genügender Lichtstärke werden von beiden Zelltypen auch Informationen über Formen und Bewegungen erzeugt und weitergeleitet. Die Austrittsstelle des Sehnervs ist der „blinde Fleck" der Netzhaut, weil sich dort keine Sinneszellen befinden.

Chemie des Sehens. In den Lichtsinneszellen befinden sich lichtempfindliche Farbstoffe, der wichtigste ist der Sehpurpur. Für seine Bildung ist Vitamin A notwendig. Bei Belichtung zerfällt der Farbstoff. Dadurch wird der Stoffwechsel der Sinneszellen verändert. Dabei entstehen elektrische Impulse, die als Erregungen auf Nervenzellen der Netzhaut übertragen werden. Sie leiten die Informationen über den Sehnerv zum Gehirn weiter.

Entstehung des Bildes auf der Netzhaut. Lichtstrahlen werden von den Gegenständen der Umwelt reflektiert und fallen ins Auge. Durch Hornhaut, Linse und Glaskörper werden sie gebrochen, treffen auf die Netzhaut, wo ein umgekehrtes, seitenverkehrtes und verkleinertes Bild entsteht.

Schon gewusst?

Optisch funktioniert unser Auge ähnlich wie ein Fotoapparat.
In einem Fotoapparat sind oft mehrere Linsen als Objektiv hintereinander angeordnet. Der Abstand zwischen Objektiv und Film muss so eingestellt werden, dass der gewählte Gegenstand auf dem Film scharf abgebildet wird. Im Auge bewirken Hornhaut und Linse zusammen die Abbildung von Gegenständen. Ein wirkliches Bild entsteht dabei auf der Netzhaut. Der Abstand von Linse („Objektiv") und Netzhaut ist im Auge nicht veränderbar.
Die Scharfeinstellung erfolgt durch Veränderung der Linsenkrümmung.

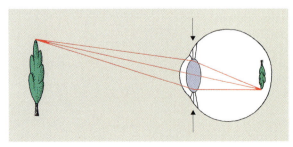

Bildentstehung auf der Netzhaut

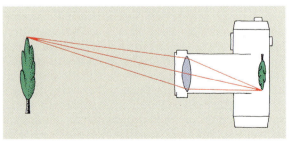

Bildentstehung im Fotoapparat

Das Auge ermöglicht das Sehen

Pupillenadaptation bei Helligkeit (links) und Dunkelheit (rechts)

Pupillenadaptation. Bei plötzlichem Lichteinfall, wenn du beispielsweise aus einem dunklen in einen sehr hellen Raum trittst, wird die Pupille durch Irismuskeln verengt. Bei geringen Lichtstärken, wenn du dich in der Dunkelheit orientieren willst, erweitert sich die Pupille (Pupillenreflex). Dadurch wird die in den Augapfel einfallende Lichtmenge reguliert.

Akkommodation. Hältst du dir einen Bleistift vor die Augen und blickst auf ein entfernt hängendes Bild, so kannst du entweder den Bleistift oder das Bild an der Wand scharf sehen. Ferne und nahe Gegenstände können nicht gleichzeitig deutlich erkannt werden. Untersucht man die Vorgänge im Auge, stellt man fest, dass bei der Naheinstellung die Linse etwa kugelförmig, bei der Ferneinstellung aber flach und lang gestreckt ist. Durch diese Formveränderungen wird die Brechkraft der Linse der Entfernung der betrachteten Gegenstände angepasst. Diese Anpassungsvorgänge bezeichnet man als Akkommodation. Die Veränderungen der Linsenform werden durch den Ziliarmuskel bewirkt. Er zieht sich ringförmig um die Linse und ist über Bänder mit ihr verbunden.

Schon gewusst?

Jeder Schluck Alkohol kann auch das Sehvermögen und damit die Fahrtüchtigkeit im Straßenverkehr beeinträchtigen.
Dadurch kommt es oft zur falschen Einschätzung von Entfernungen und Geschwindigkeiten.
Nachlassende Pupillenadaption: schon ab 0,4 Promille.
Deutlich verschlechterte Sehleistung: ab etwa 0,6 Promille.
Stark verminderte Nachtsehfähigkeit: ab etwa 0,7 Promille.
Weiter – um 25 % – verschlechterte Sehleistungen, unzureichende Verarbeitung der Informationen im Gehirn: bei 0,8 Promille.
Hinzu kommen Konzentrationsstörungen, verlängerte Reaktionszeiten, Enthemmung, Selbstüberschätzung, ...

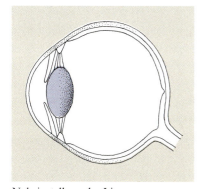 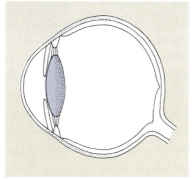 

Naheinstellung der Linse   Ferneinstellung der Linse

■ Kein Sehen
■ Einäugiges Sehen
■ Räumliches Sehen

Gesichtsfeld des Menschen: Schon bei feststehenden Augen mit dem Blick geradeaus erfassen wir einen großen Raumbereich. Mit bewegten Augen kann dieser noch deutlich erweitert werden (Blickfeld).

Augen und Gehirn sehen gemeinsam. Die von den Augen aufgenommenen Bilder führen erst nach Informationsverarbeitung in der Hirnrinde zur optischen Wahrnehmung der Umwelt. Deshalb erkennen wir wirklichkeitsgetreu, was oben und unten ist, obwohl auf der Netzhaut ein umgekehrtes Bild der gesehenen Gegenstände entsteht. Ebenso nehmen wir nicht zwei Einzelbilder, sondern ein räumliches Gesamtbild wahr, nachdem jedes Auge zunächst ein eigenes Bild erzeugt hat. Richtig sehen kann man also nur, wenn sowohl die Augen und die Sehnerven als auch das Sehzentrum im Gehirn funktionstüchtig sind: Manche Hirnverletzungen können eine Erblindung verursachen, obwohl die Augen völlig intakt geblieben sind.
Die optischen Täuschungen sind Sonderfälle, die uns die Informationsverarbeitung in unserem Gehirn deutlich machen.

Sinnesorgane vermitteln Kontakte zur Umwelt

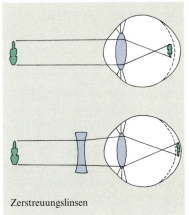

Zerstreuungslinsen

Kurzsichtigkeit und ihre Korrektur

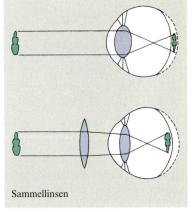

Sammellinsen

Weitsichtigkeit und ihre Korrektur

Sammellinsen

Alterweitsichtigkeit und ihre Korrektur

Sehfehler und ihre Korrekturen. Christiane sitzt wegen ihrer Körpergröße auf der letzten Bank. Sie hat große Mühe, die Buchstaben an der Tafel zu erkennen. Oft steht sie auf und geht ein paar Schritte nach vorn, um das Tafelbild besser erkennen zu können. Nach 6 Stunden Unterricht hat sie Kopfschmerzen. Ein Besuch beim Augenarzt ergibt, dass sich bei ihr ein Sehfehler entwickelt hat und sie eine Brille benötigt. Sie ist kurzsichtig.

Bei Kurzsichtigkeit erkennt man nahe Gegenstände gut, ferne Gegenstände dagegen erscheinen verschwommen. Die Ursache dafür ist meist ein zu langer Augapfel. Das scharfe Bild ferner Gegenstände läge hier vor der Netzhautebene. Zerstreuungslinsen in einer Brille bewirken, dass es genau auf der Netzhaut entstehen kann.

Bei Weitsichtigkeit können ferne Gegenstände klar, nahe Gegenstände auch bei stärkster Akkommodation nur verschwommen erkannt werden. Die Ursache dafür ist ein zu kurzer Augapfel. Das scharfe Bild würde erst hinter der Netzhaut entstehen. Sammellinsen als Brillengläser bündeln die Lichtstrahlen so, dass das scharfe Bild auf der Netzhaut liegt.

Anstelle einer Brille können viele fehlsichtige Menschen auch Kontaktlinsen tragen, die aus speziellem Kunststoffmaterial hergestellt werden.

Die so genannte Altersweitsichtigkeit tritt auf, wenn die Linse an Elastizität verliert. Sie wölbt sich immer weniger. Damit lässt ihre Brechkraft nach. Das scharfe Bild naher Gegenstände liegt hinter der Netzhautebene. Nahe Gegenstände werden nur noch verschwommen erkannt.

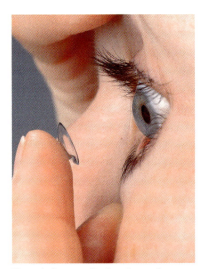

Kontaktlinsen erfordern besondere regelmäßige Pflege und Desinfektion.

Erste Hilfe bei Augenverletzungen. Dir ist sicher schon einmal ein Insekt in die Augen geflogen. Das schmerzt und löst Tränenfluss aus. Die Augen dürfen dann nicht gerieben werden. Am besten hält man sie für einige Minuten geschlossen, bis sich genug Tränenflüssigkeit gebildet hat, die den Fremdkörper herausspült. Gelingt das nicht, dann kann man sich helfen, indem man das Oberlid vorsichtig über das Unterlid zieht. So können die Wimpern den Fremdkörper „herausfegen". Liegt er im unteren Lid, kann man dieses nach unten ziehen und ihn mit der Spitze eines sauberen Taschentuchs entfernen. Man muss aber darauf achten, dass die Hände sauber sind, damit nicht erneut Fremdkörper oder sogar Bakterien ins Auge gelangen können.

Augenverletzungen können auch durch Verätzungen mit Chemikalien im Haushalt oder im Chemieunterricht entstehen. In solchen Fällen muss man sofort mit viel Wasser spülen. Dann ist – ebenso wie bei Augenverletzungen durch spitze Gegenstände – unbedingt ein Arzt aufzusuchen.

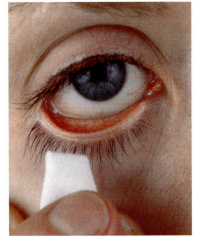

Entfernen eines Fremdkörpers

Das Auge ermöglicht das Sehen

Bei vielen Experimenten ist das Tragen von Schutzbrillen vorgeschrieben.

Sonnenbrillen schützen auch vor schädlicher UV-Strahlung.

Schutz der Augen. In einer Chemiestunde wird ein Reagenzglas in die Flamme gehalten, um den Inhalt zur Reaktion zu bringen. Der Chemielehrer legt die Schutzbrillen bereit und bittet uns, sie aufzusetzen. Unsere Augen sind besonders empfindlich und müssen deshalb geschützt werden. Schutzbrillen bewahren die Augen vor heißen Spritzern oder herumfliegenden Glasscherben. Sonnenbrillen verhindern, dass unsere Augen bei längerem Aufenthalt in sehr hellem Sonnenlicht, auf weiten Eis- oder Schneeflächen oder im Solarium geblendet werden.
Eine wichtige Voraussetzung für das Sehen sind richtige Lichtverhältnisse. Das gilt besonders für deinen Arbeitsplatz. Ein Schreibtisch bekommt das meiste Tageslicht, wenn er direkt vor dem Fenster steht. Künstliches Licht sollte bei Rechtshändern von links auf den Arbeitsplatz fallen, damit beim Schreiben kein Schatten vor der Hand entsteht. Der Abstand zum Arbeitsgegenstand sollte bei gesunden Augen etwa 30 cm betragen. Ist dabei der betrachtete Gegenstand nicht scharf genug zu erkennen, sollte man einen Augenarzt aufsuchen.
Bei ungenügenden Lichtverhältnissen werden die Augen ständig überanstrengt. Kopfschmerzen und Schwindelgefühl sind oft die Folge. Auch das Arbeiten am Computer, Fernsehen und Lesen sind Tätigkeiten, welche die Augen anstrengen. Auch unsere Augen benötigen Erholungspausen.

Schülerarbeitsplatz mit guten Lichtverhältnissen

> Im Auge wird von Gegenständen reflektiertes Licht auf der Netzhaut abgebildet. Dabei entstehen Erregungen (Nervenimpulse), die durch den Sehnerv zum Sehzentrum im Gehirn geleitet werden. Dort ermöglichen sie das aktuelle Sehen und spätere optische Erinnerungen. Die Augen müssen vor Überanstrengung und vor Verletzungen geschützt werden.

AUFGABEN

1. Halte einen Bleistift in einem Abstand von 30 cm aufrecht vor die Augen. Fixiere abwechselnd den Bleistift und einen entfernten Gegenstand. Berichte über deine Beobachtungsergebnisse und erkläre sie!
2. Erläutere anhand selbst gewählter Beispiele Maßnahmen zum Schutz der Augen!
3. Beschreibe mithilfe einer Skizze den Strahlengang durch eine Sammellinse. Übertrage deine Kenntnisse aus der Optik auf den Sehvorgang im menschlichen Auge!
4. Erläutere die Ursachen von Altersweitsichtigkeit und erkläre ihre Korrektur!

Das Ohr – Hörsinnesorgan und Gleichgewichtsorgan in einem

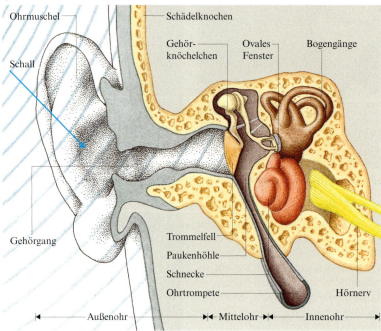

Bau des Ohres (schematisch)

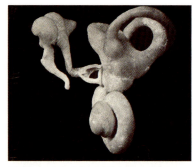

Gehörknöchelchen, Gleichgewichtsorgan, Gehörschnecke

Trommelfell

Ohne Töne und Geräusche können wir uns das Leben kaum vorstellen. Und doch sind spezielle Organe, die akustische Reize empfangen können, im Tierreich selten.

Wir Menschen führen beim Laufen, Bücken oder Hinsetzen komplizierte Bewegungen aus. Deshalb benötigen wir eine gut funktionierende Steuerzentrale, die die Lage unseres Körpers im Raum und die Bewegungen des Körpers ständig kontrolliert. Die Einrichtungen, die die Lage des Körpers feststellen und das Hören ermöglichen, liegen im Ohr.

Hörsinn. Die Schallwellen werden von der Ohrmuschel in den Gehörgang geleitet und versetzen das Trommelfell in Schwingungen. Diese werden nacheinander auf die Gehörknöchelchen im Mittelohr (Hammer – Amboss – Steigbügel) übertragen. Infolge dieser „Kettenreaktion" übt der Steigbügel Druck auf das ovale Fenster der Gehörschnecke aus. Deren Gänge sind mit einer Flüssigkeit (Lymphe) gefüllt, in der Druckwellen entstehen. Sie treffen im mittleren Gang auf Hörsinneszellen, die durch den Druckreiz erregt werden.

Richtungshören. Jeder hat schon erlebt, dass man sich bei Nacht und Nebel gut nach dem Gehör orientieren kann. Schon nach kurzer Zeit findet man eine vermisste Person, wenn sie sich durch Rufe bemerkbar macht. Das Richtungshören ist uns angeboren. Es funktioniert nur mit beiden Ohren. Da sich der Schall gleichmäßig nach allen Seiten mit einer Geschwindigkeit von 340 m/s ausbreitet, erreicht er das näher gelegene Ohr früher als das weiter entfernte. Die Meldungen im Gehirn treffen deshalb mit einer kleinen zeitlichen Differenz ein. Diese Differenz ermöglicht uns, die Richtung festzustellen, aus der ein Schall kommt.

Schon gewusst?

Schallschwingungen können von akustischen Messgeräten als Kurven dargestellt und aufgezeichnet werden. Die Lautstärke verändert die Amplitude.

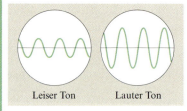

Je heftiger die Schallschwingungen, umso größer ist die Lautstärke.

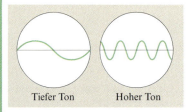

Je schneller die Schallschwingungen, umso höher ist der Ton.

Das Ohr – Hörsinnesorgan und Gleichgewichtsorgan in einem

Gleichgewichtssinn. Wenn wir uns einige Male wie ein Kreisel um uns selbst drehen, wird uns schwindlig. Haben wir die Augen geschlossen und halten wir im Drehen plötzlich an, so haben wir das Gefühl, dass die Drehbewegung noch einige Zeit weitergeht.
Geraten wir ins Stolpern, führen wir in Sekundenschnelle Ausgleichs- und Drehbewegungen aus, um unser Gleichgewicht wieder herzustellen.
Die Reize der Drehbewegungen und Lageveränderungen des Körpers werden von den Sinneszellen in den Bogengängen im Innenohr wahrgenommen. Die drei mit Lymphe gefüllten Bogengänge liegen genau wie die Hörschnecke im Innenohr.
Bei Reizung der Sinneszellen entsteht eine Erregung, die über den Bogengangsnerv ins Gehirn gelangt. Hier erkennen wir, in welcher Lage sich unser Körper befindet. Bewegt man den Kopf ruckartig nach links und dann nach rechts, arbeiten zwei Bogengänge zusammen. Das kann man am Modell gut demonstrieren, indem es so bewegt wird wie der Kopf. Die Bewegung der Kugeln stellt die Reizung der Sinneszellen dar. Bei anhaltender Drehung beginnt die Lymphe sich zu bewegen. Sie fließt entgegen der Drehrichtung des Körpers. Bricht die Drehbewegung plötzlich ab, strömt die Lymphe noch einen Moment weiter, es entsteht ein Drehschwindel. Nach kurzer Zeit hat unser Körper aber das Gleichgewicht wieder hergestellt. Dafür verantwortlich ist das Gleichgewichtsorgan, zu dem der Vorhof und die drei Bogengänge gehören. Der Gleichgewichtssinn wird auch als Lage- und Drehsinn bezeichnet.

Fehlorientierungen. Bei manchen Menschen treten Übelkeit und Erbrechen auf, wenn sie fliegen oder mit einem Schiff fahren. Durch die ständigen Bewegungen des Schiffes werden die Sinneszellen der Bogengänge ununterbrochen und unkoordiniert gereizt. Besonders heftige Reizungen ruft stürmischer Seegang hervor. Im Gehirn treten Störungen auf, die sich in Übelkeit, Kopfschmerzen oder Schweißausbrüchen äußern können.
Zu noch schwereren Fehlorientierungen im Gehirn kommt es durch Drogenkonsum. Zu den Drogen gehören nicht nur Ecstasy, Haschisch, Heroin und Kokain, sondern auch Alkohol und Nikotin. Alle diese Stoffe sind Zellgifte. Sie greifen besonders die Nervenzellen an. So kommt es zum Beispiel bei Alkoholmissbrauch zu Gleichgewichtsstörungen, Gedächtnisverlust, Doppelsehen und Bewusstlosigkeit.

> In den Ohren liegen, vom Schädel geschützt, die Hörschnecke und die Bogengänge. In den Sinneszellen der Hörschnecke entstehen Erregungen (Nervenimpulse), wenn Schallwellen das Ohr erreichen.
> Die Sinneszellen der Bogengänge werden erregt, wenn der Körper seine Lage verändert oder Drehbewegungen ausführt. Von den Sinneszellen gelangen die Nervenimpulse zu den Hirnzentren, sodass wir dann Töne oder Lageänderungen des Körpers wahrnehmen können.

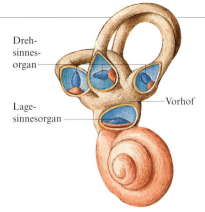
Das Gleichgewichtsorgan dient der Aufrechterhaltung von Kopf- und Körperhaltung in Ruhe und bei Bewegung.

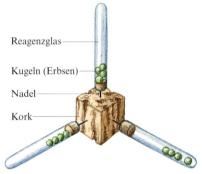
Zusammenwirken der Bogengänge (Modellvorstellung)

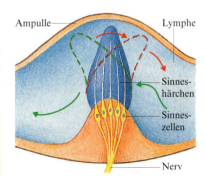
Aufgeschnittener Bogengang in Ruhe, bei Drehbewegung des Körpers (rot), nach plötzlichem Ende der Drehbewegung (grün)

AUFGABEN

1. Stelle in einer Tabelle die Teile des Außen-, Mittel- und Innenohres zusammen und ergänze ihre Funktionen!
2. Stell dir vor, du hörst deine Lieblingsmusik. Beschreibe den Weg der Tonübertragung innerhalb des Ohres bis zu den Hörsinneszellen!
3. Beschreibe, wie das Gehirn eine Drehung des Kopfes feststellen kann!
4. Manche Menschen reagieren mit Übelkeit und Erbrechen auf die Schaukelbewegungen von Schiffen bei starkem Seegang (Seekrankheit). Beschreibe die Entstehung und die Auswirkungen!

Wir untersuchen unser Sehen und Hören

1. Schau mir in die Augen, ...

Setzt euch zu zweit gegenüber, schaut euch in die Augen und achtet dabei auf die Größe der Pupillen. Schließt 30 Sekunden lang die Augen und haltet zusätzlich die Hand davor. Danach nehmt ihr die Hand weg und blickt der gegenübersitzenden Person in die Augen. Beschreibt die Veränderung der Pupillen und erklärt, wie sie zustande kommt!

2. Der blinde Fleck

Halte das Buch vor dich und schließe das rechte Auge. Fixiere mit dem linken Auge den weißen Punkt und bewege das Buch langsam in Richtung deiner Augen. Achte dabei auf das weiße Kreuz.
Erkläre deine Beobachtung!

3. Unterscheidung von Rot und Grün

Prüft in der Klasse, ob alle Schüler die Zahl innerhalb der grünlichen Punkte erkennen. Manche Menschen können dies nicht (Rot-Grün-Blindheit). Diskutiert diesen Sachverhalt mit eurem Biologielehrer und versucht dann eine Erklärung dafür zu finden!

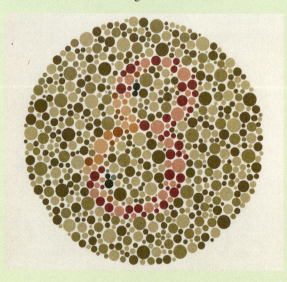

4. Bestimmung des Nahpunktes unserer Augen

Schließe zunächst das linke Auge. Bringe mit gestrecktem rechten Arm einen Bleistift in deine Blickrichtung. Bewege den Stift langsam in Richtung deines rechten Auges. Ermittle den Punkt, an dem du ihn gerade noch scharf erkennen kannst. Die Entfernung zwischen Auge und Stift kann ein Mitschüler mit dem Lineal messen. Führt die gleiche Messung mit dem linken Auge durch. Notiert und vergleicht die gemessenen Werte (in cm) in der Klasse und bildet einen Mittelwert!
Sind bei Kurzsichtigkeit höhere oder niedrigere Werte zu erwarten? Begründe deine Meinung!

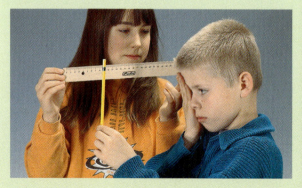

Wir untersuchen unser Sehen und Hören

5. Kann man seinen Augen immer trauen?

Betrachte und beschreibe die Abbildung. Lege unliniertes, durchsichtiges Papier darauf und zeichne die langen Linien ohne Querlinien nach. Vergleiche die beiden Abbildungen. Beschreibe die vorliegende optische Täuschung und versuche, sie zu erklären!

7. Luft- und Knochenleitung des Schalls

Verschließe beide Ohren fest mit den Fingern. Prüfe, ob du den Ton einer schwingenden Stimmgabel hörst. Lass dir anschließend die schwingende Stimmgabel auf die Schädelmitte setzen. Beschreibe und vergleiche deine Höreindrücke. Versuche, sie zu erklären!

6. Größer, kleiner oder gleich groß?

Schätze die Körperhöhen der beiden Mädchen auf der Abbildung ab. Miss sie anschließend genau mit einem Lineal und vergleiche die Messwerte mit deiner Schätzung. Versuche eine Erklärung für die Ergebnisse!

8. Bedeutung der Ohrmuscheln für das Hören

Setze dich in einem Abstand von 1 m vor einen tickenden Wecker. Vergrößere die Fläche deiner Ohrmuscheln, indem du die Handflächen hinter die Ohren legst. Erkläre deine Beobachtungen!

9. Ein Konzentrationstest

Die Hälfte der Klasse zählt bei absoluter Ruhe innerhalb von 30 Sekunden die Nullen in der angegebenen Zahlenreihe. Ein Schüler erteilt das Startkommando und stoppt die Zeit. Jeder notiert die von ihm ermittelte Anzahl. Es wird ein Mittelwert für die beteiligten Schüler gebildet. Dann wird ein Kassettenrecorder mit lauter Musik angestellt. Die zweite Hälfte der Klasse wiederholt den Versuch, notiert die Anzahl der ermittelten Nullen und bildet den Mittelwert.
Vergleicht die Ergebnisse und versucht, sie zu erklären!

```
0000001000274903040008
6004100700250004001007
5900205801009430200068
0014007020300010040060
```

Kann Lärm krank machen?

Berliner Love Parade

Was ist Dezibel (dB)?

Dezibel ist ein logarithmisches Maß zur Kennzeichnung der Lautstärke (Schalldruckpegel). Der relative Wert 1 dB kennzeichnet die Hörschwelle, bei 130 dB wird die Schmerzgrenze erreicht.
Eine Erhöhung der Lautstärke um 10 dB führt zu einer Vervielfachung des Schalldrucks. Wir empfinden den Schall als doppelt so laut.

Das Problem. Nadine, Lisa und Laura sind eifrige Diskobesucherinnen. An diesem Wochenende erfüllen sie sich einen besonders lang ersehnten Wunsch. Sie sind Teilnehmerinnen der Berliner Love Parade. Schon frühmorgens fahren sie mit der Bahn los, um rechtzeitig vor Ort zu sein und einen guten Platz zu ergattern. Nach dem Auftakt des Musikspektakels werden sie von der Begeisterung mitgerissen. Rhythmische Bewegungen, Jubel und Ausgelassenheit von Tausenden von Menschen machen diese Love Parade für sie zum einmaligen Erlebnis.
Am nächsten Tag klagt Laura über Kopfschmerzen und Dröhnen in den Ohren. Hin und wieder ist ihr sogar schwindlig. Ihre Mutter fragt, ob es denn in Berlin sehr laut war. Laura antwortet: „Manchmal haben wir unser eigenes Wort nicht verstanden. Kann denn Musik krank machen?" Sie fragt ihre Biologielehrerin.
Frau Menzel meint, dass nicht die Musik, wohl aber ihre Lautstärke zur gesundheitlichen Gefahr werden kann. Als Lauras Frage in der Klasse diskutiert wird, meint Jens: „Ich habe nach Diskobesuchen auch oft ein Dröhnen im Ohr." Andere Schüler nicken zustimmend mit dem Kopf. Andreas sagt: „Wo man sich wohl fühlt und sich beim Tanz erholt, kann man nicht krank werden." Christian ist derselben Meinung: „Ich kann Hausaufgaben viel besser erledigen, wenn im Hintergrund meine Lieblings-CD spielt." Angela widerspricht: „Das glaub ich nicht, denn sogar Tiere werden durch Lärm so beeinflusst, dass sie krank werden."

Die Planung. In einer ausführlichen Diskussion überlegen alle, wie sie das aktuelle Problem lösen könnten. Wenn laute Musik wirklich schädigend auf Ohr und Gehirn wirken kann, hätte das für alle Konsequenzen.
Die Klasse plant deshalb ein Projekt zur Untersuchung von Lärmeinflüssen auf das Gehör.
Folgende Fragenkomplexe sollte die Arbeit am Projekt beinhalten:

Welche Fragen müssen beantwortet werden, um die Wirkung von Lärm auf unser Gehör herauszufinden?
Wo gibt es Messgeräte und Testmöglichkeiten?
Wer kann Hinweise zur Beschaffung geeigneter Literatur geben?
Welche staatlichen Ämter können Material bereitstellen?

Lärmeinwirkung und seine Folgen

Gesundheitliche Folgen	Lautstärke dB	Verursacher
Gehörschäden bei kurzer Einwirkung	180	Kinderpistole
	130	Kuss auf das Ohr
	120	Düsenflugzeug beim Start
Schäden für Gesundheit und Gehör	110	Disko, Rockkonzert
	100	Vorbeifahrt eines LKW
Ab 85 dB erste Schäden an den Sinneshärchen	90	Vorbeifahrt eines Zuges
	85	Krähender Hahn
Ab 65 dB Dauerlärm erhöhtes Risiko für Herz-Kreislauf-Erkrankungen	80	Fön
	70	PKW im Leerlauf
	60	Musik und TV in Zimmerlautstärke, Wohnstraße, Gespräche
Ab 30 dB Schlafstörungen	30	Schlafzimmer
	10	Atmen

Kann Lärm krank machen?

Lärmmessung an einer verkehrsreichen Straße

Lärmmessung auf dem Schulhof

Arbeit am Projekt. Die Klasse beschließt, die Wirkung von Lärm auf die einzelnen Schüler zu ergründen. Dazu bereiten einzelne Schülergruppen die notwendigen Untersuchungsmethoden vor:
– Aufstellen von Befragungsblättern
– Beschaffung und Einsatzmöglichkeiten eines Lärmmessgerätes
– Zusammenstellung der Materialien und Planung eines Hörtests
Eine Schülergruppe beschäftigt sich mit dem Studium der Literatur zur Wirkung von Lärm auf das Gehör der Menschen und der Tiere. Eine andere Schülergruppe möchte Möglichkeiten zur Entspannung durch das Hören von Entspannungsmusik oder touristische Aktivitäten entwickeln. Bei all diesen Tätigkeiten sollte die Beantwortung folgender Fragen im Mittelpunkt stehen:

Welchem Lärm sind wir im Alltag (zu Hause, in der Schule und im Straßenverkehr) ausgesetzt?
Mit welcher Lautstärke beschallen wir uns zu Hause?
Entspricht unser persönliches Hörvermögen noch den altersgerechten Normen?
Ohr und Gehirn benötigen Erholungsphasen. Wie können diese Erholungsphasen organisiert werden?
Kann man sich wirklich bei lauter Musik auf die Lösung schwieriger Hausaufgaben konzentrieren?
Sind auch meine Ohren gefährdet?

Präsentation der Ergebnisse. Die Ergebnisse der Hörtests aller Schüler werden in einer Mappe zusammengestellt und mit den Hörgewohnheiten (Lautstärke und Dauer der Beschallung) verglichen.
Die Untersuchungsergebnisse zur Konzentrationsfähigkeit unter dem Einfluss lauter Musik kann als Wandzeitung im Schulhaus ausgehängt werden. Sie lassen sich durch die Ergebnisse der Lärmmessung an den verschiedenen Standorten zu unterschiedlichen Zeiten gut ergänzen.
Um die Ergebnisse möglichst vielen Mitschülern nahe zu bringen, werden die Möglichkeiten für die Entspannung von Ohr und Gehirn durch Poster oder Fotos dargestellt. Einige Schüler könnten Vorträge zu diesem Thema in anderen Klassen halten.

Meldungen aus der Presse

Vögel verlernen durch Straßenlärm das Singen

Britische Biologen haben beobachtet, dass Vögel in der Nähe von Straßen den Gesang ihrer Eltern nicht mehr hören. Das führt zu Schwierigkeiten im Erlernen des Gesanges, bei der Verständigung mit den Artgenossen und der Partnerwahl. Statt des Gesanges bringen Singvögel nur ein klägliches Piepen hervor. Weil sie keinen Partner finden, ist die Anzahl von Grasmücke, Kernbeißer und Pirol stark zurückgegangen.

Lärm lässt Wale stranden

Am 12. und 13. Mai 1996 strandeten 12 Schnabelwale an der griechischen Westküste. Meeresbiologen fanden heraus, dass das massenhafte Sterben der Meeressäuger durch Lärm hervorgerufen wurde. Genau zur selben Zeit testete die NATO dort ein Niederfrequenzgerät, das U-Boote aufspüren soll. Es erzeugte unter Wasser Lärm von 230 dB. Bereits ein Hundertstel davon ist für Menschen schmerzhaft.

Zunge und Nase ermöglichen Schmecken und Riechen

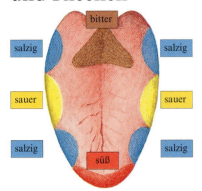

Geschmacksempfindungen der Zunge

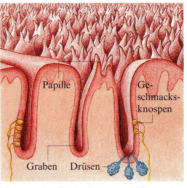

Zungenoberfläche (schematisch, stark vergrößert)

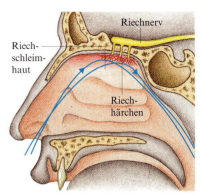

Beim Riechen strömt Luft an der Riechschleimhaut entlang.

Bau und Funktion der Zunge. Wenn es ums Essen geht, hat jeder von uns besondere Vorlieben. Der eine isst gern Süßspeisen, der andere Wurst. Manche Gerichte mögen wir nicht, weil sie fade und geschmacklos sind. Der Geschmack beim Essen wird mithilfe der Zunge wahrgenommen. Durch die Geschmackssinneszellen auf der Zungenoberfläche können wir vier Geschmacksrichtungen unterscheiden: süß, sauer, salzig und bitter. Siehst du dir deine Zunge im Spiegel an, erscheint ihre Oberfläche nicht glatt, sondern unregelmäßig. Nebeneinander liegen kleine Erhebungen, die als Papillen bezeichnet werden. Mit dem Mikroskop kann man erkennen, dass sie alle durch tiefe Gräben voneinander getrennt sind.
Im unteren Teil sitzen die Geschmacksknospen mit den Sinneszellen. Die Sinneszellen an der Zungenspitze werden erregt, wenn wir süße Speisen essen. Die Sinneszellen an den Seiten melden sauer und salzig. Schluckt man eine bittere Medizin, stellt man den bitteren Geschmack erst im Augenblick des Hinunterschluckens fest, weil die auf bitter reagierenden Sinneszellen am Zungengrund liegen.

Bau und Funktion der Nase. Der Duft unserer Lieblingsspeise lässt uns das Wasser im Mund zusammenlaufen. Bei einer starken Erkältung kann man aber weder etwas riechen noch schmecken. Notwendige Voraussetzungen für das Riechen sind Düfte. Duftstoffe gelangen in die Nase, ziehen an den Schleimhäuten der Nasenmuscheln entlang und treffen so auf die Riechschleimhaut, die etwa so groß wie eine Briefmarke ist.
Die Riechsinneszellen der Riechschleimhaut sind mit langen Riechhärchen besetzt, die in die Nase hineinragen. Zwischen diesen Sinneszellen liegen die Schleimhautzellen. Bei Reizung der Riechhärchen entsteht ein elektrischer Impuls, der über Nervenfasern zum Gehirn gelangt: Wir riechen. Geruchlose Stoffe wie das giftige Auspuffgas Kohlenstoffmonooxid können von uns nicht wahrgenommen werden.

> Auf der Zunge liegen durch Papillen geschützt die Geschmackssinneszellen. Mit ihnen können vier Geschmacksrichtungen wahrgenommen werden. In der Nase liegt die Riechschleimhaut mit den Riechsinneszellen. Mit ihnen werden Gerüche empfunden. Werden die Sinneszellen erregt, laufen Nervenimpulse zum Gehirn.

Schon gewusst?

Anzahl der Geschmacksknospen

Art	Anzahl
Kaninchen	17 000
Katze	473
Katzenhai	100 000
Rind	25 000
Schlangen	0
Dompfaff	46

Riechschleimhaut

Art	Größe in cm²	Anzahl der Riechzellen in Millionen
Mensch	6	30
Hund	85	230
Reh	90	300
Kaninchen	9,3	100

AUFGABEN

1. Beschreibe den Zusammenhang vom Bau der Zunge und ihrer Funktion!
2. Warum kann man bei einer Erkältung nichts riechen?
3. Versuche zu erklären, warum Schlangen nichts schmecken, obwohl sie züngelnd durch das Dickicht streifen!

Zunge und Nase ermöglichen Schmecken und Riechen

Wir untersuchen, wie wir schmecken und riechen

1. Die Geschmacksrichtungen und ihre Lage auf der Zunge

Material: 4 Trinkgläser, Zitronensaftlösung, Zuckerlösung, Glaubersalzlösung (Natriumsulfat), Kochsalzlösung, Holzstäbchen, Watte
Findet euch zu etwa gleich großen Gruppen zusammen.
Durchführung: Gruppe 1: Füllt ein Trinkglas mit Zuckerlösung. Umwickelt für jeden Schüler ein Holzstäbchen mit Watte und taucht es in die Zuckerlösung. Betupft damit eure Zunge an verschiedenen Stellen (an der Zungenspitze, rechte und linke Seite der Zunge und am Zungengrund). Versucht herauszufinden, an welcher Stelle dieser Geschmack auf der Zunge wahrgenommen wird!
Gruppen 2/3/4: Geht in der gleichen Weise wie Gruppe 1 mit Zitronensaftlösung, Glaubersalzlösung und Kochsalzlösung vor! Auf welchem Teil der Zunge wird die jeweilige Geschmacksrichtung wahrgenommen?
Auswertung: Stellt eure Ergebnisse zunächst innerhalb der Gruppe zusammen und präsentiert sie dann der Klasse!

Geschmacksrichtung wird getestet

2. Nicht alle Stoffe riechen

Material: Mineralwasser, 1 Päckchen Vanillezucker, 1 Stück Eisen (z. B. Nagel), Raumspray
Durchführung: Prüft nacheinander den Geruch des aus der geöffneten Mineralwasserflasche ausströmenden Gases, den Geruch von Vanillezucker, von Eisen und vom versprühten Raumspray!
Auswertung: Beschreibt den Geruch der einzelnen Stoffe und versucht eine Erklärung dafür zu finden, wann Stoffe riechen und wann nicht!

3. Orte der Geruchsempfindungen

Material: 2 Reagenzgläser mit Stopfen, Kölnisch Wasser, Himbeersirup
Findet euch in der Klasse zu zwei etwa gleich großen Gruppen zusammen.
Durchführung: Füllt je 10 ml Himbeersirup und Kölnisch Wasser in ein Reagenzglas und verschließt es mit einem Stopfen!
Gruppe 1: Haltet euch die Nase mit Daumen und Zeigefinger fest zu und atmet durch den Mund. Haltet nacheinander die geöffneten Reagenzgläser an den Mund und achtet auf die Geruchswahrnehmung!
Gruppe 2: Haltet euch die geöffneten Reagenzgläser nacheinander vor die Nase. Der Mund ist geschlossen. Atmet tief ein. Achtet dabei auf die Geruchsintensität!
Auswertung: Geht bei der Auswertung wie bei Versuch 1 vor!

Geruchsempfindung wird getestet

4. Geruchs- und Geschmacksempfindung wirken zusammen

Material: Untertasse, Teelöffel, 1 cm³ große Würfel von Kartoffel, Banane, Apfel, Möhre
Arbeitet in Gruppen zu je 2 Schülern.
Durchführung: Verbinde deinem Versuchspartner die Augen. Dieser hält sich außerdem die Nase zu. Gib ihm nacheinander auf einem Teelöffel einen Würfel von der Kartoffel, der Banane, dem Apfel und der Möhre. Lass ihn in wenigen Sekunden herausfinden, was er gerade isst!
Auswertung: Präsentiert eure Untersuchungsergebnisse in der Klasse und versucht, diese zu erklären!
Ihr könnt auch die Aufgaben innerhalb der Zweiergruppe tauschen.

Geruchs- und Geschmacksempfindung werden gleichzeitig getestet

Wir untersuchen die Reizbarkeit unserer Haut

1. Warm oder kalt?

1. Fülle je eine Schüssel zur Hälfte mit warmem (etwa 35 °C) und kaltem Wasser (etwa 10 °C)!
2. Gieße in eine dritte Schüssel warmes und kaltes Wasser und vermische es!
3. Tauche deine linke Hand etwa 30 Sekunden lang in das warme Wasser und gleichzeitig deine rechte Hand in die Schüssel mit dem kalten Wasser. Tauche anschließend beide Hände zugleich in die Schüssel mit dem gemischten Wasser!

4. Beschreibe und vergleiche deine Temperaturempfindungen an beiden Händen. Notiere!
5. Bringe deine Beobachtungen mit Alltagserfahrungen (z. B. Temperaturempfindungen im Freibad ohne oder mit vorheriger kalter Dusche) in Zusammenhang!

2. In der Haut sind unterschiedliche Sinneszellen

1. Verbinde einem Mitschüler die Augen und gib ihm nacheinander unterschiedliche Gegenstände in die Hände. Lass ihn durch Tasten erraten, um welche Gegenstände es sich handelt. Erkläre das Versuchsergebnis!
2. Markiere auf dem Handrücken ein Quadrat (etwa 2 cm²). Erwärme eine mit einem Korken zum Anfassen versehene Metallstricknadel in heißem Wasser auf etwa 40 °C bis 45 °C!

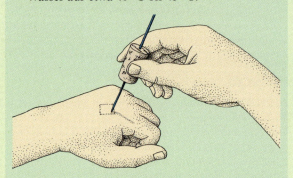

Suche durch Berührungen der Haut die Punkte, die für Wärme empfindlich sind. Kühle die Stricknadel danach in Eiswasser ab und ertaste die Kältepunkte. Schätze ab und entscheide, ob es in der menschlichen Haut mehr Kältepunkte oder mehr Wärmepunkte gibt!
3. Untersuche die unterschiedliche Wahrnehmung von Druckreizen durch die Haut.
Verbinde dazu einem Mitschüler die Augen!
a) Stelle die Spitzen eines Stechzirkels auf einen Abstand von 2 mm ein. Berühre mit beiden Zirkelspitzen sehr vorsichtig, aber gleichzeitig die Haut der Versuchsperson am Unterarm, am Oberarm, am Handrücken, an der Innenfläche einer Hand sowie an den Fingerspitzen. Die Versuchsperson soll sich bei jeder Berührung darüber äußern, ob sie nur einen Reiz oder zwei getrennte Reize wahrgenommen hat. Protokolliere die Versuchsergebnisse!
b) Überprüfe jeweils mit einer Zirkelöffnung von 30 mm, 50 mm und 60 mm die Wahrnehmung des Druckreizes am Oberarm!
Welche Schlussfolgerungen kannst du aus den Beobachtungsergebnissen über die Aufnahme von Druckreizen in der Haut ziehen?

Die Haut als vielseitiges Sinnesorgan

Martin musste mit dem Rettungswagen in die Klinik gefahren werden. In der Wohnung war durch ein vergessenes Bügeleisen Feuer ausgebrochen als er schlief. Er war bewusstlos und an mehreren Hautstellen hatte er kleinere Brandwunden. Der Arzt sagte, er hätte Glück gehabt.
Bei Kindern besteht bereits Lebensgefahr, wenn 10 % der Haut verbrennen; bei Erwachsenen sind es 30 %.
Die Hautoberfläche des Menschen beträgt etwa 2 m². Sie besteht aus drei Schichten: der Oberhaut, der Lederhaut und der Unterhaut.
Die Haut umgibt uns wie ein Mantel und ist ein lebenswichtiges Organ. Sie reguliert den Wärmehaushalt und die Ausscheidung von Schweiß, schirmt Schmutz und Krankheitserreger ab, ist aber auch ein wichtiges Sinnesorgan, das uns Tastempfindungen ermöglicht.
Besonders in der Lederhaut befinden sich zahlreiche kleine Sinneskörperchen mit Sinneszellen. Stell dir vor, deine Augen wären verbunden und eine andere Person legte dir ein frisch gekochtes Hühnerei in die Hand. Welche Informationen darüber vermitteln dir die unterschiedlich spezialisierten Sinneszellen der Haut?
Du kannst die Form, die Größe sowie die Beschaffenheit der Oberfläche des Eis ertasten. Ebenso empfindest du den Druck, den seine Masse auf deine Haut ausübt. Auch die Temperatur wird dir bewusst, bei einem heißen Ei sogar durch eine Schmerzempfindung: In diesem Falle würdest du sehr schnell reagieren und das Ei vielleicht fallen lassen.
Wir wissen also aus vielen Erfahrungen, dass die Haut auf verschiedene Reize reagiert. Sie werden von unterschiedlichen Sinneskörperchen oder auch von freien Nervenenden aufgenommen. Nervenfasern leiten die Informationen darüber zum Gehirn weiter. Tastsinneskörperchen vermitteln uns Berührungsreize, Druckkörperchen Druckreize, Kälte- sowie Wärmepunkte die Wahrnehmung von Temperaturunterschieden und freie Nervenenden Schmerzempfindungen. Schmerz kann sehr quälend sein. Als Alarmsignal ist er aber überlebensnotwendig – denke zum Beispiel an die Berührung von heißen Gegenständen!
Die Sinneskörperchen sind in unterschiedlicher Dichte über die Haut verteilt. Besonders viele Tastsinneskörperchen befinden sich in den Fingerspitzen, in der Rückenhaut kommen sie nur in geringer Anzahl vor. Im Durchschnitt enthält ein Quadratzentimeter Haut 2 Wärme-, 13 Kälte-, 25 Druck- und Berührungspunkte sowie etwa 200 Schmerzpunkte.

Schon gewusst?

An jedem Haar sind Muskelfasern befestigt, die von einer Seite des Haarbalges schräg zur Oberhaut verlaufen. Durch das Zusammenziehen dieser Muskeln – meist als Reaktion auf einen Kältereiz – werden die Haare aufgerichtet. Dabei kommen die „Gänsehaut" und auch das Haaresträuben zustande.

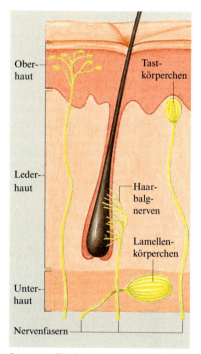

Lage von Tastkörperchen in der Haut

Katzen haben lange Tasthaare, die Berührungsreize aufnehmen.

Lesen der Blindenschrift mit den Fingerkuppen

Die Haut ist gefährdet

Pflege und Gesunderhaltung der Haut. Dein eigenes Spiegelbild gibt anhand der Hautfarbe und der Hautbeschaffenheit auch Auskunft über dein allgemeines Körperbefinden. Ist die Haut gut durchblutet und straff, kann das der Ausdruck körperlicher Fitness sein. Ist die Haut blass, fahl und wirkt sie faltig und eingefallen, ist das vermutlich ein Zeichen von Erschöpfung und Ermüdung. Ist die Haut Spiegelbild körperlichen Wohlbefindens, wirkt sie zugleich auf dieses zurück. Ist sie beispielsweise gut durchblutet, kann die Temperaturdifferenz zwischen Organismus und Umwelt ausgeglichen werden. Diese Funktion ist gleichzeitig ein wirksamer Erkältungsschutz.

Die Gesunderhaltung der Haut wird in erster Linie durch ausreichende Zufuhr von Nährstoffen, Vitaminen, Mineralsalzen und Wasser – also vor allem durch gesunde Ernährung – erreicht. Diese Stoffe sind unter anderem in Obst, Gemüse, in Milch und Milchprodukten enthalten. Wichtig sind auch ausreichend Bewegung an frischer Luft, Wechselduschen, regelmäßige Hautwaschungen des ganzen Körpers oder auch ein Saunabesuch. Durch kosmetische Mittel können der Haut vor allem Wasser und rückfettende Mittel zugeführt werden. Dadurch wird auch die Durchblutung angeregt. So kann trockene oder fette Haut, dem Hauttyp entsprechend, beeinflusst werden.

Gepflegt, geschützt, gesund

Hauterkrankungen. Durch Umwelteinwirkungen und durch Krankheitserreger kann unsere Haut aber auch erkranken.

Pickel in der Pubertät sind nicht selten

Akne. Viele von euch sind unglücklich, weil sie im Gesicht und auf dem Rücken Pickel haben. Diese Hautkrankheit, die Akne, kann psychisch sehr belastend sein. Sie ist ein Merkmal der Pubertät. Talgdrüsen werden in dieser Zeit zu verstärkter Talgabsonderung angeregt. Abgestorbene Hautzellen und Talg sammeln sich in den Poren, formen Stopfen und verhindern so den Talgabfluss. Der Talg reagiert mit dem Luftsauerstoff, ein schwarzes Pünktchen entsteht, ein Mitesser. Dringen in diese Pfropfen Bakterien ein, bilden sich eitrige Entzündungen, die Pickel.

Allergische Hautreaktionen. Häufig treten auch empfindliche Hautveränderungen wie Rötungen oder Bläschen auf, ohne dass UV-Strahlung vorhanden ist. Das können Allergien sein, die Ausdruck von Überempfindlichkeitsreaktionen des Körpers gegenüber bestimmten Nahrungsmitteln, Blütenstaub, Tierhaaren, Kosmetika, Waschmitteln und anderen Stoffen sind. Der Hautarzt kann testen, auf welche Stoffe unser Körper allergisch reagiert, und danach eine gezielte Behandlung einleiten.

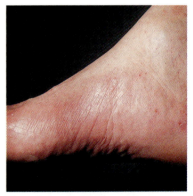

Hautpilz an der Fußinnenseite

Hautpilz. Verschiedene Hefe- und Schimmelpilze können sich auf der Haut des Menschen ausbreiten und Rötungen, Juckreiz, Schuppen oder auch Bläschen verursachen. Eine unbehandelte Pilzerkrankung breitet sich immer weiter aus. Sie verschwindet nicht von allein. Deshalb ist eine ärztliche Behandlung unbedingt erforderlich.

Die Haut ist gefährdet

Sonnenbrand - eine Folge zu starker UV-Strahlung

Sonnenbrand. Die in Sonnenstrahlung enthaltene UV-Strahlung (ultraviolette Strahlung) bewirkt die Hautbräunung. Entscheidend für eine gesunde Hautbräunung ist der Hautteint (Gesichtsfarbe) und die Strahlungsdosis. Der Hautteint wird durch die Bildung von Melanin, das die Bräunung bewirkt, bestimmt. Besonders Menschen mit hellem Hautteint sollten starke Sonneneinstrahlung meiden.
Eine normale Strahlungsdosis fördert das körperliche Wohlbefinden und die Vitamin D-Bildung. Eine Überdosis führt zu Hautrötungen und Verbrennungen. Außerdem besteht die Gefahr der Entstehung von Allergien und Hautkrebs.

Ein bösartiger Tumor der Pigmentzellen

Neurodermitis. Eine häufig bei Kleinkindern vorkommende Hauterkrankung ist die Neurodermitis. Diese Hauterkrankung erkennt man an rötlichen knötchenartigen Verdickungen der Haut. Außerdem ist die Haut sehr trocken und schuppig. Ein ständiger Juckreiz ist ebenfalls ein Merkmal dieser Krankheit. Auch hier sollte man die Behandlung durch einen Hautarzt vornehmen lassen. Er kann mit Salben und durch Medikamente Linderung schaffen. Eine Heilung ist zurzeit noch nicht möglich.

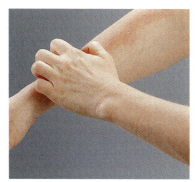

Ständiger Juckreiz ist eine unangenehme Begleiterscheinung der Neurodermitis.

Schuppenflechte. Sie gehört zu den häufigsten Hauterkrankungen. Am gesamten Körper, auch auf dem Kopf unter den Haaren kommt es zu punkt- bis landkartenartigen geröteten Veränderungen mit silbrig glänzender, glimmerartiger Schuppung. Wenn man die Schuppen entfernt, ist die Haut gerötet und blutet. Die Neigung zu dieser Erkrankung wird wahrscheinlich vererbt. In der Regel erkrankt man erstmalig im Jugendalter. Die Krankheit erfordert ärztliche Behandlung.

> Die äußere Haut ist nicht nur Schutzhülle und Ausscheidungsorgan, sondern auch ein vielseitiges Sinnesorgan mit zahlreichen Sinneszellen. Sie vermittelt Informationen über Druck- und Tastreize, Temperaturunterschiede, Berührungsreize und Schmerzempfindungen.
> Durch Infektionen, erblich bedingt oder durch Allergien kann die Haut erkranken. Häufige Hauterkrankungen sind die Schuppenflechte, Akne, Hautpilz und Sonnenbrand.

AUFGABEN

1. Befragt eine Kosmetikerin oder einen Hautarzt zur Reinigung der Haut, zu Pflegetipps und zum Umgang mit Akne in der Pubertät. Stellt eure Ergebnisse in der Klasse vor!
2. Bestimmt gibt es in eurer Klasse einen Schüler/eine Schülerin mit einer Allergie. Informiert euch über seine/ihre Erkrankung und die Therapie!
3. Für die unterschiedlichen Hauttypen ist auf den Sonnenschutzmitteln ein unterschiedlicher Lichtfaktor angegeben. Ermittle die Vielfalt und wähle den Lichtfaktor für deinen Hauttyp. Begründe!
4. Erklärt, warum jeder Mensch den Aufenthalt im Sonnenlicht benötigt und gleichzeitig vorsichtig beim Sonnenbaden und im Solarium sein muss!

ZUSAMMENFASSUNG

In den Sinnesorganen befinden sich besondere Zellen (Sinneszellen), die darauf spezialisiert sind, Reize aus unserer Umwelt aufzunehmen.

Die Lichtsinneszellen (Stäbchen und Zapfen) in der Netzhaut des Auges können Hell und Dunkel unterscheiden und Farben erkennen.

Die Hörsinneszellen befinden sich in der Hörschnecke des Ohres und werden durch Schallwellen gereizt. Spezielle Sinneszellen in den Bogengängen des Ohres werden bei Lageänderungen und Drehbewegungen des Körpers erregt.

Die Riechsinneszellen in unserer Nase nehmen die unterschiedlichsten Geruchsreize auf.

Unsere Haut enthält Tast-, Temperatur- und Schmerzsinneszellen. Die Tastsinneszellen dienen der Orientierung in der Umwelt und dem Erkennen von Oberflächenstrukturen oder speziellen Objekten. Diese werden durch Berührungsreize vermittelt.

Die Temperatursinneszellen ermöglichen die Wahrnehmung von Temperatur und Temperaturänderungen.

Schmerzsinneszellen nehmen Empfindungsreize auf. Sie zeigen auch lebensbedrohliche Zustände an.

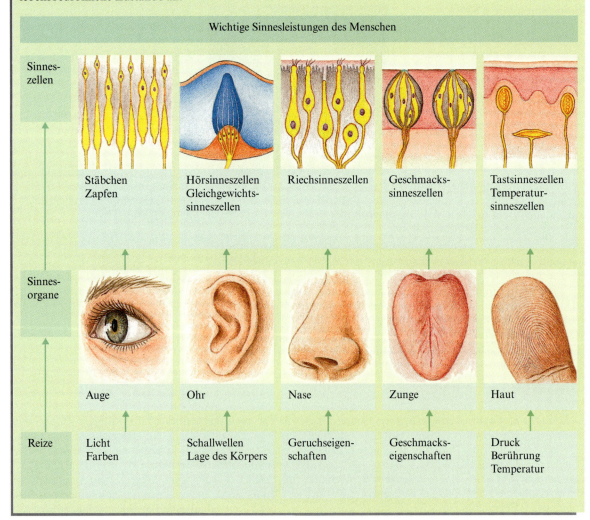

Wichtige Sinnesleistungen des Menschen

Sinneszellen	Stäbchen Zapfen	Hörsinneszellen Gleichgewichtssinneszellen	Riechsinneszellen	Geschmackssinneszellen	Tastsinneszellen Temperatursinneszellen
Sinnesorgane	Auge	Ohr	Nase	Zunge	Haut
Reize	Licht Farben	Schallwellen Lage des Körpers	Geruchseigenschaften	Geschmackseigenschaften	Druck Berührung Temperatur

Informationsleitung und -verarbeitung

Die gespannte Aufmerksamkeit der Turmspringerin und ihre Gefühle am Start sind Ausdruck der Tätigkeit ihres Nervensystems. Unaufhörlich transportieren unsere Nerven elektrische Impulse vom und zum Gehirn, unabhängig davon, ob wir wach sind oder schlafen. Das Nervensystem ist ein verzweigtes Netzwerk, das den gesamten Körper durchzieht.

Sinne und Nerven – Reizbarkeit und Informationsübertragung

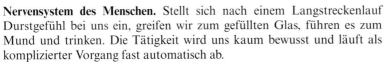

Das Nervensystem steuert unser Handeln.

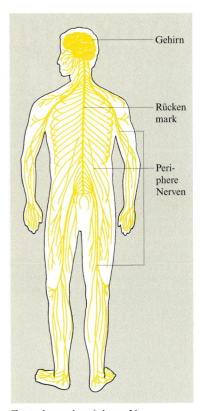

Zentrales und peripheres Nervensystem des Menschen

Nervensystem des Menschen. Stellt sich nach einem Langstreckenlauf Durstgefühl bei uns ein, greifen wir zum gefüllten Glas, führen es zum Mund und trinken. Die Tätigkeit wird uns kaum bewusst und läuft als komplizierter Vorgang fast automatisch ab.

Zunächst melden unsere Augen dem Gehirn den Standort des Glases. Das Gehirn sendet daraufhin Impulse zu den Muskeln des Armes, um ihn zum Glas zu bewegen und es zu ergreifen. Die Tastsinneszellen der Hand erkennen das Glas und melden es dem Gehirn. Das Gehirn befiehlt nun den Armmuskeln, das Glas zum Mund zu bewegen. Augen und Arm informieren über die Armstellung. Der Tastsinn der Lippen und der Geschmackssinn der Zunge melden dem Gehirn, dass das Glas den Mund erreicht hat und das Getränk schmeckt.

An diesem Beispiel erkennen wir, dass alle Reize, die ein Sinnesorgan erreichen, als Erregung weitergeleitet und verarbeitet werden müssen, um für den Körper als Abfolge wirksam zu werden. Außerdem müssen andere Organe über notwendige Antwortreaktionen informiert werden. Diese Aufgabe übernimmt das Nervensystem. Es besteht aus drei Teilen: dem Zentralnervensystem (Gehirn und Rückenmark), dem peripheren und dem vegetativen Nervensystem. Das Zentralnervensystem (ZNS) steuert die Organsysteme des Körpers und ihr Zusammenwirken. Informationen aus der Umwelt kommen hier an, werden verarbeitet und beantwortet.

Zum peripheren Nervensystem gehören die sensiblen Nerven, die Impulse zum Zentralnervensystem leiten, und die motorischen Nerven, die diese Impulse zu den Muskeln bringen.

Das vegetative Nervensystem steuert unabhängig von unserem Bewusstsein die Vorgänge in den inneren Organen (z. B. Herzschlag, Atmung).

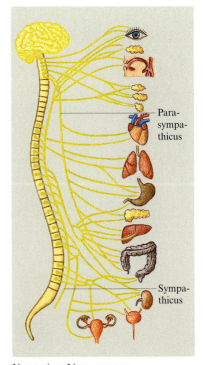

Vegetatives Nervensystem

Sinne und Nerven – Reizbarkeit und Informationsübertragung

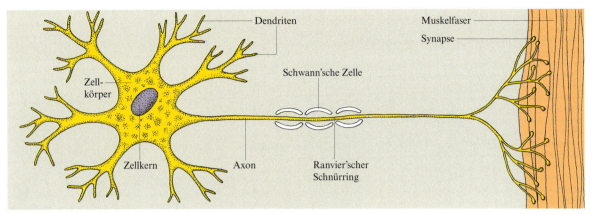

Nervenzelle, deren Axon zu einem Muskel hinführt (schematisch)

Nervenzellen. Unser Nervensystem besteht aus 25 Milliarden Nervenzellen, das Gehirn allein aus etwa 14 Milliarden Nervenzellen. Sie leiten Erregungen (Informationen) mit einer Geschwindigkeit von bis zu 120 Metern je Sekunde weiter.

Wissenschaftler haben herausgefunden, dass bei der Leitung der Informationen elektrische Impulse entstehen. Diese kann man mit empfindlichen Messgeräten messen. Ruhende, nicht arbeitende Nervenzellen zeigen diese Erscheinung nicht.

Eine Nervenzelle besteht aus einem Zellkörper und verschiedenen Fortsätzen. Die vielen kurzen Fortsätze (Dendriten) verästeln sich und stellen so die Verbindung zu anderen Nervenzellen oder Sinneszellen her. Diese empfangen Informationen. Das Axon ist meist länger als die Dendriten. Zum Beispiel würden alle Axone der Nervenzellen des menschlichen Großhirns aneinander gereiht eine Länge von 500 000 km ergeben. Das ist mehr als die mittlere Entfernung von der Erde zum Mond (384 400 km). Die „Nerven", die den Körper durchziehen, sind zu Bündeln zusammengeschlossene Axone. Bei Wirbeltieren sind die Axone in regelmäßigen Abständen von besonderen Zellen bedeckt. Diese Schwann'schen Zellen umwickeln das Axon wie eine Manschette. Von Zelle zu Zelle bleiben aber kleine Zwischenräume (Ranvier'sche Schnürringe). Diese ermöglichen den besonders schnellen Transport von Informationen.

Synapsen. Ein Axon endet mit einer Vielzahl von „Übertragungsstellen" (Synapsen). Über diese werden Kontakte zur Oberfläche einer anderen Nervenzelle, zu einer Muskeleinheit oder zu einer Drüse hergestellt. Viele Nervenzellen können ihre Information so auf 1000 oder sogar 10 000 andere Zellen übertragen. Die Endknöpfchen jeder Synapse enthalten Bläschen mit Überträgerstoffen, die beim Eintreffen elektrischer Impulse freigesetzt und auf die nächste Zelle übertragen werden. Daraufhin entstehen dort neue elektrische Impulse. Die empfangene Erregung kann sowohl verarbeitet als auch weitergeleitet werden. Die Verbindungsstelle zwischen Nervenzelle und Muskelfaser heißt wegen ihrer Form und Funktion motorische Endplatte.

> Die kleinste Funktionseinheit von Nervensystemen ist die Nervenzelle. Das Nervensystem des Menschen wird von etwa 25 Milliarden Nervenzellen gebildet. Es ist in Zentralnervensystem (Gehirn, Rückenmark), peripheres und vegetatives Nervensystem gegliedert.

Schon gewusst?

Erregungsleitung	
Tierart	Geschwindigkeit in m/s
Ohrenqualle (Netznervensystem)	0,5
Schabe (Strickleiternervensystem)	2,0
Katze (Zentralnervensystem)	bis 120

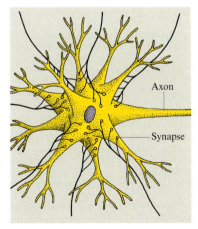

Nervenzelle mit Synapsen von anderen Nervenzellen

Das Zentralnervensystem – Steuer- und Regelzentrum des Körpers

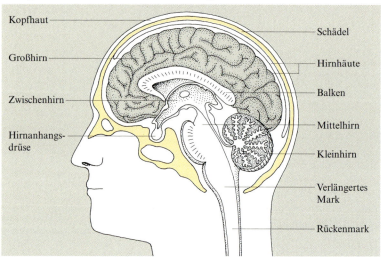

Lage und Bau des menschlichen Gehirns

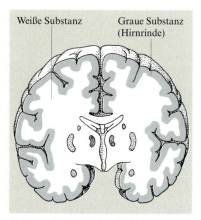

Querschnitt durch das Gehirn

Bau und Funktionen des Gehirns. Unser Gehirn ist als Steuer- und Regelzentrum ein überaus leistungsfähiges System. Es liegt geschützt in der Schädelkapsel. Drei Hirnhäute zwischen Schädelknochen und Gehirn wirken wie Stoßdämpfer, weil die schwammartige Spinnwebhaut Flüssigkeit enthält, in der das Gehirn schwimmt. Im Zentrum befinden sich größere Hirnkammern, die ebenfalls Flüssigkeit enthalten. Die mit dem Zwischenhirn verbundene Hirnanhangsdrüse (Hypophyse) beeinflusst durch die Absonderung von Wirkstoffen (Hormonen) ins Blut das Wachstum und den gesamten Stoff- und Energiewechsel im Körper. Blutgefäße sorgen überall für ständige Sauerstoff- und Nährstoffzufuhr und erhalten so das Gehirn leistungsfähig.

Nach der natürlichen Färbung des Nervengewebes bezeichnet man die Zellkörper und Axone ohne Hüllzellen als graue Substanz. Sie liegt im Gehirn außen. Die weiße Substanz besteht aus umhüllten Axonen. Sie liegt im Gehirn innen. Das Großhirn wölbt sich über das Kleinhirn und den Hirnstamm mit Zwischenhirn, Mittelhirn und verlängertem Mark.

Teile des Gehirns und ihre Funktionen	
Großhirn	Bewusstsein, Intelligenz, Wille, Gedächtnis, Denken
Zwischenhirn	Steuerung von Gestik und Mimik, Regulation des Wärme-, Wasser- und Energiehaushalts des Körpers, Einfluss auf den Hormonhaushalt und auf Gemüts- und Stimmungslage
Mittelhirn	Schaltstelle zwischen Peripherie und motorischen Zentren für Hör- und Sehreize, Pupillenreflex, Akkommodation
Kleinhirn	Koordinierung von Bewegung, Körperhaltung und Gleichgewichtsregulation sowie Feinregulation
Verlängertes Mark	Schalt- und Durchgangsstelle, Steuerung von Atmung und Herzschlag. Reflexzentrum für Kauen, Speichelfluss, Schlucken sowie die Schutzreflexe (Niesen, Husten, Lidschluss, Erbrechen)

Schon gewusst?

Masse und Volumen des Gehirns für sich allein sind noch kein Maß für geistige Leistungsfähigkeit.

Gehirnmassen einiger berühmter Persönlichkeiten (in g)	
GEORGES CUVIER (Biologe)	1861
O. FÜRST V. BISMARCK (Politiker)	1807
IMMANUEL KANT (Philosoph)	1650
JUSTUS V. LIEBIG (Chemiker)	1350
ROBERT BUNSEN (Chemiker)	1275

Die Hirnrinde in Zahlen	
Dicke	1,3 – 4,6 mm
Oberfläche	2 200 cm^2
Anzahl der Nervenzellen	14 Milliarden

Das Zentralnervensystem – Steuer- und Regelzentrum des Körpers

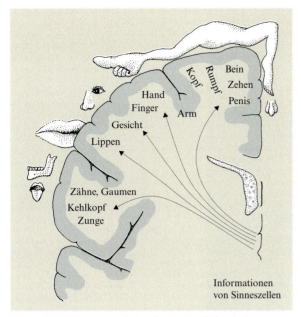

Körperfühlfelder (sensorische) in der Großhirnrinde

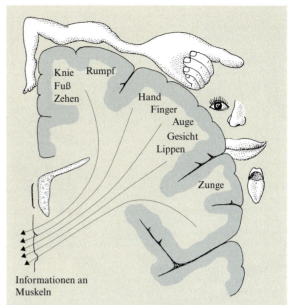

Körperbewegungsfelder (motorische) in der Großhirnrinde

Das Großhirn. Marks Vater hatte einen Verkehrsunfall und liegt mit einer schweren Kopfverletzung im Krankenhaus. Obwohl Arme und Beine nicht verletzt sind, kann er sich nicht bewegen. Der Arzt stellt ein Hirntrauma fest, bei dem die Großhirnrinde gegenwärtig nicht funktioniert.
Die Großhirnrinde gehört zum Großhirn, das aus zwei Hirnhälften gebildet wird. Auf der Oberfläche sind Windungen erkennbar, die durch tiefe Furchen voneinander getrennt sind. Durch diese Oberflächenvergrößerung haben besonders viele Zellkörper und Axone Platz. Die außen liegenden Zellkörper bilden die Hirnrinde, die auch als graue Substanz bezeichnet wird. Sie ermöglicht uns, Muskeln bewusst zu bewegen, Gedanken, Eindrücke und Erinnerungen in Verbindung zu bringen.

Arbeitsteilung im Gehirn. Der französische Chirurg PAUL BROCA fand Mitte des 19. Jahrhunderts, dass bei einer Schädigung des linken Stirnlappens der Großhirnrinde des Menschen eine Sprachstörung auftritt. Daraus schloss er, dass sich dort ein Sprachzentrum befindet. Inzwischen kann man viele Fähigkeiten Abschnitten auf der Hirnrinde zuordnen.
In Körperbewegungsfeldern liegen die Zentren für die Bewegung einzelner Körperteile. Körperfühlfelder dagegen empfangen Sinnesmeldungen aus den einzelnen Körperteilen. In diesen Feldern sind – wie die Abbildungen auf dieser Seite zeigen – die Körperbereiche (z. B. Gesicht, Arme, Hände) nicht ihrer Größe, sondern ihrem Stellenwert für unser Verhalten in der Umwelt entsprechend repräsentiert.
Beobachtungen an hirngeschädigten Menschen ergaben weiterhin, dass auch die beiden Hirnhälften unterschiedliche Aufgaben erfüllen. Schäden der linken Hirnhälfte führen zu Sprachstörungen, die der rechten Hälfte zu Gefühlsstörungen. Trotz ihrer räumlichen Trennung wirken beide Hirnhälften über die Nervenbahnen des so genannten Balkens zusammen.
Vereinfacht kann man sagen: Links sind die geistigen Fähigkeiten des an Sprache gebundenen Bewusstseins, mathematische Fähigkeiten, logisches Denken und rechts die Gefühle, räumliches Vorstellungsvermögen sowie schöpferische Qualitäten konzentriert.

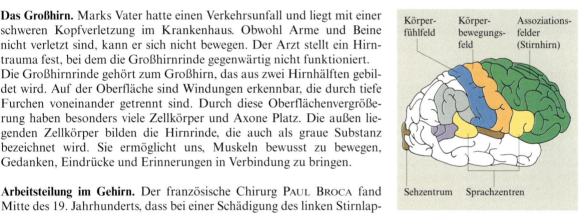

Einige Rindenfelder des Großhirns

AUFGABEN

1. Beschreibe die Lage und erläutere die Funktionen der Teile des menschlichen Gehirns!
2. Du willst dein Lehrbuch aufschlagen: Beschreibe die Vorgänge in deinem Nervensystem bis zur Kontraktion der Muskeln!
3. Die Mitochondrienanzahl von Nervenzellen (5 000 bis 10 000) ist im Vergleich zu anderen Zellen sehr hoch. Erkläre!

Informationsleitung und -verarbeitung

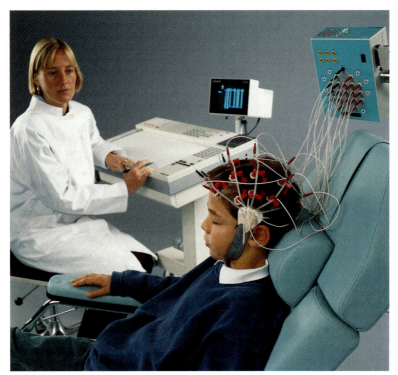

Aufnahme eines Elektro-Enzephalogramms (EEG)

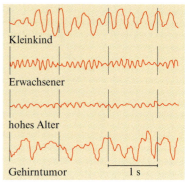

Ein EEG weist im Ruhezustand typische, regelmäßige Strukturen auf. An Unregelmäßigkeiten können manche Krankheiten des Gehirns erkannt werden. Die an der Kopfhaut auftretenden Spannungen betragen ungefähr 0,0001 V.

Elektro-Enzephalogramm (EEG). Du hast sicher schon festgestellt, dass deine Aktivität mit jeder Unterrichtsstunde nachlässt. Während du anfangs mit gespannter Aufmerksamkeit zuhörst und mitdenkst, machst du in der 6. Stunde einen müden, eher schläfrigen Eindruck. Die Ursache liegt darin, dass am Morgen die Gehirnzellen vieler Hirnregionen arbeiten und im späteren Tagesverlauf manche Regionen ruhen.

Im Jahre 1929 erfand der deutsche Nervenarzt H. Berger ein Messgerät, den Elektro-Enzephalographen, mit dem die Aktivitätszustände der unterschiedlichen Hirnregionen gemessen werden können. Bei der Messung wird die Eigenschaft der Nervenzellen, Erregungen in Form von elektrischen Impulsen zu senden, ausgenutzt. Das Gerät erfasst die dadurch ausgelösten Spannungsänderungen im Gehirn, verstärkt sie und zeichnet sie auf. Dazu werden am Kopf der betreffenden Person nach dem Auftragen eines leitfähigen Gels Elektroden angebracht, die über Kabel mit dem Elektro-Enzephalographen verbunden sind. Die aufgezeichneten Kurven heißen Elektro-Enzephalogramm (EEG). Das EEG zeigt das wellenartige Auf und Ab der Spannung zwischen den Messpunkten.

Beim Schlaf-EEG wird die Gehirnaktivität während des Nachtschlafes aufgezeichnet. Die Kurve zeigt 5-mal bis 6-mal für etwa 10 bis 15 Minuten einen Wachzustand, obwohl der Mensch schläft. In dieser Zeit träumt er. Gleichzeitig werden unter geschlossenen Augenlidern die Augen bewegt. Diese Schlafphase bezeichnet man als REM-Schlaf (REM: Rapid Eye Movements). Man nimmt an, dass Träume für einen Erholungseffekt von großer Bedeutung sind. Im Traum werden die Eindrücke des Tages verarbeitet. Leiden Menschen an einer Gehirnerkrankung, so wie der Vater von Mark, weichen die gemessenen Kurven von den normalen Kurven ab. Aus dem EEG kann der Arzt Bewusstseinsstörungen, Epilepsie, Hirntumore, das Ausmaß einer Hirnverletzung oder den Hirntod erkennen.

Gedächtnis. Unser Gehirn hat eine wichtige Schutzfunktion, die es vor Überlastung bewahrt – das Vergessen. Als Schüler und natürlich später auch als Erwachsene versuchen wir, dem Vergessen durch Lernen und durch das Trainieren unseres Gedächtnisses entgegenzuwirken. Lernen und Gedächtnis beruhen auf Prozessen, bei denen ständig Informationen aufgenommen, weitergeleitet, verarbeitet und gespeichert werden. Wie die Speicherung genau erfolgt, ist noch nicht bekannt. Forscher vermuten, dass Informationen in viele „Puzzleteile" zerlegt und diese an verschiedenen Orten im Gehirn gespeichert werden. Beim Erinnern werden diese Teile wieder zu mehr oder weniger kompletten Informationen zusammengesetzt und abgerufen. Das Abrufen erfolgt unterschiedlich: Wenn wir gelegentlich einen Arzt erreichen wollen, wählen wir am Telefon beispielsweise eine siebenstellige Zahl. Ertönt das Besetztzeichen, haben wir diese Zahl schnell vergessen. Eine siebenstellige Zahl wie etwa unser Geburtsdatum bleibt uns jedoch ein Leben lang im Gedächtnis. Die Rufnummer des Arztes war im Kurzzeitgedächtnis, das Geburtsdatum dagegen ist im Langzeitgedächtnis gespeichert. Bei allen Lernprozessen ist es entscheidend, wichtiges Wissen im Langzeitgedächtnis zu speichern.

Einige Tipps fürs Lernen. „Gestern habe ich es noch gewusst, aber bei der Klassenarbeit war alles weg." Diese Erfahrung hat schon mancher machen müssen. Das liegt nicht daran, dass man zu dumm ist, sich Wissen anzueignen oder dass das Gehirn überlastet wäre. Auch das Lernen ist eine wichtige Funktion unseres Zentralnervensystems und will gelernt sein.
Eine wesentliche Voraussetzung für unsere geistige Aufnahmefähigkeit ist ein ausgeruhtes Gehirn. Im Tagesverlauf nimmt seine Leistungsfähigkeit ab und erreicht in der Mittagszeit ein Tief. Es ist biologisch sinnvoll, dem Gehirn nach einer Mahlzeit oder nach dem Unterricht Erholungspausen mit entspannenden geistigen und körperlichen Tätigkeiten einzuräumen. Bewegung an frischer Luft, wie zum Beispiel Rad fahren oder Ball spielen, begünstigt die Erholung. Bei der Erledigung anschließender Hausaufgaben kannst du die folgenden Empfehlungen ausprobieren:

1. Du solltest nach intensiven Lernphasen von etwa 30 Minuten Dauer Erholungspausen (etwa 15 Minuten) einlegen, in denen ausgleichende und entspannende Aktivitäten im Vordergrund stehen.
2. Gib deinem Gehirn genügend Zeit, neues Wissen zu speichern. Dabei sind vielfältige Wiederholungen wichtigen Wissens, seine Einordnung in neue Zusammenhänge sowie deine Lernmotivation entscheidend.
3. Arbeite nach Möglichkeit nacheinander für unterschiedliche Fächer (z. B. Biologie und Englisch), nicht für ähnliche Fächer. So werden verschiedene Gedächtnisbereiche im Gehirn gleichermaßen trainiert.
4. Schaffe dir selbst Hilfsmittel für das Lernen (z. B. Lernkarteien).
5. Schreibe dir bei der Bearbeitung von Texten Stichwörter heraus. Stelle dir anschließend selbst Fragen dazu und versuche, sie zu beantworten.
6. Beginne mit der Vorbereitung auf eine Klassenarbeit schon eine Woche vorher. Wiederhole jeden Tag einen ausgewählten Teil des Stoffes!

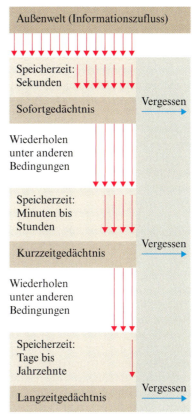

Gedächtnisformen des Menschen

Schon gewusst?

Erzählst du einem älteren Menschen von deinen Erlebnissen aus der letzten Unterrichtsstunde, vergisst er vieles gleich wieder. Aus seinen Erzählungen erfährst du aber vieles aus seiner eigenen Schulzeit und Jugend. Das liegt daran, dass ein alter Mensch ein gutes Langzeitgedächtnis besitzt, während das Kurzzeitgedächtnis ständig abnimmt.

AUFGABEN

1. „Er hat ein Gedächtnis wie ein Sieb." Erläutere biologische Zusammenhänge, die dieser Aussage zugrunde liegen!
2. Beschreibe, wie du für die Fächer Biologie, Englisch (oder andere Fremdsprachen) und Deutsch lernst!
3. Das Gehirn hat an der Körpermasse des Menschen einen Anteil von 2,5 %, verbraucht aber 20 % des eingeatmeten Sauerstoffs. Erkläre!
4. Vergleiche an einem selbst gewählten Beispiel das Kurzzeitgedächtnis mit dem Langzeitgedächtnis!

Bau und Funktion des Rückenmarks. Hier liegt die aus den Zellkörpern von Nervenzellen gebildete graue Substanz innen. Von ihr zweigen segmentweise Nervenfasern ab. Vom Vorderhorn ziehen motorische Nervenfasern (Bewegungsnerven) nach außen, am Hinterhorn treten sensible Fasern (Empfindungsnerven) ein. Das Rückenmark vermittelt Informationen zwischen dem Gehirn und anderen Körperteilen sowie als Reflexzentrum den Ablauf von Reflexen (z. B. Stolperreflex, Kniesehnenreflex).

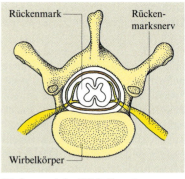

Rückenmark im Wirbelkanal

Reflexe. Vor deinen Augen macht ein Mitschüler schnelle Handbewegungen. Du schließt unwillkürlich deine Augen. Was ist geschehen? Schnelle unwillkürliche Reaktionen auf Reize nennt man Reflexe. Zum Beispiel wird der angeborene (unbedingte) Lidschlussreflex durch den Luftstrom ausgelöst, welchen ein sich dem Auge nähernder Gegenstand verursacht. Wirkt zusammen mit dem Reiz, auf den der unbedingte Reflex folgt, oft ein zunächst neutraler Reiz, dann kann der Reflex bald allein durch den nun „dazugelernten", also durch Erfahrung bedingten Reiz ausgelöst werden: Ein bedingter Lidschlussreflex entsteht, wenn zum Beispiel mehrfach kurz vor dem unbedingten Reiz ein Klingelzeichen ertönt. Das Klingeln (bedingter Reiz) bewirkt schließlich allein den Lidschluss. Solche einfachen Lernvorgänge laufen im Großhirn ab. Wir „vergessen" bedingte Reflexe, wenn sie längere Zeit nicht ablaufen.

Reflexe laufen in Reflexbögen ab: So wird mit dem Pupillenreflex erreicht, dass die ins Auge fallende Lichtmenge ungefähr gleich bleibt. Die Lichtsinneszellen der Netzhaut informieren über sensible Nerven ständig ein spezielles Hirnzentrum (Reflexzentrum) über die aktuelle Lichtstärke. Bei eintretender Helligkeit oder Dunkelheit werden von dort entsprechend veränderte Impulse an die Muskeln der Regenbogenhaut des Auges ausgelöst. Diese bewirken die Verengung oder Erweiterung der Pupille.

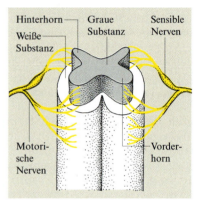

Rückenmark (Querschnitt)

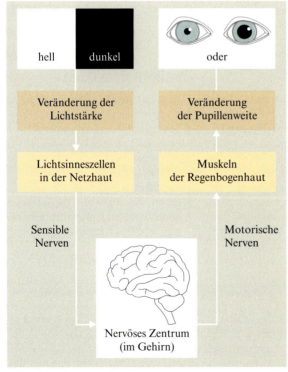

Ablauf des Pupillenreflexes

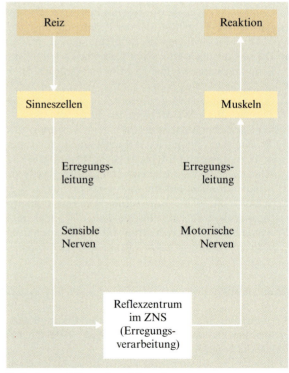

Reflexbogen (allgemeines Schema)

Wir beobachten Reflexe

1. Augenzwinkern nach einem Pfeifton

Vorbetrachtung: Für dieses Experiment benötigt ihr eine Trillerpfeife und eine „Reflexbrille". Diese Brille besteht aus einer Gummiluftpumpe, deren Schlauch so an einer durchbohrten Schutzbrille befestigt ist, dass der Luftstrom den inneren Augenwinkel einer Versuchsperson erreicht. Der Luftstrom löst bei uns den unbedingten Lidschluss, einen der angeborenen Schutzreflexe des Menschen, aus.

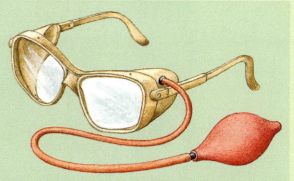

Aufbau der benötigten Versuchsbrille

Durchführung: Die Versuchsperson setzt die Reflexbrille auf. Ein Mitschüler/eine Mitschülerin betätigt die Gummiluftpumpe bzw. auch die Trillerpfeife so, dass die Versuchsperson dies nicht sehen kann.
1. Nur pfeifen und überprüfen, ob der Pfeifton in Bezug auf den Lidschlussreflex der Versuchsperson neutral ist, ihn also nicht auslöst.
2. Kontrollversuch: Mit einem Luftstrahl wird der unbedingte Lidschlussreflex ausgelöst.
3. Etwa 10- bis 20-mal im Abstand von 20 s einmal kurz pfeifen und kurz danach für ungefähr eine Sekunde die Gummiluftpumpe betätigen.
4. Nun wird der Luftstrom weggelassen und geprüft, ob die Versuchsperson allein auf den Pfeifton hin die Augen schließt.

Auswertung: Protokolliert und beschreibt eure Beobachtungen. Erklärt sie mithilfe des Lehrbuchtextes über die Entstehung bedingter Reflexe!

Versuchsperson und Mitschülerin beim Experimentieren

2. Kniesehnenreflex

Vorbetrachtung: Beim Kniesehnenreflex wird durch einen leichten Schlag auf die Sehne unterhalb der Kniescheibe eine Streckung des angewinkelten Beines erreicht.
Damit lässt sich die Funktionstüchtigkeit der Nerven in den Beinen überprüfen.
Testet diesen Reflex und versucht herauszufinden, welche Nerven damit untersucht werden können. Bildet dazu Zweiergruppen und arbeitet im Partnerwechsel. Untersucht zunächst die Reaktion des rechten, dann die des linken Beines!

Kniesehnenreflex

Durchführung: Dein Partner setzt sich bequem auf einen Stuhl und schlägt das rechte Bein am Knie über das linke. Achtet darauf, dass das Bein locker und ohne Spannung liegt. Nun schlägt der eine Partner leicht (!) mit der flachen Hand direkt unter das Knie des oberen Beines des anderen Partners. Beobachte die Reaktion! Auf die gleiche Weise wird das linke Bein untersucht.

Auswertung: Diskutiert eure Beobachtungen. Welche Muskeln und Nerven sind an der Bildung des Reflexes beteiligt? Beschreibt die Nerven, die der Arzt mit diesem Reflex untersucht!

104 Informationsleitung und -verarbeitung

Wie der Körper bei Stress reagiert

Schon gewusst?

Körperliche und psychische Belastungen (z. B. in einer Prüfungssituation oder vor einem sportlichen Wettkampf) lösen Stress aus. Er ist durch ein sehr hohes Erregungsniveau im Gehirn (Aktivität, Antrieb, Aufmerksamkeit) gekennzeichnet. Hormone lösen im Nervensystem „Großalarm" aus. In Sekundenschnelle werden die Kraftreserven des Körpers mobilisiert.

Stress und Erholung. Du hast einen Vortrag im Fach Biologie übernommen, weil dich das angesprochene Thema interessiert. Vor Beginn deines Vortrages kommen dir Zweifel, ob du auch alle Informationen zusammengetragen hast. Als dich der Lehrer nach vorn bittet, schlägt dein Herz bis zum Hals, dir wird heiß und Schweißperlen erscheinen auf deiner Stirn. Du bist in eine typische Stresssituation geraten.
Stress ist ein notwendiger und normaler Zustand in unserem Leben. Damit stellt sich unser Körper auf erhöhte Belastungen oder die Bewältigung von Gefahrensituationen ein. Dieser natürliche Stress entsteht und vergeht schnell. Lassen uns Ärger, Angst oder Auseinandersetzungen über Stunden nicht zur Ruhe kommen, bleibt der Körper in Anspannung und Alarmbereitschaft. Herzklopfen und ein Gefühl innerer Unruhe sind Merkmale dieser Situation. Man kann sich selbst helfen, indem man diese Spannungszustände abreagiert (z. B. Fahrrad fahren, Schwimmen, sportliche Betätigung und Wandern).

Beispiele für Schädigungen des Nervensystems. Christof war mit seinem neuen Motorrad unterwegs nach Holland. In einer Kurve verlor er die Gewalt über sein Fahrzeug und prallte gegen einen Baum. Seine Verletzungen waren so schwer, dass er lange Zeit im Koma lag. Als er erwachte, konnte er seine Beine nicht mehr bewegen. Der Arzt erklärte ihm, dass er querschnittsgelähmt sei. Die auf- und absteigenden Nervenbahnen sind dabei teilweise oder vollständig unterbrochen.
Unterhalb der Verletzung ist der Kranke ohne Gefühl oder gelähmt.
Gewalteinwirkungen auf den Schädel durch Sturz oder Schlag können zur Gehirnerschütterung führen. Starke Kopfschmerzen, die häufig mit Erbrechen einhergehen, sind dafür typische Symptome. In so einem Fall verordnet der Arzt dann strenge Bettruhe.
Neben Unfällen kann es auch zu Infektionen an Teilen des Gehirns kommen. Durch bestimmte Viren oder Bakterien kann auch eine Infektion der Gehirnhäute hervorgerufen werden. Manche dieser Erreger können durch Zeckenbisse übertragen werden. In diesem Fall ist Impfschutz möglich.

Behinderte Mitmenschen bedürfen unserer Hilfe und Zuwendung.

Das Zentralnervensystem – Steuer- und Regelzentrum des Körpers

Gemeinsame Freizeitgestaltung in einer Musikgruppe

Menschen wie du und ich. Schülerinnen und Schüler einer 9. Klasse hatten Verbindung zu einer Gruppe gleichaltriger, geistig behinderter Menschen einer Förderschule in ihrer Stadt aufgenommen. Ursache der geistigen Behinderungen sind Schäden im zentralen Nervensystem. Die Schüler des Gymnasiums bereiteten zum Kennenlernen eine gemeinsame Exkursion vor. Das Thema war „Wald erleben" und ihr Ziel „Bäume und Tiere des Waldes bewusst über unsere Sinne wahrnehmen". Zu einem weiteren Treffen luden dann die Sonderschüler ein. Wie sich herausstellte, gab es viele Gemeinsamkeiten. Alle freuten sich, wenn sie Bäume mit verbundenen Augen erkannten, waren neugierig, machten Spaß, waren manchmal vorwitzig oder albern und natürlich stolz auf jedes gelungene Vorhaben. Die Förderschüler hatten größere Schwierigkeiten im sprachlichen Ausdruck, bei der Ausführung von Bewegungen oder bei der Lösung einiger Aufgaben. Es gelang ihnen oft nur mit zusätzlichen Hilfen, Aufgabenstellungen richtig zu verstehen. Später diskutierten die Schülerinnen und Schüler aus dem Gymnasium ihre Erfahrungen zu diesen Begegnungen.
Torsten: „Ich wollte unbedingt mit geistig behinderten Kindern zusammen sein, weil ich wissen wollte, wie sie wirklich sind."
Kathrin: „Einmal kam ich mir selbst wie geistig behindert vor, weil ich einfach nicht wusste, wie ich mit ihnen umgehen sollte."
Frank: „Ich habe dabei eine wichtige Erfahrung gemacht, die ich nicht mehr missen möchte."

Das Gehirn ist das Steuerzentrum für die Aufrechterhaltung aller Körperfunktionen, Schaltzentrale zur Umwelt sowie das Organ für Empfindungen, Wahrnehmungen, Bewusstsein, Intelligenz und Gedächtnis. Das Rückenmark funktioniert vor allem als Schaltzentrale für Reflexe. Es enthält alle Nervenfasern, die von Sinneszellen kommen und zum Gehirn aufsteigen, sowie alle Verbindungen zur Muskulatur. Krankheiten und Schäden des Nervensystems führen zu Störungen der Körperfunktionen oder zur Einschränkung geistiger Fähigkeiten.

Schon gewusst?

Statistisch gesehen findet man unter 10 000 Neugeborenen eines mit der Stoffwechselkrankheit Phenylketonurie (PKU). Sie ist erblich bedingt. Eine Aminosäure der Nahrungseiweiße kann nicht normal abgebaut werden. Dadurch kommt es zur frühkindlichen Hirnschädigung.

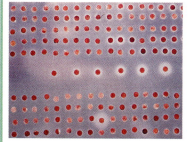

PKU-Testplatte mit Blutproben

Alle Neugeborenen werden heute auf PKU getestet (Untersuchung eines Blutstropfens). Ein krankes Kind bekommt mindestens bis zu seinem 15. Lebensjahr eine Diät, in der die Aminosäure nur in geringer Menge enthalten ist. Dadurch können durch PKU bedingte Hirnschäden weitgehend verhindert werden.

AUFGABEN

1. Erläutere an selbst gewählten Beispielen die Bedeutung von Reflexen für den Menschen!
2. Bereite einen Kurzvortrag über Maßnahmen zur Gesunderhaltung des Nervensystems vor. Werte dazu Pressebeiträge (z. B. Apothekenzeitungen) aus!

Keine Macht den Drogen

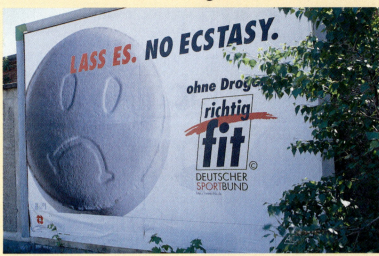

Was sind eigentlich Drogen? Peter ist stark erkältet und hat Fieber. Seine Mutter gibt ihm Lindenblütentee. Wer denkt schon, dass er eine Droge zu sich nimmt? Früher wurden getrocknete Pflanzen oder Pflanzenteile mit heilenden Wirkstoffen als Drogen bezeichnet. Lindenblütentee wird aus getrockneten Blüten zubereitet; er wirkt schweißtreibend und fiebersenkend. Einige natürlich vorkommende Arzneistoffe erzeugen Rauschzustände, beeinflussen Stimmungen, Gefühle und Wahrnehmungen. Heute werden auch die so genannten Rauschgifte im engeren Sinne als Drogen bezeichnet. Entsprechend den Bestimmungen des Betäubungsmittelgesetzes gehören beispielsweise Haschisch, Kokain, Heroin und LSD zu den illegalen (unerlaubten) Drogen. Die Genussmittel Alkohol und Nikotin sind ebenso wie einige Medikamente, die bei unsachgemäßer Anwendung Abhängigkeit erzeugen können, legale (erlaubte) Drogen.

Rauschdrogen verändern insbesondere die Stoffwechselprozesse des Zentralnervensystems, oft mit nicht mehr umkehrbaren Schäden. Sie erzeugen kurzzeitig angenehme Gefühle, gehobene Stimmung und gesteigertes Selbstbewusstsein. Ihre Einnahme kann zur Sucht führen. Schwierigkeiten und Konflikte zu Hause oder in der Schule, Neugier, „Gruppenzwang" sowie der Wunsch, Außergewöhnliches zu erleben, sind Ursachen, die Schülerinnen und Schüler zum Drogenkonsum veranlassen können.

Fakten über Alkohol. Seine Wirkungen auf den menschlichen Organismus hängen von der aus alkoholischen Getränken ins Blut gelangten Menge ab. Zunächst verbessert Alkohol die Stimmung, steigert die Kontaktfreudigkeit, den Redefluss und die Aktivität. Mit steigender Alkoholmenge im Blut lässt das Reaktionsvermögen nach. Schließlich kann man seine Bewegungen nicht mehr kontrollieren und das Gesichtsfeld ist eingeschränkt. Regelmäßiger Alkoholmissbrauch verursacht Langzeitschäden. Als Zellgift zerstört er besonders Gehirnzellen. Dadurch werden beispielsweise Störungen des Kurzzeitgedächtnisses verursacht. Langfristig regelmäßger Alkoholmissbrauch macht körperlich und seelisch abhängig. Der Körper stellt sich auf regelmäßige Zufuhr ein. Als Entzugserscheinungen treten zum Beispiel Schweißausbrüche, Schlafstörungen und Wahnvorstellungen auf. Je früher der regelmäßige Alkoholmissbrauch beginnt, desto wahrscheinlicher sind Gesundheitsschäden und Abhängigkeit.

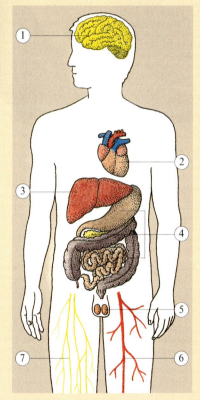

Mögliche Folgen von Alkoholmissbrauch:

1. Gestörte Hirnfunktionen
2. Herz-Kreislauf-Erkrankungen
3. Schwere Leberschäden
4. Erkrankungen von Magen, Bauchspeicheldrüse und Darm
5. Sexuelle Impotenz
6. Schäden an Blutgefäßen
7. Gestörte Nervenfunktionen

Schwangere riskieren durch Alkoholkonsum die Entstehung von Missbildungen bei ihrem Kind.

Keine Macht den Drogen

Das Rauchen und seine Folgen. Auf Zigarettenwerbepostern kann man lesen: „Rauchen gefährdet die Gesundheit." Tabakrauch enthält chemische Verbindungen, die gesundheitsschädlich sind.

Das Nikotin ist der als Droge wirksame Bestandteil. Es wird vor allem von den Schleimhäuten sehr rasch aufgenommen und gelangt in wenigen Sekunden über das Blut in das Gehirn und das periphere Nervensystem. Vorübergehend entsteht ein Wohlbefinden, der Appetit und das Schmerzempfinden werden gehemmt. Die Blutgefäße verengen sich, der Blutdruck wird erhöht. Nikotin steigert kurzzeitig das Zufriedenheitsgefühl eines Rauchers. Beim abhängigen Raucher sinkt der Nikotingehalt des Blutes nach 30 bis 60 Minuten wieder. Entzugserscheinungen (z. B. übersteigerte Reizbarkeit) treten auf, der Raucher greift zur nächsten Zigarette . . .

Auch Nichtraucher sind gefährdet.

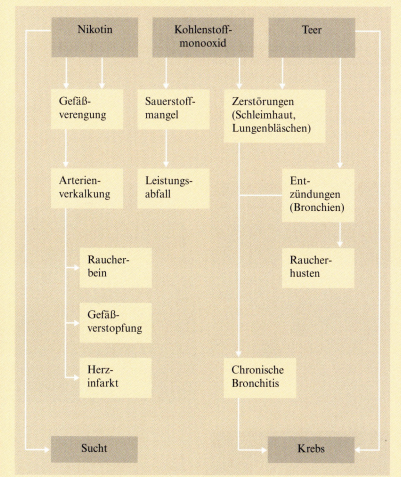

Schadwirkungen der wichtigsten Inhaltsstoffe des Tabakrauchs

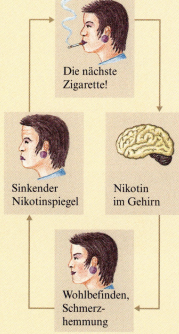

Die Entstehung der Nikotinsucht – ein Teufelskreis

Tabakteer enthält krebserregende Stoffe. In Deutschland sterben jährlich 25 000 Menschen an Lungenkrebs. 90 % von ihnen sind aktive Raucher.

AUFGABEN

1. Alkoholgenuss und Rauchen sind im Kindes- und Jugendalter besonders gefährlich. Begründe diese Aussage!
2. Erläutere am Beispiel des Nikotins, wie eine Sucht entstehen kann!
3. Alkoholiker, die eine Entziehungskur durchgemacht haben, dürfen nie wieder einen Tropfen Alkohol trinken. Erkläre!
4. Sammle Argumente für das Nichtrauchen, schreibe sie auf und stelle sie in der Klasse zur Diskussion!

Nikotin wirkt als Zellgift. Schon die Bewegungsfähigkeit tierischer Einzeller (z. B. Pantoffeltierchen) wird durch die giftige Wirkung des Nikotins gehemmt, wenn man Tabakrauch auf sie einwirken lässt. Dies kann man mit dem Mikroskop zum Beispiel an Heuaufgüssen beobachten.
Die Erhöhung des Blutdrucks und die Steigerung der Anzahl der Herzschläge sind messbare Folgen des durch das Nikotin ausgelösten Zusammenziehens der Blutgefäßwände. Nikotin fördert langfristig auch krankhafte Ablagerungen in den Blutgefäßwänden (Arteriosklerose). Dadurch kommt es zu Durchblutungsstörungen einzelner Organe, die dann nicht mehr ausreichend mit Sauerstoff versorgt werden. Folgen davon können Herzinfarkte, Schlaganfälle oder „Raucherbeine" sein.

Tabakteer als Krebsursache. Raucherinnen und Raucher haben ein deutlich erhöhtes Risiko, an Krebs zu erkranken. Der Teergehalt von Tabakrauch kann in einem einfachen Experiment mit einer „Rauchmaschine" nachgewiesen werden. Dabei ist zugleich erkennbar, dass Zigarettenfilter nur einen Teil der Teerstoffe binden. Die aufgefangene Teermasse enthält mehr als 40 Stoffe, deren krebsauslösende Wirkung eindeutig nachgewiesen ist. Einer der gefährlichsten Teerinhaltsstoffe ist das Benzpyren.

Tabakrauch als Luftschadstoff. Auch die Entwicklung von Pflanzen wird bei Einwirkung von Tabakrauch beeinträchtigt: Beispielsweise wurde bei dem unten abgebildeten Experiment mit Keimpflanzen täglich der Rauch einer Zigarette in die Versuchsanordnung eingeblasen.

Veränderung der Kreislauffunktion bei einer Versuchsperson		
	Minute	Herzschläge (Pulsschläge) je Minute
Vor dem Rauchen einer Zigarette		71
Beim Rauchen	1.	71
	4.	99
	7.	107
	10.	112
Nach dem Rauchen	13.	106
	16.	85
	19.	80
	22.	79
	25.	80
	28.	79
	31.	77

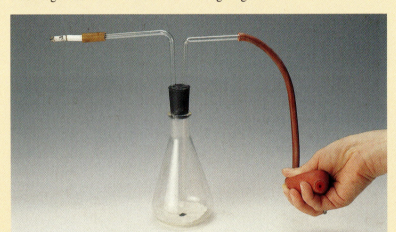

Modellexperiment zum Nachweis von Teer im Tabakrauch

„Raucherlunge" mit Tabakteer

Keimpflanzen in normaler Luft

Keimpflanzen bei Einwirkung von Tabakrauch

Zigarettenfilter binden nur einen Teil der Teerstoffe.

Keine Macht den Drogen

Ecstasy. Daniel S. (17 Jahre) hatte ein Jahr lang Ecstasy geschluckt, eine so genannte Modedroge, die vor Diskos und Schulen angeboten und verkauft wird. Er berichtete in einem Interview: „Dieses Zeug hat mein Leben zerstört. Es hat meine Nerven kaputt gemacht. Ich wurde immer nervöser, meine Hände zitterten. Grundlos sprang ich meinen Freunden an den Hals. Ich nahm 8 Kilogramm an Körpergewicht ab."

Ecstasy wird illegal hergestellt und mit Traubenzucker zu Tabletten gepresst. Diese sind farbig oder weiß und sehen harmlos aus. Nach Einnahme der Tabletten gelangt der Ecstasy-Wirkstoff über den Blutkreislauf zum Gehirn und verändert dort die Funktion von Nervenzellen. Dadurch werden Körpertemperatur und Herzschlagrate erhöht. Sie können außer Kontrolle geraten (Gefahr eines Kreislaufzusammenbruchs!). Warnsignale des Körpers wie Schmerz, Hunger, Durst oder Erschöpfung werden nicht mehr wahrgenommen. Wenn Ecstasy in Diskotheken eingenommen wird, kann ein Tanzrausch entstehen, der die Körpertemperatur zusätzlich erhöht und Wasserverlust durch überstarkes Schwitzen verursacht. Nachwirkungen sind Erschöpfung, Appetitlosigkeit, Niedergeschlagenheit und Angst sowie Schmerzen im Nierenbereich. Auch Herz- und Kreislaufversagen sowie Schockzustände können sich einstellen. Infolge der Einnahme von Ecstasy starben 1995 in Deutschland 15 junge Menschen.

Besitz, Verkauf und Erwerb der illegalen „Party-Droge" sind strafbar.

Risiken und Folgen. Die gesetzlich begründete Einteilung in legale und illegale Drogen sagt nichts über deren Harmlosigkeit oder Schädlichkeit aus.

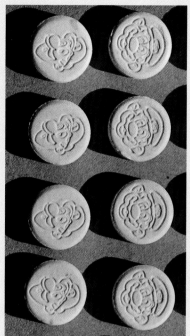

Ecstasy-Tabletten sehen harmlos aus.

Einige Rauschgifte und Gefahren ihrer Einnahme			
	Haschisch und Marihuana	Heroin	Kokain
Sofortwirkungen	Sinnestäuschungen, Angst, Unruhe	Betäubung, Verblassen der Sinneswahrnehmung, Bewusstlosigkeit, Tod bei Überdosis	Übererregtheit, Hemmungslosigkeit, Herzschwäche, Atemstörungen
Langzeitfolgen	Abbau der Konzentrations- und Leistungsfähigkeit, Niedergeschlagenheit, Verwirrtheit	Zwanghafte Dosissteigerung, Reizbarkeit, Aggressivität, Gehirnschäden, körperlicher Verfall, Verwahrlosung, Beschaffungskriminalität	Tiefe Niedergeschlagenheit, Verfolgungswahn, Misstrauen, Schlaflosigkeit, körperlicher Verfall, Verwahrlosung
Abhängigkeit	Seelisch und körperlich (zwanghaftes Verlangen nach dauernder bzw. regelmäßiger Einnahme des Rauschgifts)!		

Heroinsüchtiges Mädchen

Häufig werden mehrere Drogen (z. B. Alkohol und Haschisch) gleichzeitig oder abwechselnd benutzt. Wer langfristig Sucht erzeugende Drogen (einschließlich bestimmter Arzneimittel) missbraucht, riskiert schwere Gesundheitsschäden. Er stumpft seelisch ab und schließlich verliert er die Menschen, die ihn mögen. Sozialer Abstieg ist so schon vorprogrammiert.

Jährlich registriert die Statistik für Deutschland 1500 bis 2000 durch illegale Drogen verursachte Todesfälle. Es sind vorwiegend junge Menschen, die ihre Sucht mit dem Leben bezahlt haben.
An den Folgen übermäßigen Alkoholkonsums sterben in Deutschland jährlich 30 000 bis 40 000 Menschen. 1,5 Millionen Menschen in Deutschland sind vom Alkohol so abhängig, dass sie gesundheitlich unmittelbar gefährdet sind. Wie bewertest du vor diesem Hintergrund Ergebnisse einer Meinungsumfrage, die du der folgenden Tabelle entnehmen kannst?

Zu bewertende Aussagen:	Bewertung (Prozent)	
	Richtig	Falsch
– Mäßig trinken darf man, so oft man will.	34	66
– Eine Party ohne Alkohol ist langweilig.	30	70
– Ein kleiner Schwips ist etwas sehr Angenehmes.	26	74
– Alkohol schadet auch in kleinen Mengen der Gesundheit.	42	58
– Schlechte Laune und Probleme lassen sich durch Alkohol vertreiben.	9	91
– Alkoholismus ist eine Krankheit.	87	13
– Alkohol macht sicherer und selbstbewusster.	10	90
– Jeder sollte irgendwann mal die Erfahrung des Betrunkenseins gemacht haben.	30	70
– Solange man es sich nicht zur Gewohnheit werden lässt, ist es nicht schlimm, wenn man „einen über den Durst" trinkt.	40	60
– Bier, Wein und Sekt zu trinken ist ein Genuss.	34	66

Sind Nichttrinker unsympathischer als Leute, die ab und zu Alkohol trinken?

Wege aus der Abhängigkeit. Der beste Schutz vor Drogenabhängigkeit besteht darin, gar nicht erst mit dem Probieren zu beginnen. Besteht jedoch bereits eine Sucht oder Suchtgefährdung, dann ist es möglich, sie zu überwinden. Die Betroffenen schaffen es aber meist nicht allein und ohne Hilfe. Im Telefonbuch findet man Adressen und Telefonnummern von Beratungsstellen und Selbsthilfeorganisationen für Suchtgefährdete. In den Beratungsstellen arbeiten kompetente und erfahrene Menschen, welche die Probleme kennen und konkrete Unterstützung anbieten. Ihr Ziel besteht darin, Suchtgefährdeten und Süchtigen zu helfen. Die entscheidende Voraussetzung dafür besteht darin, dass die Betroffenen ihre Abhängigkeit wirklich überwinden wollen. Je früher der Ausstieg aus der Drogenabhängigkeit erfolgt, umso erfolgversprechender ist er. In Selbsthilfegruppen – z.B. für Alkoholgefährdete – und in Nichtraucherinitiativen finden sich Menschen zusammen, die sich von einer Suchtgefahr zu befreien versuchen. Sie vermitteln Hilfe Suchenden ihre Erfahrungen. Beratungsstellen und Selbsthilfegruppen arbeiten nicht mit der Polizei zusammen, Drogenabhängige werden von ihnen nicht angezeigt.
Viele Suchtkranke brauchen eine spezielle medizinische und psychotherapeutische Behandlung. Diese beginnt meist mit der körperlichen Entgiftung in einer Klinik. Ihr folgt individuell oder in Gruppen eine Therapie zur Überwindung der psychischen Drogenabhängigkeit. Dieser Entwöhnung kann eine Nachsorge-Phase (Zusammenleben in therapeutischen Wohngemeinschaften, Betreuung durch Suchtkrankenhelfer) folgen.

Etwa 10 % aller Straßenverkehrsunfälle mit Personenschäden sind durch Alkoholgenuss verursacht. Dabei wurden 1990 46 500 Menschen verletzt und fast 1500 getötet.
31 % der polizeilich gestellten „Alkoholtäter" sind zwischen 18 und 25 Jahre alt.

Gesetzlich gelten 0,5 ‰ (Promille) Blutalkoholgehalt als Obergrenze der Fahrtüchtigkeit von Kraftfahrern. Nach Unfällen oder Fahrfehlern kann aber schon bei 0,3 ‰ eine strafrechtliche Verfolgung der Verursacher eingeleitet werden.
Der Alkoholabbau erfolgt sehr langsam (etwa 0,1g Alkohol pro Stunde und Kilogramm Körpermasse).

Keine Macht den Drogen

Miteinander reden

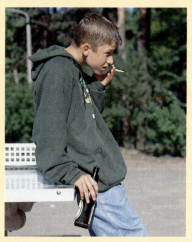

Keine Alternative?
Der Einstieg in die Drogenabhängigkeit beginnt oft anscheinend harmlos mit der Gewöhnung an Alkohol und Nikotin.

Stark sein – nein sagen. Eine der Ursachen, die in die Drogenabhängigkeit führen können, ist das andauernde Gefühl, mit den Anforderungen des Lebens nicht klar zu kommen. Immer von Misserfolgen begleitet, suchen manche Menschen Trost im Drogenrausch, wenn sie sich schwach, überflüssig und wertlos fühlen. Der beste Schutz vor der „Macht" der Drogen ist deshalb die Entwicklung des Selbstvertrauens. Suche und nutze deine Stärken. Pflege Kontakte zu Gleichaltrigen, rede mit ihnen auch über deine Schwächen und Schwierigkeiten. Dann wirst du merken, dass andere auch Probleme haben, und erfährst vielleicht, was dich liebenswert macht. Wenn du auf deine Fähigkeiten vertraust, bist du in der Lage, deine Ziele zu erreichen und kannst nein sagen, wenn man dir Drogen anbietet.

Lernen, Konflikte zu bewältigen. Konflikte sind etwas Normales, sie gehören zu unserem Leben. Es ist auf die Dauer nicht gut, wenn du ihnen ausweichst oder wenn andere, etwa deine Eltern, sie für dich ausräumen. Beispielsweise kann eine Schulzensur unverständlich sein und als ungerecht empfunden werden oder du möchtest, dass deine Eltern dir einen dringenden Wunsch erfüllen und sie tun es nicht. Deine Freundin oder dein Freund hat dich beleidigt und du bist enttäuscht von ihr oder ihm. Versuche immer, mit solchen Konflikten konstruktiv umzugehen: Suche das Gespräch mit den betreffenden Menschen. Lege ruhig und bestimmt deine Ansichten dar. Höre dir auch ohne Hektik und Zeitdruck die Argumente des anderen an. Sucht gemeinsam einen Ausweg. Für die meisten Probleme gibt es viele mögliche Lösungen, deshalb solltest du auch kompromissbereit sein. Beachte, dass Konflikte nur zu bewältigen sind, wenn sich keiner benachteiligt fühlt. Wer auf andere Menschen zugeht und gelernt hat, Konflikte in dieser Weise auszutragen, benötigt keine Drogen als vermeintliche Problemlöser.

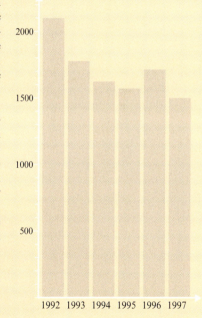

Anzahl der Todesfälle durch illegale Drogen in Deutschland (1992 bis 1997)

AUFGABEN

1. Fordert bei der Bundeszentrale für gesundheitliche Aufklärung (BZgA, Ostmerheimer Str. 200, 51109 Köln) eine Bestellliste für „Materialien zur Suchtprävention" an. Wählt einige aus, ihr erhaltet sie kostenlos. Gestaltet damit eine Posterdiskussion!
2. Gestaltet ein Klassenfest mit großer Auswahl an alkoholfreien Getränken!
3. Erkundigt euch nach der Adresse einer Suchtberatungsstelle und bereitet Fragen für ein Interview mit einem Drogenberater vor!

Das vegetative Nervensystem – neurale Steuerung

Am Nachmittag treffen sich Andrea, Steffen und Kathrin zum Skaten. Sie steigen auf ihre Skateboards und beginnen mit dem Training. Mit großem Vergnügen drehen sie ihre Runden, wenden blitzschnell und drehen im Sprung, um die Fahrtrichtung zu ändern. Sie wollen herausfinden, wer heute Bester wird.

Steffen will unbedingt Sieger werden. Am Start spürt er seinen Herzschlag, auf der Stirn fühlt er Schweißperlen. Sein Körper befindet sich in einer typischen Stressreaktion und mobilisiert alle Reserven. Die Mobilisierung wird durch einen besonderen Nervenstrang, den Sympathicus, gesteuert. Zusammen mit dem Parasympathicus gehört er zum vegetativen Nervensystem. Der Sympathicus besteht aus 2 Nervensträngen, die aus dem Rückenmark austreten und parallel rechts und links zur Wirbelsäule verlaufen. Sie bilden miteinander verbundene Ketten aus Ganglienknoten, die strickleiterartig verbunden sind. Von diesem Grenzstrang aus verlaufen Nervenfasern zu allen Organen. Der Parasympathicus besteht aus zwei Gehirnnervenpaaren und vielen Rückenmarksnerven.

Bei Steffen bewirkt der Sympathicus die Beschleunigung des Herzschlags, die Steigerung des Blutdrucks und das Weiten der Bronchien in der Lunge. Dadurch gelangt mehr Sauerstoff, der schnell zu den einzelnen Muskeln transportiert wird, in das Blut. Der Körper organisiert eine erhöhte Leistungsbereitschaft. In diesem Zustand kann er nicht auf Dauer bleiben, ohne Schaden zu nehmen. Nach dem Wettkampf müssen deshalb alle Funktionen wieder normalisiert werden. Das übernimmt der Parasympathicus. Er verlangsamt den Herzschlag, verengt die Blutgefäße und die Bronchien. Beide Nervenstränge wirken als Gegenspieler. Der Sympathicus wirkt meist anregend, der Parasympathicus eher beruhigend.

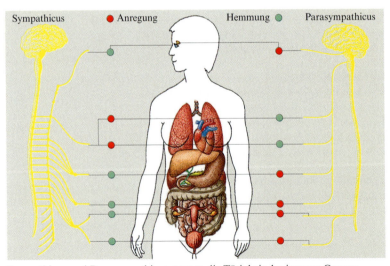

Sympathicus und Parasympathicus steuern die Tätigkeit der inneren Organe.

> Das vegetative Nervensystem ist Teil des peripheren Nervensystems, das unabhängig vom Bewusstsein arbeitet. Es besteht aus Sympathicus und Parasympathicus, die als Gegenspieler funktionieren. Sie steuern die Tätigkeit der inneren Organe.

AUFGABEN

1. Ordne folgende Begriffe in ein Schema so ein, dass eine Übersicht der Teile des Nervensystems entsteht: Nervensystem, Rückenmark, Parasympathicus, Gehirn, peripheres Nervensystem, ZNS, Sympathicus, motorische Nervenbahnen, sensible Nervenbahnen
2. Vergleiche die Funktionen der beiden Nervenstränge Sympathicus und Parasympathicus!
3. Stress, wie Leistungs- oder Zeitdruck, führt bei manchen Menschen zu Erkrankungen. Einige klagen über Verstopfung, die mit Durchfall abwechselt, andere haben Herzjagen, das mit niedriger Herzfrequenz oder Ohnmachtsanfällen wechseln kann. Stelle die Zusammenhänge zwischen den Krankheitsbildern und der Funktionsstörung im Nervensystem dar. Gib Empfehlungen für eine Therapie!

Hormondrüsen und Hormone – hormonelle Steuerung

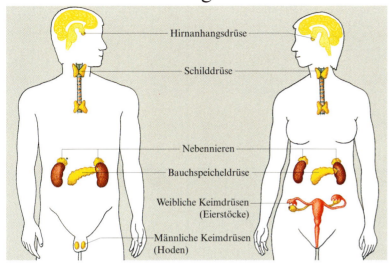

Lage der Hormondrüsen und anderer hormonproduzierender Organe

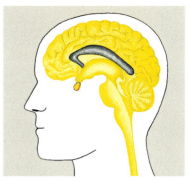

Hirnanhangsdrüse und Zwischenhirn sind eine funktionelle Einheit.

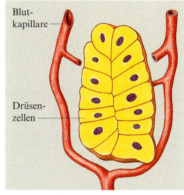

Bau einer Hormondrüse

Hormone sind biologische Regler. Schon öfter haben uns Medien mit der Nachricht schockiert, dass Sportlern Olympiamedaillen aberkannt und sie für weitere Wettkämpfe gesperrt wurden. Ursache dafür war eine positiv ausgefallene Dopingkontrolle. Als Dopingmittel gelten alle Hormonpräparate, die die Leistung der Sportler steigern. Sie greifen in komplizierte Regelvorgänge des Körpers ein. Der für die Regelungsvorgänge im Körper notwendige Informationsaustausch zwischen Organen, Geweben und Zellen erfolgt durch das Zusammenwirken von Nerven- und Hormonsystem. Als informationsübertragende „Botenstoffe" wirken dabei verschiedene Hormone. Sie werden in Hormondrüsen bzw. in den hormonproduzierenden Geweben anderer Organe gebildet und über den Blutkreislauf im Körper transportiert.

Das Nervensystem reagiert sehr schnell, die Informationsübertragung im System der Hormondrüsen funktioniert wesentlich langsamer, dafür aber langfristig und mit vielen Effekten. Die einzelnen Hormone wirken gezielt auf bestimmte Organe, in denen sie spezifische Veränderungen auslösen. Es dauert Minuten, Stunden oder auch Monate, bis Körperreaktionen erkennbar werden.

Die Hirnanhangsdrüse hat eine übergeordnete Funktion. Sie ist mit dem Zwischenhirnzentrum, dem Hypothalamus, verbunden und wirkt als Bindeglied zwischen Nervensystem und Hormonsystem.

Sexualhormone. Sexualhormone beeinflussen die Ausbildung des Körperbaus, den Stoffwechsel, aber auch die Psyche und das Verhalten des Menschen. Männliche und weibliche Sexualhormone kommen bei Männern und Frauen vor, allerdings in unterschiedlichen Konzentrationen. Die in den Eierstöcken produzierten weiblichen Sexualhormone sind vor allem an der Ausbildung der weiblichen Geschlechtsmerkmale sowie an der Steuerung der Eireifung und des Menstruationszyklus beteiligt. Die in den Hoden produzierten männlichen Sexualhormone, besonders Testosteron, bewirken die Entwicklung männlicher Geschlechtsmerkmale, fördern die Bildung von Samenzellen und erhalten die männliche Potenz.

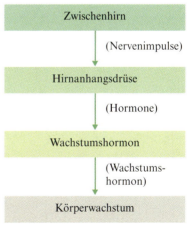

Auslösung von Wachstumsprozessen

Hormondrüsen	Wirkung der produzierten Hormone
Hirnanhangsdrüse	Geburtswehen, Bildung der Muttermilch Blutdruckerhöhung, Wasserrückgewinnung Reifung von Geschlechtszellen Bildung von Sexualhormonen Regulierung von Wachstumsprozessen
Schilddrüse	Wachstum Regelung des Stoff- und Energiewechsels
Nebenschilddrüse	Regelung des Mineralstoffwechsels
Nebennieren	Blutdruckerhöhung, Blutzuckererhöhung Regelung des Wasserhaushalts Regelung des Mineralstoffwechsels Glucosebildung/Glykogenbildung
Bauchspeicheldrüse	Blutzuckersenkung Blutzuckererhöhung
Keimdrüsen	Ausbildung von Geschlechtsmerkmalen Sexualverhalten
Hoden	Förderung der Bildung von Samenzellen
Eierstöcke	Förderung der Bildung von Eizellen, Menstruationszyklus Regelung von Schwangerschaft und Geburt Bildung der Muttermilch

Schon gewusst?

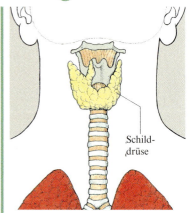

Lage der Schilddrüse

Die Schilddrüse produziert mehrere Hormone, unter anderem das Thyroxin.
Für die Synthese von Thyroxin ist Iod erforderlich, das hauptsächlich mit der Nahrung aufgenommen wird (durch Trinkwasser und Kochsalz). Etwa 50 mg Iod befinden sich im Körper des Menschen, davon 10 bis 15 mg in der Schilddrüse.

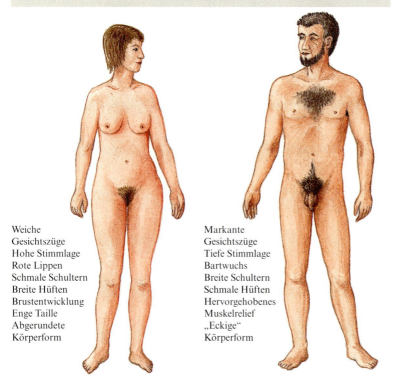

Weiche
Gesichtszüge
Hohe Stimmlage
Rote Lippen
Schmale Schultern
Breite Hüften
Brustentwicklung
Enge Taille
Abgerundete
Körperform

Markante
Gesichtszüge
Tiefe Stimmlage
Bartwuchs
Breite Schultern
Schmale Hüften
Hervorgehobenes
Muskelrelief
„Eckige"
Körperform

Sexualhormone beeinflussen die Ausbildung von Geschlechtsmerkmalen.

AUFGABEN

1. Beschreibe die Wirkungen von Sexualhormonen im weiblichen bzw. männlichen Organismus!
2. Vergleiche die Funktionsweise des Hormonsystems mit der des Nervensystems!
3. Erläutere Funktionen der Hirnanhangsdrüse!

Biologische Regelung in unserem Körper

Wer hat im Sommer nicht schon unter einer Hitzewelle gelitten! Die Haut rötet sich, man schwitzt am ganzen Körper. Die Bewegungen werden langsamer und träge. Misst man an solchen Tagen die Körpertemperatur, beträgt sie erstaunlicherweise 37 °C, genau wie an kalten Wintertagen.

Regelung der Körperwärme. Temperatursinneszellen in der Haut sowie in inneren Organen signalisieren dem Wärmeregulierungszentrum im Zwischenhirn den Anstieg oder die Abnahme der Hauttemperatur bzw. der Bluttemperatur. Als Reaktion auf Temperaturen unter dem Normalbereich sendet das Wärmeregulierungszentrum Nervenimpulse, die die Mechanismen der Wärmeabgabe hemmen und Wärme bildende Vorgänge fördern: Blutgefäße der Haut werden verengt, dadurch wird mehr Blut in tiefer gelegenes Gewebe verlagert, der Wärmeverlust über die Haut wird verringert. Durch verstärkte Zellatmung – vor allem in der Leber – wird mehr Wärme freigesetzt. Beim Zittern wird durch unsere Skelettmuskulatur ebenfalls mehr Körperwärme erzeugt. Bei erhöhter Körpertemperatur löst das Wärmeregulierungszentrum über Nervenbahnen durch Erweiterung der Blutgefäße der Haut eine Steigerung der Wärmeabgabe sowie eine Körperkühlung durch Schweißabsonderung aus.

Biologische Regelkreise. Ähnlich wie für die Körperwärme gibt es im Organismus für viele innere Zustände bzw. Lebensvorgänge jeweils spezielle biologische Steuerungs- und Regelungsmechanismen. In Analogie zur Regeltechnik können wir von biologischen Regelkreisen sprechen: Spezialisierte Sinneszellen als „Messglieder" messen ständig den „Ist-Wert" eines zu regelnden Zustands (Regelgröße). Sie informieren das mit ihnen verbundene Regelzentrum, in dem dieser Wert mit einem dort gespeicherten „Soll-Wert" verglichen wird. Bei größeren Abweichungen werden als „Stellglieder" Organe aktiviert, die der Störung entgegenwirken. Dadurch nähert sich die Regelgröße wieder ihrem „Soll-Wert" an.

Schon gewusst?

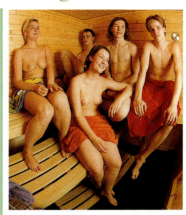

Beim Saunabaden werden die Wärmeregulierungsmechanismen unseres Körpers trainiert.

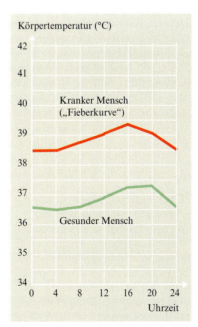

Biologischer Regelkreis zur Regelung der Körperwärme

Körpertemperaturen im Tagesverlauf

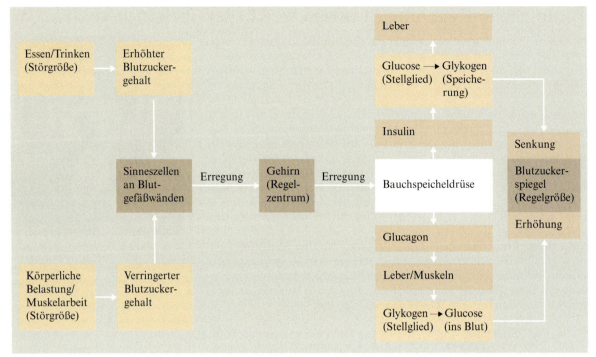

Stark vereinfachtes Schema der Regulierung des Blutzuckerspiegels: Die Bauchspeicheldrüsenhormone Insulin und Glucagon wirken dabei als Gegenspieler.

Regulierung des Blutzuckerspiegels. Die 0,5 bis 2 Millionen hormonproduzierenden Drüsenzellen der 15 cm bis 20 cm langen Bauchspeicheldrüse bilden inselartige Zellhaufen, die man nach ihrem Entdecker als Langerhans'sche Inseln bezeichnet. In ihnen befinden sich spezialisierte Zellen, welche Glucagon bzw. Insulin bilden. Diese Hormone sind maßgeblich an der Regulierung des Glucosegehalts im Blut (Blutzuckerspiegel) beteiligt. Dabei haben sie einander entgegengesetzte Wirkungen.
Bei einem gesunden Menschen schwankt der Blutzuckerspiegel zwischen 70 mg bis 115 mg in 100 ml Blut. Fällt der Blutzuckergehalt auf unter 50 mg/100 ml Blut, wird die Hirntätigkeit gefährdet, der Betroffene wird bewusstlos, er fällt ins Koma. Erreicht der Blutzuckerspiegel Werte von über 180 mg/100 ml, können die Nieren Glucose nicht mehr vollständig resorbieren, sodass sie mit dem Harn ausgeschieden wird.
Die in der Nahrung enthaltene Stärke wird im Dünndarm zu Glucose abgebaut, die in das Blut gelangt. Auf den ansteigenden Blutzuckerspiegel reagiert die Bauchspeicheldrüse mit der raschen Ausschüttung von Insulin. Das Insulin bewirkt, dass Glucose in Leber-, Fett- und Muskelzellen eingeschleust wird. Dadurch sinkt der Blutzuckerspiegel wieder auf seinen Normalwert. Ist dieser bei stärkerer körperlicher Belastung oder im Hungerzustand unterschritten, dann schüttet die Bauchspeicheldrüse Glucagon aus. Es löst in der Leber den Abbau von Glykogen zu Glucose, im Muskelgewebe den Abbau von Eiweißen und den Umbau dabei entstehender Verbindungen zu Glucose aus. Darüber hinaus erhöhen aber auch die Hormone der Nebennieren und das Hormon Thyroxin aus der Schilddrüse den Blutzuckerspiegel.
Glucose spielt als Energielieferant im Stoffwechsel der Zellen eine herausragende Rolle und wird deshalb ständig über das Blut zu allen bedürftigen Zellen (z. B. Nervenzellen, Muskelzellen) transportiert.

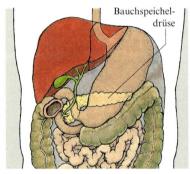

Lage der Bauchspeicheldrüse

Urinuntersuchung (Farbtest) zur Früherkennung der Zuckerkrankheit

Diabetes mellitus (Zuckerkrankheit) – die häufigste Stoffwechselkrankheit

Martina ist Diabetikerin. Martina ist Schülerin der Klasse 9b. Ihr Tag beginnt damit, dass sie sich jeden Morgen einen Tropfen Blut abnimmt und mit einem Messgerät ihren Blutzuckerspiegel testet. Etwa eine Stunde vor dem Frühstück und vor dem Abendessen spritzt sie sich Insulin. Beim Frühstück bespricht sie mit ihren Eltern den Tagesablauf. Vor 10 Jahren begann die Krankheit. Martina hatte sehr viel Durst, war ständig müde und lustlos und sonderte sehr viel Harn ab. Trotz großen Hungers und dementsprechend reichlicher Nahrungsaufnahme stellten die Eltern eine ständige Gewichtsabnahme fest. Der Arzt diagnostizierte: Martina ist zuckerkrank. Ihre Bauchspeicheldrüse produziert kein Insulin mehr.

Es gibt zwei Grundformen der Zuckerkrankheit, die international seit 1998 als Typ 1 und Typ 2 bezeichnet werden. Beide Formen sind, bedingt durch Insulinmangel, durch einen erhöhten Blutzuckerspiegel gekennzeichnet. Der Typ 1 tritt vor allem bei Kindern und Jugendlichen auf. Die Bauchspeicheldrüse produziert nur noch ganz wenig oder gar kein Insulin, da etwa 80 % der Zellen der Bauchspeicheldrüse zerstört sind. Das fehlende Insulin muss durch tägliches Spritzen dieses Hormons dem Körper zugeführt werden.

Der Typ 2 tritt vorwiegend bei älteren Menschen auf. Hier ist der Transport des Insulins aus der Bauchspeicheldrüse in der richtigen Menge und zur richtigen Zeit sowie der Transport des Blutzuckers in die Zellen des Körpers gestört. Zuckerkranke dieses Typs haben häufig Übergewicht, sie müssen meist kein Insulin spritzen und können in der Regel durch Diäternährung ihren Blutzuckerspiegel selbst regulieren.

Der Insulinmangel hat zur Folge, dass Glucose im Blut bleibt und viel zu wenig in die Zellen gelangt, wo er zur Energiegewinnung benötigt wird. Der überschüssige Zucker aus dem Blut wird über die Nieren ausgeschieden und kann im Harn nachgewiesen werden.

Behandlung der Zuckerkrankheit. Diabetiker müssen sich in ihrer Lebensführung stark disziplinieren. Das Spritzen von Insulin und das Einnehmen von Medikamenten, welche die Insulin bildenden Zellen aktivieren, müssen zeitlich genau regelmäßig erfolgen. Das gilt auch für den Zeitpunkt und die Mengen des Verzehrs von Kohlenhydraten im Rahmen einer notwendigen Ernährungsdiät. Regelmäßiger Tagesrhythmus und ausreichende Bewegung wirken sich auf die Lage des Stoffwechsels günstig aus und können den Insulinbedarf verringern.

In Deutschland benötigen etwa 800 000 der Diabetiker Insulin. Der Tagesbedarf eines Betroffenen beträgt etwa 3,2 mg. Zur Injektion des Insulins gibt es für die Patienten gut handhabbare Spritzen und neuerdings auch programmierbare Insulinpumpen. Zur Selbstkontrolle des Blutzuckerspiegels stehen elektronische Geräte zur Verfügung.

> Das Hormonsystem und das Nervensystem wirken bei der biologischen Regelung in unserem Körper zusammen. Hormone wirken als Botenstoffe. Sie werden meist in Hormondrüsen gebildet und im Blutkreislauf zu ihren Zielorganen transportiert. Dort lösen sie spezifische Reaktionen aus. Die Zuckerkrankheit wird durch Störungen der hormonellen Regelung des Blutzuckerspiegels verursacht. Sie ist die häufigste Stoffwechselkrankheit in Deutschland.

Schon gewusst?

Heute wird menschliches Insulin (Humaninsulin) großtechnisch produziert. Ein Weg dazu ist ein gentechnisches Verfahren: Bestimmten Bakterien wurden die menschlichen Erbanlagen für die Insulinbildung in ihr Erbmaterial eingeschleust. Die manipulierten Bakterien bilden Moleküle einer Insulinvorstufe, aus der das Humaninsulin hergestellt wird. Es ist Bestandteil der meisten heute angewandten Insulinpäparate.

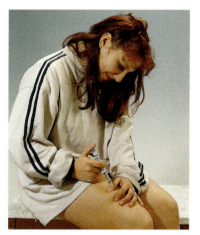

Insulin wird unter die Haut gespritzt.

AUFGABEN

1. Erläutere die biologische Regelung des Blutzuckerspiegels!
2. Diätnahrung für Diabetiker enthält nur einen geringen Anteil Kohlenhydrate und Fette. Begründe!
3. Stelle Ursachen, Folgen und Behandlungsmöglichkeiten der Zuckerkrankheit in einer Übersicht zusammen!
4. Viele Diabetiker müssen mit Insulin behandelt werden. Begründe diese Maßnahme!
5. Ein Diabetiker spritzt sich durch eine Unaufmerksamkeit zu viel Insulin. Welche Folgen hat das?

ZUSAMMENFASSUNG

Wichtige Sinnes- und Nervenleistungen des Menschen

Reiz	Sinnesorgan	Sinneszellen	Sensible Nervenfasern	Zentralnervensystem
Energieform und Information aus der Umwelt	Ort der Sinneszellen	Umsetzung der Reize in Erregungen (elektrische Impulse)	Leitung der elektrischen Impulse (Informationen)	Empfindung und Wahrnehmung, Reaktion und Verhalten/Handeln, Gedächtnis, Lernen, Bewertung und Entscheidung
Schallwellen	Schnecke (im Innenohr)	Hörsinneszellen	→	Hören
Licht verschiedener Wellenlänge und Intensität	Netzhaut (im Auge)	Stäbchen, Zapfen	→	Sehen
Lageänderung des Kopfes/Körpers im Raum	Bogengänge (im Innenohr)	Haarsinneszellen (Druck- und Beschleunigungswahrnehmung)	→	Gleichgewichtsempfindung
Temperatur Druck	Haut	Temperatursinneszellen Tastkörperchen	→	Wärme- und Kälteempfindung Tasten/Druckempfindung

Das Nervensystem wird von etwa 25 Milliarden Nervenzellen gebildet. Man unterscheidet das Zentralnervensystem, das periphere und das vegetative Nervensystem. Die Axone der Nervenzellen leiten Erregungen zu anderen Nervenzellen oder Organen. Das von einer Hülle umgebene und von Ranvier'schen Schnürringen unterbrochene Axon wird als Nervenfaser bezeichnet. Ein Bündel Nervenfasern bildet einen Nerv.

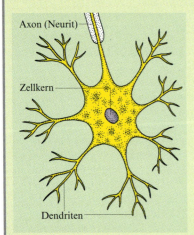

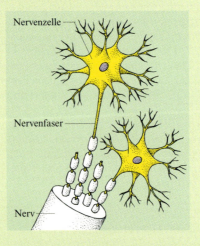

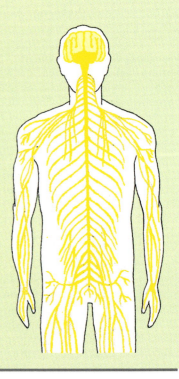

Die Sinnesorgane nehmen Informationen aus der Umwelt auf. Das Nervensystem ist mit allen Organsystemen verbunden. Es steuert und regelt mit dem Hormonsystem durch Informationsverarbeitung deren Funktion und Zusammenwirken sowie das Gesamtverhalten des Menschen.

Grundlagen der Vererbung

Für uns ist es selbstverständlich, dass jede Art nur artgleiche Nachkommen erzeugt. Von einem Apfelbaum erwarten wir keine Kartoffeln und von einer Ente keine Katzen als Nachkommen. Und weil uns das so selbstverständlich ist, machen wir uns auch kaum Gedanken darüber.

In diesem Kapitel sollst du erfahren, was die Nachkommen von ihren Eltern erhalten und wie dieses Erbe in den Nachkommen wirksam wird.

Genetik – die Wissenschaft vom Vererbungsgeschehen

Die meisten Menschen sind wie diese Mitglieder einer Familie „Zungenroller".

Schon gewusst?

„Der Zusammenhang zwischen Mutter und Keimling ist nicht enger als der zwischen Parasiten und Wirtstier. Man konnte zwischen Mutter und Keimling keine Nervenverbindungen nachweisen oder den Übergang eines einzigen Tropfen Blutes. Es ist daher schwer verständlich, wie erworbene Eigenschaften auf das Kind vererbt werden sollten."
FRANCIS GALTON (1822 bis 1911)

Anne und Tobias können wie ihre Eltern mit der Zunge rollen. Viele Menschen können das, einige können das nicht. Anne und Tobias fragen ihre Eltern, warum ihre gesamte Familie mit der Zunge rollen kann. Ob auch ihre Kinder diese Fähigkeit besitzen werden? Die Eltern erklären ihnen: „Das habt ihr von uns geerbt."

Schon unsere frühen Vorfahren haben entdeckt, dass Menschen ihren Vorfahren ähnlich sind, Apfelbäume immer Apfelbäume hervorbringen und Hunde immer Hunde. Sie bemerkten aber auch, dass sich Nachkommen in bestimmten Eigenschaften von ihren Eltern unterscheiden und dass manche dieser Unterschiede erblich sind.

Die wissenschaftliche Erforschung des Vererbungsgeschehens begann im 19. Jahrhundert mit den Kreuzungsversuchen GREGOR MENDELS an Erbsenpflanzen.

Heute greift die Genetik tief in unser tägliches Leben ein und bewegt politische Parteien, Firmen, Umweltschützer, Kranke und viele andere Bürger. Es gibt sehr große Erwartungen, aber auch Ängste. Manche befürchten schädliche Auswirkungen gentechnischer Produkte und Verfahren und bekämpfen gentechnische Anlagen und Versuche, obwohl viele Wissenschaftler versichern, dass bei sachgerechter Anwendung keine Gefahren für die Umwelt bestehen. Nur wer sich das notwendige Wissen erwirbt, kann sachliche und begründete Meinungen zu diesen Problemen entwickeln und diese auch vertreten.

In einem großen Forschungsprojekt, an dem Wissenschaftler vieler Länder mitarbeiten, soll die gesamte Information der menschlichen Erbanlagen aufgeklärt werden.

Anne und Tobias haben noch viele Fragen und sind neugierig auf ihren nächsten Biologieunterricht.

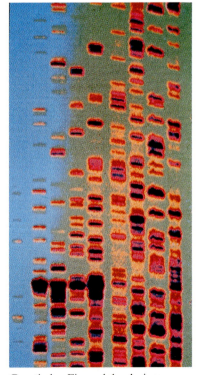

Genetischer Fingerabdruck eines Menschen

Mit MENDEL fing alles an

Klostergarten in Brünn

Auszug aus einem Versuchsprotokoll von MENDEL

GREGOR JOHANN MENDEL. Die Regeln, auf deren Grundlage die von Anne und Tobias gestellten Fragen heute beantwortet werden können, wurden vor etwa 150 Jahren von MENDEL durch Versuche mit Garten-Erbsen entdeckt. Diese fundamentalen Entdeckungen wurden aber zu MENDELs Lebzeiten von der Wissenschaft nicht beachtet.
Etwa 30 Jahre danach führten die Biologen CARL CORRENS, HUGO DE VRIES und ERICH VON TSCHERMAK unabhängig voneinander ähnliche Experimente durch wie MENDEL und kamen zu den gleichen Ergebnissen. Als sie diese im Jahre 1900 zur Veröffentlichung vorbereiteten und nochmals die Literatur studierten, stießen sie auf die Arbeiten von MENDEL. Erst jetzt wurden die Erkenntnisse MENDELs allgemein bekannt und nach ihm als mendelsche Regeln bezeichnet.
Zwischen 1854 und 1864 führte MENDEL in seiner Freizeit Kreuzungsversuche mit Erbsenpflanzen durch. Bereits vor ihm hatten viele Forscher Kreuzungen mit Pflanzen vorgenommen. Sie arbeiteten mit Individuen, die sich in vielen Merkmalen voneinander unterschieden. Die Resultate waren so verwirrend, dass eine Erklärung unmöglich wurde. MENDEL ging davon aus, dass nur die Untersuchung einzelner Merkmale zu Erfolgen führen kann. Darum kreuzte er nur solche Samen von Erbsensorten, die sich nur durch ein einziges oder nur durch ganz wenige Merkmale voneinander unterschieden.
MENDEL kreuzte Erbsensorten, die sich in Gestalt und Farbe ihrer Samen, der Blütenfarbe und in anderen Merkmalen unterschieden und stellte fest, wie oft jede Eigenschaft bei den Nachkommen auftrat. Diese Methode erforderte das Auszählen dieser Merkmale bei Tausenden von Nachkommen über mehrere Generationen. Er dauerte mehrere Jahre, bis aussagefähige Ergebnisse erreicht wurden.

GREGOR JOHANN MENDEL
(1822 bis 1884)

AUFGABEN

1. Schreibe Fragen auf, die dir der Biologieunterricht zum Thema Genetik beantworten sollte!
2. Wodurch unterschieden sich die Experimente MENDELs von denen anderer Forscher?

Die mendelschen Regeln

Die Klasse 9b besucht im Rahmen des Biologieunterrichts den Botanischen Garten, um mehr über die Kreuzungsversuche MENDELS zu erfahren. Anne und Tobias haben die Aufgabe, in der Abteilung „Angewandte Pflanzenzüchtung" sich über die mendelschen Regeln zu informieren. Ihnen fällt ein übersichtlich angeordnetes Beet auf. Da eine Informationstafel fehlt, bitten sie einen wissenschaftlichen Mitarbeiter um Erläuterungen.

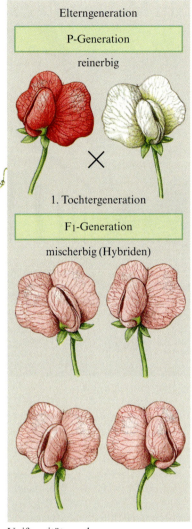

Uniformitätsregel (1. mendelsche Regel)

Mitarbeiter: „Dieses Beet zeigt die Arbeitsergebnisse von MENDEL. Als Versuchsobjekt wählte MENDEL die Garten-Erbse, da es von dieser Pflanze verschiedene Sorten gibt und sie ein Selbstbestäuber ist."

Anne: „Was bedeutet Selbstbestäuber?"

Mitarbeiter: „Bei der Selbstbestäubung fällt der Pollen der Staubblätter einer Blüte auf die Narbe der Fruchtblätter derselben Blüte; die Eizelle wird also von einer Samenzelle derselben Blüte befruchtet."

Tobias: „Gibt es auch eine andere Bestäubung?"

Mitarbeiter: „Ja, zum Beispiel die künstliche Bestäubung für wissenschaftliche Zwecke. MENDEL führte mit dieser Methode gezielt Kreuzungen zwischen reinerbigen Pflanzen durch. Mit dem Begriff, Kreuzen zweier Pflanzen, müsst ihr immer das künstliche Übertragen von Pollen einer Blüte auf die Fruchtblätter einer anderen Blüte verbinden. Für den Vorgang Kreuzung steht in unserem Beet das x."

Uniformitätsregel

Entfernen der Staubblätter

Bestäuben der Narbe mit dem Pollen einer anderen Sorte

Schutz vor weiterer Fremdbestäubung

Die mendelschen Regeln

Anne: „Reinerbig – was ist das schon wieder?"

Mitarbeiter: „MENDEL bezeichnete Pflanzen als reinerbig, die in Bezug auf ein Merkmal, z. B. die Blütenfarbe, über Generationen hinweg keine Änderungen zeigten. Hier im Beet 1 sind die Pflanzen der Elterngeneration, auch Parentalgeneration genannt, in Bezug auf das Merkmal Blütenfarbe reinerbig rot bzw. reinerbig weiß. Die Nachkommen bezeichnet man als 1. Tochtergeneration oder als Filialgeneration (F_1). In Beet 2 sind die Pflanzen in Bezug auf das Merkmal Samenfarbe reinerbig grün bzw. reinerbig gelb."

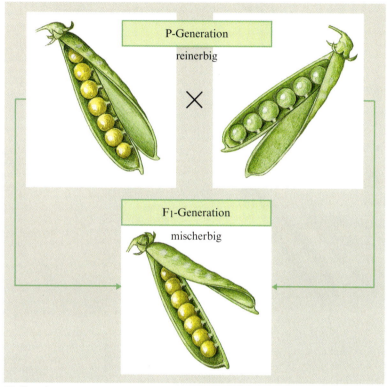

Uniformitätsregel

Tobias: „Ach so, MENDEL hat also Pflanzen, die nur gelbe Samen hatten, mit Pflanzen mit grünen Samen gekreuzt."

Anne: „In beiden Beeten haben alle Erbsenpflanzen der F_1-Generation dieselben Merkmale. Eine Merkmalsausprägung der Elterngeneration ist also verschwunden."

Mitarbeiter: „Prima, da hast du die gleiche Tatsache wie MENDEL vor 150 Jahren festgestellt. MENDEL hat diese Beobachtungen später zur so genannten ersten mendelschen Regel zusammengefasst:
> Kreuzt man reinerbige Individuen einer Art, die sich in Bezug auf ein Merkmal unterscheiden, so sind alle Individuen der F_1-Generation hinsichtlich dieses Merkmals gleich (uniform) – Uniformitätsregel."

Tobias: „Und was ist mit der verschwundenen Merkmalsausprägung?"

Dieser Frage wollte Tobias in der nächsten Biologiestunde gern nachgehen.

Tobias' Frage nach der verschwundenen Merkmalsausprägung („grüne Samen") wird in der nächsten Biologiestunde aufgegriffen.
Auch MENDEL stellte sich genau diese Frage und kreuzte deshalb Pflanzen der F_1-Generation untereinander.

Spaltungsregel (2. mendelsche Regel).

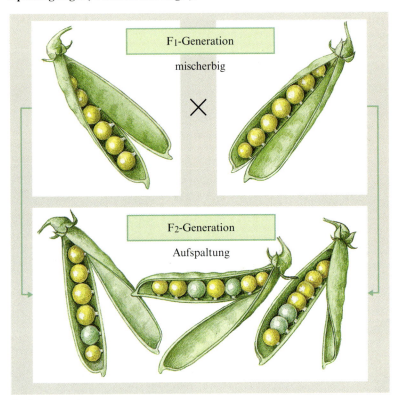

Spaltungsregel

In den Hülsen der Pflanzen der 2. Filialgeneration fand er 6022 gelbe und 2001 grüne Samen. Diese Werte setzte MENDEL zueinander ins Verhältnis: Die Zahl der gelben steht zu der Zahl der grünen Samen im Verhältnis von 3:1. Die Merkmalsausprägung „grüne Samen" war nicht verschwunden. Sie wurde in der F_1-Generation nur unterdrückt. MENDEL nannte solche unterdrückten Merkmalsausprägungen rezessiv (unterdrückt).
Die Merkmalsausprägung „gelbe Samen" hingegen war gegenüber der Merkmalsausprägung „grüne Samen" dominant (vorherrschend). Nur die dominante Merkmalsausprägung trat daher in der F_1-Generation in Erscheinung. Da bei anderen Versuchsreihen die Merkmalsausprägungen in der 2. Filialgeneration auch ungefähr im Verhältnis 3:1 auftraten, leitete MENDEL die so genannte Spaltungsregel ab.
Im Falle der Kreuzung zweier mischerbiger rosablühender Erbsenpflanzen treten in der F_2-Generation rot blühende, rosa blühende und weiß blühende Pflanzen im Zahlenverhältnis von 1 : 2 : 1 auf.
Die konstanten Zahlenverhältnisse, die bei der Auszählung der F_2-Generation auftraten, ließen MENDEL die Spaltungsregel formulieren:

> Kreuzt man mischerbige Individuen der F_1-Generation untereinander, so sind die Nachkommen der F_2-Generation in Merkmalsgruppen mit festen Zahlenverhältnissen gespalten.

Spaltungsregel

AUFGABEN

1. Welche Überlegungen und welche Kreuzungsexperimente führten MENDEL zu den Ergebnissen des Spaltungsgesetzes?
2. Berechne das Verhältnis der gelbsamigen und grünsamigen Erbsen der F_2-Generation. Setze für die Anzahl der grünsamigen Erbsen die Zahl 1 ein!

Die mendelschen Regeln

Genotyp und Phänotyp. Aus seinen Beobachtungen entwickelte MENDEL Modellvorstellungen, die heute noch gültig sind. So folgerte MENDEL, dass jeder sichtbaren Merkmalsausprägung eine nicht sichtbare Erbanlage zugrunde liegen muss. Solche Erbanlagen bezeichnet man heute als Gene. Von der Erbanlage für die Samenfarbe bei Erbsen gibt es zwei Ausbildungsformen, zwei so genannte Allele: Ein Allel ist an der Ausbildung grüner Samen, das andere an der Entstehung gelber Samen beteiligt.

Auf MENDEL geht auch folgende Buchstabensymbolik zurück: Ist ein Allel gegenüber einem anderen dominant, wird es mit einem Großbuchstaben gekennzeichnet; ist es rezessiv, mit demselben Kleinbuchstaben.

Buchstaben: **G**   dominantes Allel für gelbe Samen
               g   rezessives Allel für grüne Samen

Weiterhin folgerte MENDEL aus seinen Versuchsreihen, dass jeder Merkmalsausprägung zwei Allele zugrunde liegen müssen:
Alle Individuen der Parentalgeneration waren in Bezug auf die Ausbildung der Samenfarbe reinerbig (homozygot). Ihr Erbbild, der Genotyp, für den Phänotyp gelbe Samen lautet GG. Der Genotyp für den Phänotyp grüne Samen lautet gg.

Man muss beachten, dass über die Keimzellen für jedes Merkmal jeweils nur eines der beiden Allele einer Elternpflanze an den Tochterorganismus weitergegeben wird. Nach der Befruchtung weist der Embryo dann wieder zwei Allele für jede Merkmalsausprägung auf. Somit lautet der Genotyp der F_1-Generation Gg. Ein dominantes und ein rezessives Allel liegen nebeneinander vor. Die Individuen sind genotypisch mischerbig (heterozygot). Phänotypisch entsprechen sie jedoch der Elternpflanze, die gelbe Samen hervorbringt.

Die Keimzellen der Pflanzen der F_1-Generation enthalten entweder das Allel G oder g. Daraus ergeben sich folgende Kombinationsmöglichkeiten für die Genotypen der F_2-Generation:
GG, Gg, Gg, gg.

Den drei phänotypisch identischen Individuen der F_2-Generation liegen zwei verschiedene Genotypen zugrunde:
Eine Pflanze ist in Bezug auf die Merkmalsausprägung „gelbe Samenfarbe" reinerbig (GG), zwei sind mischerbig (Gg).

Die geschilderten Ergebnisse lassen sich mit folgenden Kreuzungsschemata leicht nachvollziehen:

P		GG	
	Keim-zellen	G	G
gg	g	Gg	Gg
	g	Gg	Gg

F_1		Gg	
	Keim-zellen	G	g
Gg	G	GG	Gg
	g	Gg	gg

Kreuzungsschema für F_1-Generation (links) und für F_2-Generation (rechts)

Rückkreuzung. Phänotypisch identische Individuen können genotypisch Unterschiede aufweisen. Ist es möglich, den Genotyp eines Individuums zu ermitteln, das phänotypisch die dominante Merkmalsausprägung aufweist? Dazu kreuzt man die fragliche Pflanze mit einer Pflanze, die in Bezug auf das betrachtete Merkmal reinerbig rezessiv ist. Weisen die Pflanzen der F_1-Generation dann alle denselben Phänotyp auf, ist die Elternpflanze bezüglich des zu betrachtenden Merkmals reinerbig. Ist aber der Phänotyp unterschiedlich, dann ist die Elternpflanze mischerbig.

Schon gewusst?

Zur zweiten mendelschen Regel kannst du eine Simulation durchführen. Die Aussagen der Spaltungsregel lassen sich mithilfe der Wahrscheinlichkeitsrechnung nachvollziehen. Die Wahrscheinlichkeit für die Bildung der Keimzellen mit einem bestimmten Allel ist je Keimzelle 0,5. Die Wahrscheinlichkeit für das Zusammentreffen zwei bestimmter Keimzellen ist $0,5 \cdot 0,5 = 0,25$. Jeder der vier Genotypen tritt mit der gleichen Wahrscheinlichkeit auf. Da aber zwei Genotypen denselben Phänotyp bewirken, gilt für die Wahrscheinlichkeit des einen Phänotyps 0,75, für die des anderen 0,25. Durch folgendes Münzwurfexperiment kannst du das beweisen. Du benötigst zwei identische Münzen, die du beide zusammen mindestens 100-mal werfen musst. Notiere deine Ergebnisse in einer 4-Felder-Tafel und bestimme die relative Häufigkeit für mindestens einmal Wappen und für genau zweimal Zahl. Interpretiere das Experiment und deine Ergebnisse!

P		??	
	Keim-zellen	?	?
gg	g	Gg	Gg
	g	Gg	Gg

P		??	
	Keim-zellen	?	?
gg	g	Gg	gg
	g	Gg	gg

Rückkreuzung

Rekombinationsregel (3. mendelsche Regel). MENDEL führte in weiteren Versuchsreihen Kreuzungen zwischen Pflanzen durch, die sich in zwei Merkmalen unterschieden. Er kreuzte Pflanzen, die gelbe runde Samen hervorbrachten, mit Pflanzen, die grüne runzlige Samen entwickelten. Die F_1-Generation war phänotypisch uniform: alle Samen waren gelb und rund. In der F_2-Generation traten folgende Ergebnisse auf:
Von 556 Samen waren 315 gelb und rund, 101 gelb und runzlig, 108 grün und rund, 32 grün und runzlig. Dies entspricht einem Zahlenverhältnis von 9 : 3 : 3 : 1.
Auffällig an dieser Kreuzung war, dass Individuen mit neuen Eigenschaften entstanden waren:
Gelbe runzlige Samen und grüne runde Samen kamen weder in der Parental- noch in der F_1-Generation vor.
Wie kann man das Auftreten dieser völlig neuen Merkmalskombinationen erklären?
Betrachten wir zunächst die Genotypen der Parental- und der F_1-Generation im folgenden Kreuzungsschema:
Alle Individuen der Parentalgeneration sind reinerbig (GGRR), die der F_1-Generation mischerbig (GgRr). Pflanzen der F_2-Generation, die gelbe runzlige Samen aufweisen, müssen den Genotyp GGrr oder Ggrr haben. Diese Kombinationen sind aber nur möglich, wenn bei der Keimzellenbildung die Allele für die Samenfarbe und die Allele für die Samenform unabhängig voneinander kombiniert werden können:

F_1		GgRr			
	Keim-zellen	GR	Gr	gR	gr
GgRr	GR	GGRR	GGRr	GgRR	GgRr
	Gr	GGRr	GGrr	GgRr	Ggrr
	gR	GgRR	GgRr	ggRR	ggRr
	gr	GgRr	Ggrr	ggRr	ggrr

Kreuzungsschema (G: gelb, g: grün; R: rund, r: runzlig)

Aus dem Ergebnis des Kreuzungsschemas kann man die 3. mendelsche Regel formulieren:
> Kreuzt man zwei Individuen einer Art miteinander, die sich in mehr als einem Merkmal unterscheiden, so können die einzelnen Allele bei der Keimzellenbildung unabhängig voneinander neu kombiniert werden.

Intermediärer Erbgang. KARL CORRENS wiederholte um 1900 MENDELS Versuche. Er wählte die Wunderblume aus und kreuzte reinerbig rot blühende mit reinerbig weiß blühenden Pflanzen. In der F_1-Generation blühten alle Pflanzen rosa. Keine entsprach phänotypisch einer Elternpflanze. Erbgänge, bei denen phänotypische Merkmalsausprägungen zwischen denen der Eltern liegen, heißen intermediäre Erbgänge.

> Der Phänotyp eines Individuums wird durch den Genotyp bestimmt. Jedem Merkmal liegen zwei Allele eines Gens zugrunde. Wir unterscheiden dominante und rezessive Allele. Bei reinerbigen Merkmalen liegen zwei identische, bei mischerbigen zwei verschiedene Allele vor.

Schon gewusst?

Die Wunderblume kommt in wärmeren Gebieten häufig als verwilderte Gartenstaude vor. Ihr Name resultiert aus dem Auftreten verschiedenfarbiger Blüten an einer Pflanze.

Wunderblume (rot, weiß und rosa blühend)

AUFGABEN

1. Bestimme Geno- und Phänotyp der Individuen der F_1- und F_2-Generation, wenn für die Genotypen der P-Generation gilt: Blüte mit langem Stiel: LL, Blüte mit kurzem Stiel: ll!
2. Es gibt schwarze glatthaarige Meerschweinchen (SSGG) und weiße mit wirbeligem Fell (ssgg). Welche Phäno- und Genotypen sind in der F_1- und der F_2-Generation zu erwarten?

Chromosomen – Träger der Erbanlagen

MENDELS Aussagen zur Vererbung bestimmter Merkmale hat er aus seinen Beobachtungen abgeleitet. Die Ursachen seiner Ergebnisse konnte MENDEL nicht erklären: Wo befinden sich für die bestimmten Merkmale die Erbanlagen? Welche Beschaffenheit haben sie?

Entdeckung der Chromosomen. Schon im 17. Jahrhundert wurde der Begriff Zelle geprägt. Aber erst seit den Arbeiten von MATTHIAS JACOB SCHLEIDEN und THEODOR SCHWANN (1838/1839) weiß man, dass alle Lebewesen aus Zellen bestehen und neue Zellen nur durch Teilung vorhandener Zellen entstehen können. Ende des 19. Jahrhunderts entdeckten Wissenschaftler bei der Beobachtung von Zellteilungen im Zellkern fädige Strukturen. Da sich diese fädigen Gebilde gut anfärben ließen, wurden sie Chromosomen (griech.: chroma – Farbe) genannt. Konnten diese fädigen Gebilde, die nur während der Zellteilung und der damit verbundenen Kernteilung sichtbar waren, die Träger der Erbanlagen sein?

Schon gewusst?

Der deutsche Arzt RUDOLF VIRCHOW (1821 bis 1902) formulierte in lateinischer Sprache den Satz „Omnis cellula e cellula". Das bedeutet: Jede Zelle entsteht aus einer Zelle.

Der deutsche Biologe THEODOR BOVERI (1862 bis 1915) und der Amerikaner WALTER SUTTON vermuteten bereits 1902 aufgrund ihrer Forschungsarbeiten unabhängig voneinander, dass die Chromosomen die Träger der Erbanlagen sind.

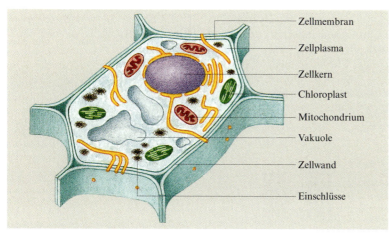

Bau einer Pflanzenzelle

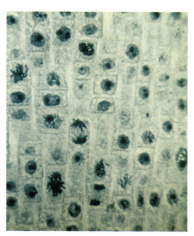

Chromosomen in den Zellkernen der Wurzelspitze einer Zwiebel

Um diese Frage zu beantworten, verglichen Forscher ihre mikroskopischen Zellbeobachtungen mit den Kreuzungsergebnissen MENDELS.

Kreuzungsergebnisse von MENDEL	Mikroskopische Zellbeobachtungen
Die Erbanlagen werden als selbstständige Einheit an die nächste Generation weitergegeben.	Die Chromosomen werden als selbstständige Einheiten weitergegeben.
Jedem Merkmal liegen zwei Erbanlagen zugrunde.	Die Chromosomen kommen paarweise vor.
Die einzelnen Erbanlagen werden unabhängig voneinander kombiniert.	Die Chromosomen sind unabhängig voneinander kombinierbar.
Jede Keimzelle enthält nur eine der beiden Erbanlagen.	Bei der Keimzellenbildung gelangt in jede Keimzelle nur jeweils ein Chromosom eines Chromosomenpaares.

Chromosomen im Zellkern einer Körperzelle des Menschen

Diese Übereinstimmungen legen die Schlussfolgerung nahe, dass die Chromosomen tatsächlich die Träger der Erbanlagen sind. Die Gene selbst sind aber mikroskopisch nicht sichtbar.

Grundlagen der Vererbung

Bau der Chromosomen. Jedes Chromosom kann in verschiedenen Formen vorliegen: Man unterscheidet eine fädige, schwer zu erkennende Arbeitsform von einer kompakten, mikroskopisch sichtbaren Transportform. Liegt ein Chromosom in der Arbeitsform vor, werden die in den Erbanlagen gespeicherten Informationen umgesetzt. So wird beispielsweise die Produktion bestimmter Enzyme veranlasst.

Während der Zell- und Kernteilungen liegen die Chromosomen als Transportform vor. In der Transportform besteht jedes Chromosom aus zwei Chromatiden, die an einer Stelle, dem Zentromer, miteinander verbunden sind. Liegen alle Chromosomen in der Transportform vor, kann man leicht erkennen, dass im Zellkern jeder Zelle eine bestimmte Anzahl von Chromosomen vorkommt. Die Anzahl, Größe und Form der Chromosomen stimmen in allen Körperzellen eines Organismus überein. Der menschliche Organismus beispielsweise besitzt in jedem Zellkern einer Körperzelle 46 Chromosomen.

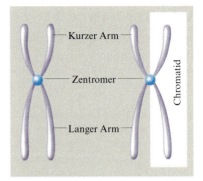

Abschnitte eines Chromosoms

Chromosomensätze. In den Körperzellen der meisten Lebewesen sind die Chromosomen paarweise vorhanden. Je zwei Chromosomen gleichen sich in Größe, Form und in der Lage des Zentromers. Sie werden als homologe Chromosomen bezeichnet. Eines dieser Chromosomen stammt vom Vater, das andere von der Mutter. Die Gesamtheit aller Chromosomen einer Körperzelle heißt Chromosomensatz. Liegen die Chromosomen doppelt vor, nennt man den Chromosomensatz diploid (zweifach). Ordnet man Bilder der Chromosomen einer Zelle nach ihrer Größe und ihrer Form an, erhält man ein Karyogramm. Mithilfe eines Karyogramms kann man den Chromosomensatz eines Organismus darstellen.

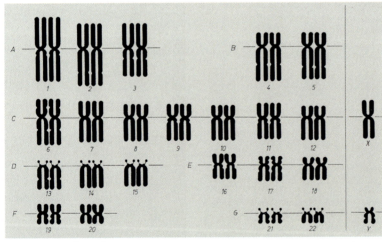

Karyogramm eines Mannes

> Die Erbanlagen liegen auf den Chromosomen. In der Arbeitsform liegen die Chromosomen als fädige Gebilde vor. Die in ihnen enthaltene Information wird als Merkmalsausprägung umgesetzt. In der Transportform besteht ein Chromosom aus zwei Chromatiden, die am Zentromer verbunden sind. Die Gesamtheit aller Chromosomen einer Körperzelle bezeichnet man als Chromosomensatz. Je zwei Chromosomen, die sich in Form und Größe gleichen, sind homologe Chromosomen. Alle homologen Chromosomenpaare bilden den diploiden Chromosomensatz.

Schon gewusst?

Jedes Individuum hat eine artspezifische Anzahl von Chromosomen in jedem Zellkern einer Körperzelle.

Art	Chromosomenanzahl
Biene	32 Chromosomen
Wurmfarn	164 Chromosomen
Goldfisch	94 Chromosomen
Laubfrosch	24 Chromosomen
Taube	80 Chromosomen
Schimpanse	48 Chromosomen

AUFGABEN

1. Das menschliche Gehirn besteht aus etwa 14 000 000 000 Zellen. Berechne die Anzahl der Chromosomen im Gehirn!
2. Im fädigen Zustand ist ein Chromosom etwa 2 mm lang und etwa 0,00002 mm dick. Stell dir vor, du legst alle Chromosomen des Gehirns hintereinander. Wie lang wird die Strecke? Wie breit wäre die Fläche, wenn alle Chromosomen nebeneinander liegen würden?
3. Der Goldhamster hat in jeder Körperzelle 44 Chromosomen, die Kellerassel 56 und das Schwein 38 Chromosomen. Alle diese Lebewesen haben einen diploiden Chromosomensatz. Wie viele Paare homologer Chromosomen haben die Tiere?

DNA – Träger der Erbinformation

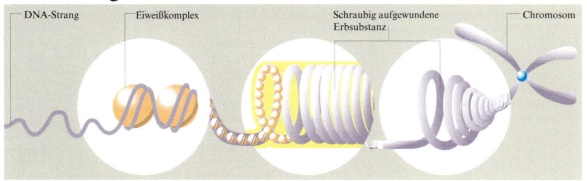

Enge „Verpackung" der DNA in einem Chromosom. Die DNA aller Chromosomen in der Körperzelle eines Menschen ist etwa 2 m lang.

Woraus bestehen Gene? Bis zur Mitte des 20. Jahrhunderts war bekannt, dass die in den Chromosomen befindlichen Gene die Grundlage für die Ausbildung von Merkmalen sind.
Immer noch unbekannt war aber, woraus die Gene bestehen. Lange Zeit war man der Auffassung, dass Gene aus Eiweißen bestehen. Erst 1944 gelang der Nachweis, dass die gesuchte Substanz die im Zellkern enthaltene Nucleinsäuren (lat. nucleus = Kern) sind. Bei den meisten Organismen ist es die Desoxyribonucleinsäure, DNA (englischsprachige Abkürzung für Deoxyribonucleic acid).

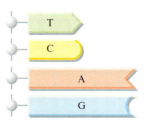

Symbole und Abkürzungen für die vier organischen Basen

Struktur der DNA. 1953 entwickelten die Engländer WATSON und CRICK aufgrund von chemischen und physikalischen Daten ein Modell der DNA-Struktur. Die DNA-Moleküle gehören zu den größten in der Natur vorkommenden Molekülen. Die Länge eines DNA-Moleküls ist aber um ein Vielfaches größer als ein mikroskopisch sichtbares Chromosom.
Jedes DNA-Molekül ähnelt einer regelmäßig um die eigene Achse verdrehten, doppelsträngigen Strickleiter. Die zwei Stränge der Strickleiter besitzen jeweils ein Gerüst aus regelmäßig angeordneten Zucker- und Phosphatmolekülen. Die Information für die Ausbildung von Merkmalen liegt jedoch in einem weiteren Molekültyp verschlüsselt, den organischen Basen. In der DNA kommen vier verschiedene organische Basen vor: Adenin, Thymin, Guanin und Cytosin. Je eine der vier vorkommenden Basen ist mit einem Zuckermolekül jeden Stranges verbunden. Wegen ihrer chemischen Eigenschaften bilden immer zwei von ihnen ein Paar, sodass beide Stränge der DNA über die Basenpaare miteinander gekoppelt sind. Die Verknüpfung der Basenmoleküle erfolgt über Adenin und Thymin sowie Guanin und Cytosin. Durch diese Bindungsregel ist die Abfolge der Basen des einen Stranges durch die des anderen Stranges vorgegeben. Jedes Gen ist ein DNA-Abschnitt mit einer einzigartigen und ganz charakteristischen Abfolge von Basenpaaren. Darin ist wie in einem Code die Anweisung zum Bau von Merkmalen verschlüsselt. Die Gesamtheit aller Bauanweisungen bezeichnet man als genetische Information (Erbinformation).

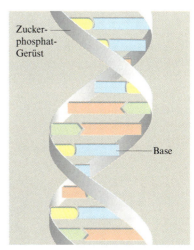

DNA-Molekül (schematisch)

> Das im Zellkern liegende DNA-Molekül ist der eigentliche Träger der Erbinformation. Die Erbinformation ist in der Abfolge der Basenpaare gespeichert.

AUFGABEN

1. In einem DNA-Strang findet man die Basenabfolge AATCGTCCT. Ergänze diesen Strang so, dass ein korrekter Doppelstrang vorliegt!
2. Was ist ein Gen? Welche Beziehungen bestehen zwischen Gen und Merkmal?

Mitose

Verdopplung der Chromosomenanzahl. Du bist mit deinem Fahrrad gestürzt und hast dir am Knie eine leicht blutende Wunde zugezogen. Nach kurzer Zeit bildet sich ein Wundverschluss. Fällt nach einigen Tagen der Wundschorf ab, hat sich darunter bereits neue Haut gebildet. Die neuen Hautzellen sind durch Zellteilung entstanden. Die neuen Zellen entsprechen den Ausgangszellen, denn ihre Zellkerne enthalten die gleichen Erbinformationen wie die Kerne der ursprünglichen Zellen. Mit der Zellteilung muss eine Kernteilung verbunden sein, wobei die gesamte genetische Information an die beiden Zellkerne der Tochterzellen weitergegeben wird. Damit aber das genetische Material identisch auf die Tochterzellkerne verteilt werden kann, muss es sich vor der Teilung verdoppeln. Diesen Vorgang der Kern- und Zellteilung bezeichnet man als Mitose. Die Mitose gewährleistet die Weitergabe der Erbinformation an alle neu gebildeten Zellen.

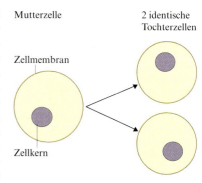

Zellteilung (schematisch)

Verlauf der Mitose. Jede Mitose läuft nach demselben Prinzip ab.

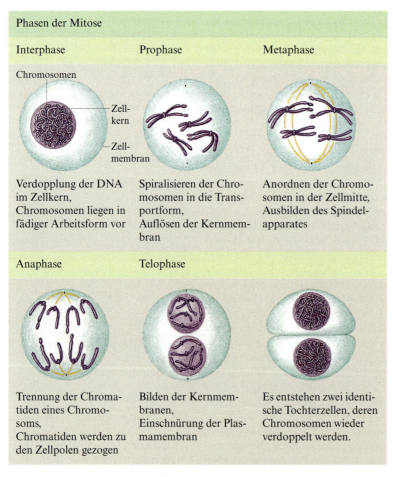

Schon gewusst?

Die Teilung einer Zelle dauert bei den Lebewesen unterschiedlich lange.

Sonnentierchen	30 Minuten
Erbse	189 Minuten
Ratte	310 Minuten
Mensch	22 Stunden

Mitose ist eine Kern- und Zellteilung, bei der Tochterzellen mit der gleichen Chromosomenanzahl wie die Mutterzelle entstehen. Mutter- und Tochterzellen haben die gleichen Erbanlagen. Mitosen ermöglichen Zellvermehrung und ungeschlechtliche Fortpflanzung.

AUFGABEN

1. Die Wundheilung ist ein Wachstumsvorgang, der durch mitotische Teilungen möglich wird. Nenne weitere Beispiele für Wachstumsvorgänge im menschlichen Organismus!
2. Stellt die Phasen der Mitose mithilfe der im Projekt gebauten Chromosomen dar. Entwickelt Ideen, wie sich der Spindelapparat, die Kern- und die Plasmamembran modellhaft darstellen lassen!

Meiose

Reduktion der Chromosomenanzahl. Jede Körperzelle des Menschen enthält im Zellkern 46 Chromosomen. Der gesamte Organismus, also alle Körperzellen, haben sich aus der befruchteten Eizelle (Zygote) durch mitotische Teilungen entwickelt. Die Zygote muss also ebenfalls 46 Chromosomen in ihrem Zellkern enthalten. Wie kommt es aber, dass der Kern der Zygote ebenfalls 46 Chromosomen besitzt? Läge folgendes Argument nicht näher: Bei einer Befruchtung verschmelzen die Zellkerne einer Ei- und einer Spermiumzelle. Die Zygote hätte rein rechnerisch 2 · 46 Chromosomen. Die Chromosomenanzahl in den menschlichen Zellen würde sich nach dieser Modellvorstellung von Generation zu Generation verdoppeln. Dies ist aber nicht der Fall; sie bleibt konstant! Das lässt sich nur so erklären, dass die Chromosomenanzahl der Keimzellen vor der Verschmelzung halbiert wird (haploid). Diese Halbierung geschieht während der Meiose.

Schon gewusst?

Jedes Schwesterchromatid eines Chromosoms enthält eins von zwei identischen Tochter-DNA-Molekülen, die nach der letzten Mitose durch Verdopplung der DNA entstanden sind.

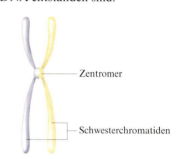

Verlauf der Meiose.

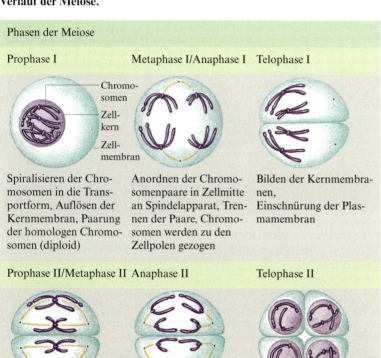

Meiose ist eine Kern- und Zellteilung, bei der Tochterzellen mit halber Chromosomenanzahl (haploid) im Vergleich zur Mutterzelle (diploid) entstehen. Aus diesen Zellen – ihre Erbinformationen können unterschiedlich sein – bilden sich Keimzellen.

AUFGABEN

1. Beim ersten Teilungsschritt bleibt es dem Zufall überlassen, wie die homologen Chromosomen getrennt werden. Stelle für eine Zelle, die zwei Paar homologe Chromosomen enthält, alle Möglichkeiten der Trennung der homologen Chromosomen dar. Zeichne für alle Möglichkeiten die Chromosomensätze der Keimzellen!
2. Vergleiche Mitose und Meiose. Stelle deine Ergebnisse in einer Tabelle gegenüber!

Bau einfacher Chromosomenmodelle

Das Problem. Chromosomen sind Strukturen, deren Gestalt wir uns nur schwer vorstellen können. Dies liegt daran, dass sie mit einer Dicke von 0,00002 mm und einer maximalen Länge von 2 mm im fädigen Zustand für das menschliche Auge nicht sichtbar sind.

Einen Eindruck von der Struktur der Chromosomen liefern die Riesenchromosomen der Taufliege Drosophila. Diese Riesenchromosomen befinden sich in der Speicheldrüse der Taufliege. Sie enthalten nebeneinander gelagert bis zu 1000 Chromatiden und sind dementsprechend dicker als die anderen Chromosomen. Die erkennbaren Querbanden sind gefärbte Bereiche innerhalb der Chromatiden.

Taufliege (Drosophila)

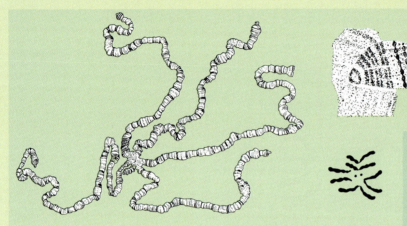

Speicheldrüsenchromosomen der Taufliege (rechts: Ausschnittsvergrößerung und normale Chromosomenpaare)

Aber auch mikroskopische Aufnahmen von Chromosomen vermitteln uns nur ein unvollständiges Bild, da diese Aufnahmen lediglich zweidimensional sind. Die Chromosomen hingegen sind räumliche, dreidimensionale Gebilde.

Die Planung. Wichtige Strukturen von Organismen, die mithilfe unserer Sinnesorgane kaum zu sehen sind, deren Struktur schwer vorstellbar ist oder die sehr abstrakt sind, versucht man durch Modelle zu veranschaulichen. Modelle sind aber keine genauen Abbilder der Wirklichkeit. Sie verdeutlichen und vergrößern lediglich die wesentlichen Aspekte. Unwichtige Details werden beim Bau des Modells vernachlässigt oder weggelassen. Überlege, an welchen Stellen im Biologieunterricht dir bereits Modelle begegnet sind!

> Welche wesentlichen Bestandteile eines Chromosoms sollten im Modell zu erkennen sein?
> Welche Materialien könnten geeignet sein, um Chromosomenmodelle zu bauen?
> Kann man den Übergang von der Arbeitsform zur Transportform mithilfe eines Modells veranschaulichen? Begründe!
> Überlege, wie du ein Modell eines Chromosoms in der Transportform bauen könntest, sodass Zentromer und zwei identische Chromatiden dargestellt sind!

Über das Verhältnis zwischen Modell und Wirklichkeit

In den Naturwissenschaften kann die Arbeit mit Modellen zu Erkenntnissen führen, die an den „wirklichen" Objekten oder Vorgängen in der Natur nicht oder nur schwer zu erzielen sind. Nachbildungen von Naturobjekten sind im Verhältnis zum Original oft verkleinert oder vergrößert. Objekte, Funktionen und Vorgänge werden häufig vereinfacht dargestellt. Dabei hebt man Eigenschaften hervor, die in einem bestimmten Zusammenhang wichtig sind. Andere werden dagegen vernachlässigt. Bildhafte Modelle (z. B. ein Zellmodell), Funktionsmodelle (z. B. ein Modell der Lungenatmung), mathematische Modelle (z. B. für Schwankungen der Anzahlen von Raubtieren und ihren Beutetieren) sowie weitere Modellformen haben in der Biologie ebenfalls große Bedeutung. Im Biologieunterricht sind Modelle wichtige Anschauungsmittel, die Verständnis für bestimmte Objekte oder Vorgänge wecken.

Bau einfacher Chromosomenmodelle

Was soll das Modell zeigen? In einem ersten Schritt musst du dir ein geeignetes Material überlegen, das deinen DNA-Strang darstellen soll. Die Eiweißkomplexe und der Feinbau der DNA können beim Bau des Modells vernachlässigt werden. Allerdings muss das gewählte Material einige Anforderungen erfüllen:
- die fädige Arbeitsform muss darzustellen sein,
- der Übergang der Arbeitsform in die Transportform, also die Strukturveränderung, muss durchführbar sein,
- das Modell der Transportform muss stabil sein.

Ein geeignetes Material ist ein langes Stück Klingeldraht oder Pfeifenputzer in unterschiedlichen Farben. Der Draht dient als Modell für einen DNA-Doppelstrang. Wenn man die Drahtstücke um einen Holzstab wickelt, erhält man spiralisierte, kompaktere und kürzere Objekte.

Modell eines Chromosoms in der Transportform. Am Modell oben rechts lässt sich die Struktur- und Größenveränderung der Chromosomen beim Übergang von der Arbeitsform in die Transportform gut nachvollziehen. Dieses Modell weist jedoch einige Schwachpunkte auf.

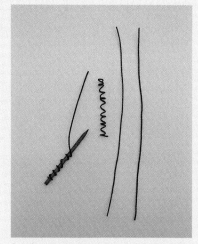
Strukturveränderung

> Nenne die Schwachpunkte!

Es fehlt bisher die zweite Chromatide und das Zentromer ist nicht dargestellt. Zwei nebeneinander liegende Chromatiden, die nicht miteinander verbunden sind, geben den Bau des Chromosoms nicht genau genug wieder. Es fehlt das Zentromer.
Aussagekräftiger ist ein Modell, in dem das Zentromer auf zwei kreuzförmig übereinandergelegten Modellchromosomen sitzt.

> Welches Material könnte als Zentromer geeignet sein? Beachte, dass die beiden Chromatiden bei einer Zellteilung wieder voneinander getrennt werden. Versuche, diese Überlegung bei der Wahl des Materials einzubeziehen!

Ein aussagefähiges Modell entsteht, wenn man zwei gleich lange Drahtstücke mithilfe eines großen Plastikdruckknopfes so miteinander befestigt, dass auf beiden Seiten Draht zu erkennen ist. Der Plastikdruckknopf stellt im Modell das Zentromer dar, das nicht mittig liegen muss. Da die DNA während der Transportform spiralisiert vorliegt, werden wieder mithilfe eines Holzstabes die Drahtstücke spiralisiert.

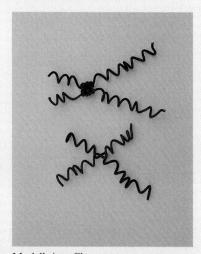
Modell eines Chromosoms

Präsentation und Diskussion der Chromosomenmodelle. In einem Schaukasten kann mit den Modellen der Chromosomensatz einer Zelle eines Lebewesens dargestellt werden. Beim Bau der Chromosomenmodelle müsst ihr berücksichtigen, dass die Chromosomen in den Körperzellen der meisten Lebewesen paarig auftreten und homologe Chromosomen sich in ihrer Struktur gleichen.

> Diskutiert darüber, welche Merkmale der Chromosomen im Modell dargestellt sind und welche Merkmale vernachlässigt wurden. Überlegt euch Vor- und Nachteile eurer Modelle. Vergleicht eure Modelle mit der Realstruktur und stellt das Ergebnis in einer Tabelle dar!

Eure Modelle können im folgenden Biologieunterricht auch als Anschauungsmittel eingesetzt werden.

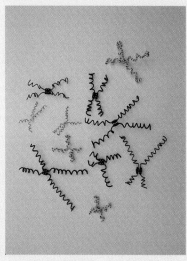
Modell eines Chromosomensatzes

Methoden der Humangenetik

Sowohl der Bau der Chromosomen als auch die Vorgänge der Mitose und der Meiose sind bei Pflanzen, Tieren und Menschen gleich. Daher kann man davon ausgehen, dass die mendelschen Regeln auch für die Merkmale des Menschen gelten. Allerdings ist hier der Nachweis schwieriger, da sich gezielte Kreuzungsversuche mit Menschen aus ethischen Gründen verbieten. Es gibt dennoch Möglichkeiten, für bestimmte Merkmale zu überprüfen, ob diese auch bei Menschen entsprechend den mendelschen Regeln vererbt werden.

Familienforschung. Kais Knochen der Mittelhand sind verkürzt. Er ist wie seine Mutter von der Kurzfingrigkeit betroffen. Diese Krankheit, bei der neben den Mittelhandknochen auch die Fingerknochen verkürzt sein können, kommt in Mitteleuropa mit einer Häufigkeit von 1 : 200 000 vor. Die Fingerknochen von Kais Bruder Patrick hingegen sind normal entwickelt, ebenso die seines Vaters. Kai weiß, dass auch andere Verwandte von der Krankheit betroffen sind. Er stellt einen Familienstammbaum auf, in den er die betroffenen und nichtbetroffenen Personen einträgt. Eine Stammbaumanalyse soll dazu dienen, Gesetzmäßigkeiten über das Auftreten der Krankheit zu erkennen.

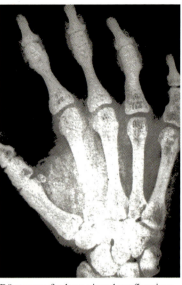

Röntgenaufnahme einer kurzfingrigen Hand

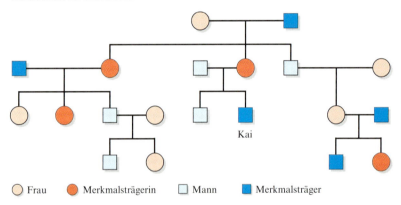

○ Frau ● Merkmalsträgerin □ Mann ■ Merkmalsträger

Stammbaum von Kais Familie, in der das Merkmal „Kurzfingrigkeit" auftritt

Sicherlich sind dir bei der Analyse des Stammbaums folgende Besonderheiten aufgefallen:
– Das betrachtete Merkmal kommt in dieser Familie gehäuft vor.
– Weist nur ein Elternteil das Merkmal auf, können diese Eltern sowohl betroffene als auch gesunde Kinder bekommen, wohingegen gesunde Eltern ausschließlich gesunde Kinder bekommen.
– Haben beide Elternteile verkürzte Handknochen, können die Kinder gesund sein oder aber an der Krankheit leiden.

Diese Beobachtungen deuten darauf hin, dass die Kurzfingrigkeit eine genetisch bedingte Krankheit ist. Wie du vielleicht schon richtig vermutet hast, tritt die Krankheit in jeder Generation auf. Das bedeutet, dass das Allel für die Kurzfingrigkeit dominant (K) ist. Betroffene können folglich den Genotyp Kk oder KK aufweisen. Nichtbetroffene weisen dagegen das rezessive Allel homozygot auf, ihr Genotyp ist kk.
Überprüft man diese Überlegungen am Stammbaum, erweist sich, dass die Kurzfingrigkeit entsprechend den mendelschen Regeln dominant-rezessiv vererbt wird.

Schon gewusst?

Auch die Merkmale
– Zungenrollen
– überzählige Finger
– überzählige Zehen
– behaarte Finger

werden beim Menschen entsprechend den mendelschen Regeln dominant-rezessiv vererbt.

Methoden der Humangenetik

Zwillingsforschung. Den Genetiker interessiert aber auch, inwieweit die Erbanlagen eines Menschen dessen Aussehen, seine Intelligenz und seine Verhaltensweisen beeinflussen oder aber, inwieweit diese Eigenschaften durch Umwelteinflüsse geprägt werden. Um das Wechselspiel zwischen dem Einfluss der Erbanlagen und dem Einfluss der Umwelt zu erforschen, kommen nur erbgleiche Individuen in Frage, die an unterschiedlichen Orten aufgewachsen sind. Übereinstimmende genetische Informationen haben jedoch nur eineiige Zwillinge, da sie sich aus einer befruchteten Eizelle entwickelt haben.

Eineiige Zwillinge

Zweieiige Zwillinge

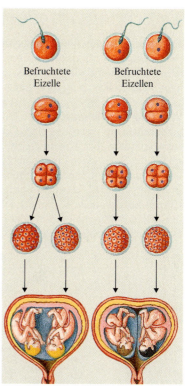
Entstehung eineiiger Zwillinge (links) und zweieiiger Zwillinge (rechts)

An ein- und zweieiigen Zwillingen wurden verschiedene statistische Erhebungen durchgeführt, wobei die Forscher zwischen eineiigen Zwillingen, die zusammen aufgewachsen sind, und eineiigen Zwillingen, die in unterschiedlichen Umwelten aufgewachsen sind, unterschieden.

Unterschiede der absoluten Werte von Größe und Gewicht (gemittelte Werte)	Eineiige Zwillinge gleiche Umwelt	Eineiige Zwillinge verschiedene Umwelt	Zweieiige Zwillinge gleiche Umwelt
Körpergröße (cm)	1,7	1,8	4,4
Körpermasse (kg)	1,9	4,5	4,4

Die Unterschiede in der Körpergröße sind, unabhängig von der Umwelt, bei eineiigen Zwillingen minimal. Dies spricht dafür, dass das Merkmal Körpergröße überwiegend durch die Erbanlagen festgelegt wird. Zweieiige Zwillinge weisen unterschiedliche Erbanlagen auf, daher können in Bezug auf das Merkmal Körpergröße eher Differenzen auftreten. Die Unterschiede beim Körpergewicht der eineiigen Zwillinge hingegen lassen sich durch unterschiedliche Ernährung erklären. Das Merkmal Körpergewicht wird folglich stärker durch die Umwelt beeinflusst. Allerdings gilt das nicht ausschließlich, da sonst zweieiige Zwillinge in gleicher Umgebung größere Übereinstimmung aufweisen müssten.

Die Familienforschung und die Zwillingsforschung sind zwei wichtige Methoden der Humangenetiker. Mit der Stammbaumanalyse kann man feststellen, ob ein Merkmal entsprechend den mendelschen Regeln vererbt wird. Die Zwillingsforschung versucht zu ergründen, inwieweit Erbmerkmale durch die Umwelt beeinflusst werden. Allerdings dürfen diese Ergebnisse nicht überbewertet werden, da die untersuchten Gruppen klein sind.

AUFGABEN

1. Übertrage den Stammbaum der Kurzfingrigkeit in dein Heft und notiere zu jedem Phänotyp den Genotyp (wähle: K - dominantes Allel, k - rezessives Allel)!
2. Die Tabelle gibt in Prozent den Grad der Übereinstimmung bestimmter Merkmale und Verhaltensweisen bei eineiigen und zweieiigen Zwillingen wieder. Welche Merkmale sind stärker genetisch bedingt? Welche sind dagegen stärker von der Umwelt abhängig?

Vererbungsvorgänge beim Menschen

Jonas hat bei einer Blutuntersuchung erfahren, dass er die Blutgruppe 0 (Null) hat. Er weiß, dass sein Freund auch die Blutgruppe 0 besitzt, seine Schwester aber die Blutgruppe A. „Werden Blutgruppen auch vererbt und nach welchen Regeln?", fragt Jonas seine Biologielehrerin.

Vererbung der Blutgruppen. Die Uniformitätsregel und die Spaltungsregel beschreiben die Vererbung eines Gens, das in zwei Allelen vorkommt. Viele Gene kommen aber in mehr als zwei Allelen vor. Ein gut untersuchtes Beispiel dafür ist das Gen für die menschlichen Blutgruppen.
Die phänotypisch durch Blutuntersuchungen feststellbaren menschlichen Blutgruppen A, B, AB und 0 werden durch drei Allele eines Gens bewirkt. Es sind dies die Allele A, B und 0. Die Allele A und B sind untereinander intermediär. Beide sind einzeln oder in kombinierter Form dominant über 0. Die folgende Tabelle gibt die möglichen Genotypen (rot) und Phänotypen (grün) wieder.

♀ \ ♂	A	B	0
A	AA A	AB AB	A0 A
B	AB AB	BB B	B0 B
0	A0 A	B0 B	00 0

Da an der Vererbung der Blutgruppen drei Allele beteiligt sind, sind die Möglichkeiten der Aufspaltung vielfältiger als beim Vorhandensein von zwei Allelen. Die Untersuchung der Aufspaltungsmöglichkeiten erfolgt jedoch auf die gleiche Weise. Das obige Kreuzungsschema zeigt, dass bei einem Kind, dessen Eltern mischerbig für die Allele A und B sind, theoretisch jede der vier Blutgruppen auftreten kann.

Rhesusfaktor. Ein weiteres Blutgruppenmerkmal, der Rhesusfaktor, wird entsprechend den mendelschen Regeln dominant-rezessiv vererbt. Für das Rhesusfaktorgen gibt es zwei Allele: D und d. Etwa 89 % der Menschen sind rhesuspositiv; sie haben die Genotypen DD oder Dd. Alle anderen weisen den Genotyp dd auf; sie sind rhesusnegativ. D ist dominant gegenüber d. Rhesuspositive Menschen können also reinerbig oder mischerbig sein, rhesusnegative Menschen sind dagegen immer reinerbig.

Geschlechtsbestimmung. Beim Menschen, bei den meisten Wirbeltieren und vielen Wirbellosen wird das Geschlecht von zwei Chromosomen bestimmt, die nach ihrer Gestalt als X- oder Y-Chromosom bezeichnet werden. Frauen besitzen als Geschlechtschromosomen zwei homologe X-Chromosomen, Männer ein X- und ein Y-Chromosom. Deshalb haben die Eizellen stets ein X-Chromosom, während die Spermienzellen genetisch unterschiedlich sind. Eine Hälfte der Spermienzellen trägt ein X-, die andere Hälfte ein Y-Chromosom. Die Spermiumzelle, die auf die zu befruchtende Eizelle trifft, bestimmt deshalb mit ihrem X- bzw. Y-Chromosom das Geschlecht des entstehenden Nachkommen.

Plazenta

Blut des Kindes gelangt in den Kreislauf der Mutter und bewirkt Antikörperbildung

Antikörper

Auswirkung des Rhesusfaktors. Von der Mutter gebildete Antikörper können bei weiteren Schwangerschaften das sich entwickelnde Kind schädigen.

Vererbungsvorgänge beim Menschen

Geschlechtsbestimmung bei der Befruchtung

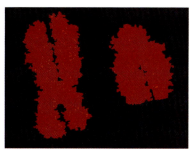

Geschlechtschromosomen des Menschen (links X-, rechts Y-Chromosom)

Schon gewusst?

Nicht bei allen Lebewesen weist das weibliche Geschlecht zwei gleiche Geschlechtschromosomen (Gonosomen) auf. Bei Vögeln, manchen Fischen, Amphibien, Reptilien und Schmetterlingen haben die Männchen zwei gleiche Geschlechtschromosomen und die Weibchen haben ein ungleiches Gonosomenpaar.

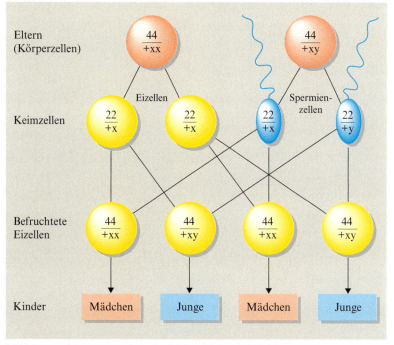

Mädchen und Jungen werden mit gleicher Wahrscheinlichkeit gezeugt.

Verschmilzt der Zellkern der Eizelle mit dem Zellkern einer Spermiumzelle, der ein X-Chromosom enthält, entwickelt sich ein Mädchen. Verschmilzt der Zellkern der Eizelle aber mit dem Zellkern einer Spermiumzelle, welcher ein Y-Chromosom enthält, entsteht ein Junge. Bei der Befruchtung der Eizelle ist also bereits das Geschlecht des neu entstehenden Individuums festgelegt. Das 23. Chromosomenpaar bestimmt das Geschlecht. Deshalb nennt man diese Chromosomen auch Geschlechtschromosomen (Gonosomen). Die übrigen 44 Chromosomen werden als Autosomen bezeichnet.

> Bestimmte Merkmale werden beim Menschen entsprechend den mendelschen Regeln dominant-rezessiv vererbt und durch zwei Allele bestimmt. Blutgruppen sind ein Beispiel für ein Merkmal, das zwar durch drei Allele bestimmt wird, bei dem jedoch immer nur zwei Allele zusammen auftreten. Die Geschlechtsbestimmung des Menschen erfolgt durch die X- und Y-Chromosomen der Ei- und Spermiumzelle.

AUFGABEN

1. Ein Mann behauptet, nicht der Vater eines Kindes mit der Blutgruppe 0 zu sein. Dieser Mann selbst hat die Blutgruppe B. Die Mutter des Kindes hat die Blutgruppe A. Kann der Mann Vater des Kindes sein?
2. Im Krankenhaus werden zeitgleich drei Säuglinge geboren. Die Säuglinge haben die Blutgruppen A, 0 und B. Im Schwesternzimmer liegen Karteikarten mit den Genotypen der Blutgruppen der Eltern: A0 - 00; AB - 00; B0 - AA. Versuche, die Eltern den Säuglingen zuzuordnen und den Genotyp der Säuglinge anzugeben!
3. Melanie ist schwanger und wünscht sich einen Jungen. Sie meint aber, dass es wahrscheinlicher ist, dass das Kind ein Mädchen wird, da sie bereits zwei Mädchen hat. Äußere dich zu dieser Aussage!

Genetisch bedingte Krankheiten

Viele Krankheiten des Menschen (z. B. Infektionskrankheiten) mit zum Teil furchtbaren Folgen gehören der Vergangenheit an. Sie konnten beispielsweise durch Immunisierungen ausgerottet werden. Nach wie vor aber werden Kinder mit genetisch bedingten Krankheiten geboren. Diese Krankheiten sind bedingt durch Veränderungen an einzelnen Genen oder durch Veränderungen der Chromosomen. Eine häufig auftretende Stoffwechselkrankheit, die Phenylketonurie, die Bluterkrankheit und die Rot-Grün-Blindheit beruhen auf der Veränderung von Genen.

Phenylketonurie (PKU). Betroffene können die Aminosäure Phenylalanin, die in vielen Nahrungsmitteln enthalten ist, nicht im Stoffwechsel verwerten. Das Gen für die Bildung des dazu erforderlichen Enzyms ist defekt. Bei diesen Menschen wird stattdessen der giftige Stoff Phenylbrenztraubensäure (früher Phenylketon) aus der Aminosäure gebildet. Dieser Stoff schädigt bereits im ersten Lebensjahr die Gehirnentwicklung und Gehirnfunktionen; es kommt zu verschiedenen Ausprägungsformen von geistiger Behinderung. Bei rechtzeitigem Erkennen des Defekts durch einen Bluttest sechs Tage nach der Geburt können die Schäden an den Gehirnzellen durch eine spezielle Diät verhindert werden. Diese Diät enthält nur so viel Phenylalanin, wie der menschliche Körper benötigt, und muss während der gesamten Kindheit eingehalten werden.

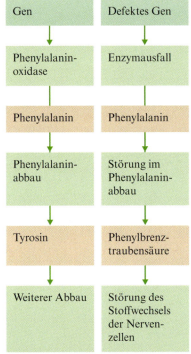

Normaler und gestörter Abbau von Phenylalanin bei PKU

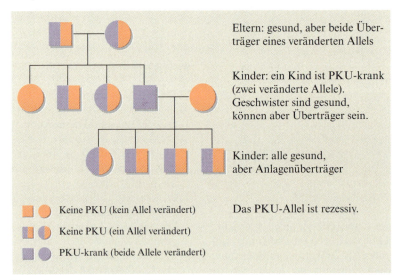

Stammbaum einer Familie mit PKU

Albinismus. Ein weiteres Zwischenprodukt des Phenylalaninabbaus ist das Melanin. Melanin ist ein dunkler Farbstoff, der in Hautzellen, in die Zellen der Iris und in die Pigmentschicht der Netzhaut eingelagert wird und die Haut- und Augenfarbe beeinflusst. Beim Ausfall des Gens, das für diesen Abbauschritt zuständig ist, wird kein Melanin erzeugt, sodass der betreffende Mensch keine Hautfarbstoffe bilden kann. Die Iris ist farblos und erscheint aufgrund der Blutgefäße, die sie durchziehen, rot. Ein solcher Mensch wird als Albino bezeichnet.

Albinos sind, vom Pigmentmangel abgesehen, gesund und normal leistungsfähig. Ihre Haut und ihre Augen müssen sie jedoch vor stärkerer Lichteinwirkung schützen.

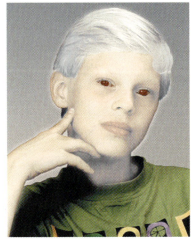

Albinotischer Mensch

Genetisch bedingte Krankheiten

Mukoviszidose. Mukoviszidose oder zystische Fibrose ist die häufigste genetisch bedingte Krankheit in Nordeuropa. Sie wird rezessiv vererbt. In Deutschland ist fast jeder 20. Erwachsene mischerbiger Träger eines defekten Allels. Das betreffende Gen befindet sich auf dem langen Arm des Chromosoms 7. Von diesem Gen sind etwa 200 Varianten bekannt.
Das Gen steuert die Synthese eines Eiweißes, das die Zähigkeit der von den Drüsen abgesonderten Sekrete bestimmt. Bei einem defekten Gen entstehen sehr zähe Sekrete, welche beispielsweise die Ausführungsgänge der Drüsen bzw. die Atemwege verstopfen können. Besonders schwerwiegend ist das in der Bauchspeicheldrüse und der Lunge. Reinerbige Träger des defekten Allels sterben meist schon in jungen Jahren.

Bluterkrankheit. Simone und Jörg haben erfahren, dass ihr Cousin Markus an Bluterkrankheit leidet. Sie wollen über diese Krankheit mehr erfahren und stellen einen Familienstammbaum auf.

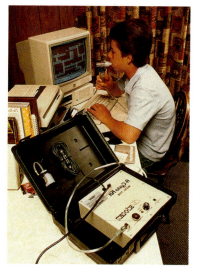

Von Mukoviszidose betroffener Schüler bei der Behandlung durch Inhalation

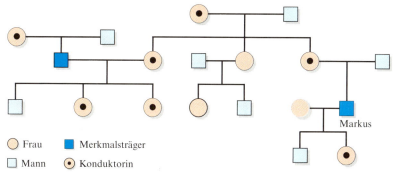

○ Frau ■ Merkmalsträger
□ Mann ⊙ Konduktorin

Stammbaum der Familie von Simone und Jörg, in der die Bluterkrankheit auftritt

Den beiden fällt auf, dass nur Männer der Familie an der Krankheit leiden. Die Vermutung liegt nahe, dass die Weitergabe der Krankheit etwas mit dem Y-Chromosom zu tun haben muss. Dann müsste ein betroffener Vater immer bluterkranke Söhne haben. Da aber der Sohn von Markus gesund ist, kann diese Vermutung nicht stimmen.
Männer haben in ihrem Geschlechtschromosomenpaar neben dem Y-Chromosom noch ein X-Chromosom. Die Gene für die Bluterkrankheit müssen demnach auf dem X-Chromosom liegen.
Bluterkranke Männer besitzen nur ein defektes Allel auf dem X-Chromosom, trotzdem kommt die Krankheit voll zur Ausprägung. Wie ist das zu verstehen?
Die Geschlechtschromosomen der Männer, also das X- und das Y-Chromosom, sind nicht homolog. Auf dem Y-Chromosom ist kein Allel für die Blutgerinnung vorhanden; das Y-Chromosom ist nahezu genleer.
Bei Frauen reicht im heterozygoten Zustand ein gesundes Allel aus, um Blutgerinnung zu ermöglichen. Mütter sind also häufig Überträgerinnen (Konduktorinnen) des krank machenden Allels, ohne selbst krank zu sein. Bekommen jedoch ein Mann mit Bluterkrankheit und eine Konduktorin Kinder, so können auch Töchter erkranken. Die Wahrscheinlichkeit hierfür ist nur bei Verwandtenehen in Bluterfamilien hoch.
Das Besondere der X-chromosomal gebundenen Vererbung liegt darin, dass bei Männern alle rezessiven Allele der X-Chromosomen voll zur Ausprägung kommen.
Dominante Allele des X-Chromosoms dagegen werden auch bei Frauen ausgeprägt.

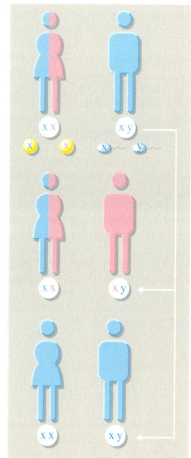

X-chromosomaler rezessiver Erbgang (mischerbige Mutter, gesunder Vater)

Rot-Grün-Blindheit. Bereits 1777 beschrieb Mr. J. Scott in einem Brief diese Krankheit als Familienleiden:
„Meine Mutter und eine meiner Schwestern sehen alle Farben. Mein Vater aber hat dieselbe Schwäche wie ich und meine andere Schwester. Ich kenne kein Grün in der Welt; eine rosa Farbe und ein blasses Blau sehen gleich aus. Ebenso verwechsele ich Rot und Grün. Meine Frau und meine beiden Kinder, ein Sohn und eine Tochter, sehen – Gott sei Dank – alle Farben ohne Ausnahme."
Die Gene, die für die Ausbildung der Fähigkeit des Rot-Grün-Sehens verantwortlich sind, liegen auf dem langen Arm des X-Chromosoms. Je ein Gen steuert die Fähigkeit Rot bzw. Grün sehen zu können.
Die Rot-Grün-Blindheit ist demnach ebenfalls eine X-chromosomal gebundene, rezessiv vererbbare Krankheit.
Genetisch bedingte Krankheiten, die durch strukturelle oder zahlenmäßige Veränderungen der Chromosomen hervorgerufen werden, sind beispielsweise das Down-Syndrom und das Katzenschreisyndrom.

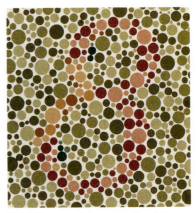
Tafel für einen Sehtest zur Ermittlung der Farbtüchtigkeit

Down-Syndrom. Der englische Kinderarzt J. Down beschreibt 1866 erstmalig das Krankheitsbild des so genannten Down-Syndroms:
Bei Betroffenen stehen die Augen weiter auseinander, das Gesicht ist flach und breit, der Hals ist kurz und breit. Muskelschwäche, Fehlbildungen an Organen und geistige Behinderung sind weitere Symptome.
Die Ursache für dieses Krankheitsbild wurde aber erst 1959 entdeckt. Das Chromosom 21 tritt in den Körperzellen drei- statt zweifach auf. Deshalb bezeichnet man diese Krankheit auch als Trisomie 21. Etwa jedes 700. geborene Kind ist davon betroffen. Das Risiko, ein Kind mit Down-Syndrom zu bekommen, steigt mit dem Lebensalter der Eltern, das sie bei der Geburt des Kindes haben. 20 bis 25 % der überzähligen Chromosomen stammen nach neuen Erkenntnissen vom Vater.

Dreifaches Vorhandensein des Chromosoms 21 beim Menschen (Down-Syndrom)

Katzenschreisyndrom. Michaela will ihre neugeborene Schwester im Krankenhaus besuchen. Auf der Säuglingsstation hört sie das typische Schreien der Säuglinge. Doch einer der Säuglinge schreit wesentlich lauter und in höheren Tönen als die anderen. Die Geräusche ähneln den Schreien junger Katzen. Die Krankenschwester erklärt Michaela, dass dieser Säugling an einer Krankheit, dem Katzenschreisyndrom, leidet.
Der Name dieser Krankheit geht auf die katzenähnlichen Schreie der Säuglinge zurück. Säuglinge, die an dieser seltenen Krankheit leiden, weisen am Kehlkopf eine Fehlbildung auf. Ihr weiter Augenabstand ist auffällig. Ihre körperliche Entwicklung verläuft langsamer als bei gesunden Säuglingen. Außerdem treten auch geistige Defekte auf.
Die Ursache dieser Krankheit wurde 1963 entdeckt. Am Chromosom Nr. 5 fehlt ein Stück. Diese Chromosomenveränderung tritt mit einer Häufigkeit von 1 : 50 000 auf.

Vom Down-Syndrom betroffene Menschen benötigen viel Liebe und Aufmerksamkeit.

AUFGABEN

1. Erläutere das Entstehen von Phenylketonurie (PKU)! Wodurch können die schädlichen Folgen dieser genetisch bedingten Krankheit für die Betroffenen verhindert werden?
2. Albinismus ist häufig auch eine Begleiterscheinung von PKU.
   Erkläre diesen Sachverhalt!
3. Erläutere, weshalb Eltern mit pigmentierter Haut albinotische Kinder bekommen können. Stelle ein Schema über die Weitergabe der entsprechenden Erbanlagen auf!
4. Stelle für die Familie von Mr. J. Scott einen Familienstammbaum auf. Notiere zu den Phänotypen die jeweiligen Genotypen!

Veränderungen der Chromosomen und Gene

Bei Röntgenaufnahmen muss der Genitalbereich durch eine Bleischürze vor den Strahlen geschützt werden, da Röntgenstrahlen das Erbgut in den Körper- und Keimzellen verändern können. Alle Veränderungen des Erbgutes bezeichnet man als Mutationen.

Ursachen von Mutationen. Neben Röntgenstrahlen wirken UV-Strahlen, radioaktive Strahlen, viele Chemikalien und Teerstoffe des Zigarettenrauchs mutationsauslösend. Aber auch in selbstbräunenden Cremes können mutationsauslösende Stoffe enthalten sein. Solche Stoffe werden als Mutagene bezeichnet.
Nicht alle Mutationen werden durch Mutagene ausgelöst. Es gibt auch spontane, zufällig auftretende Mutationen. Mutationen können in jeder Zelle des Körpers auftreten. An die Nachkommen werden aber nur solche Veränderungen im Erbgut vererbt, die in den Keimzellen auftreten.

Mutationstypen. Mutationen können einzelne Gene, einzelne Chromosomen oder den gesamten Chromosomensatz betreffen.
Ist der Bau der DNA verändert, spricht man von Genmutationen. Diese sind mikroskopisch nicht sichtbar. Bei Genmutationen können einzelne DNA-Bausteine fehlen oder gegen andere ausgetauscht sein.
Phenylketonurie (PKU) ist ein Beispiel für eine Krankheit, die durch eine Genmutation verursacht wird.
Genmutationen treten mit einer Häufigkeit von 1 : 10 000 bis 1 : 100 000 000 pro Gen auf. Da aber die Zahl der Gene mit etwa 100 000 beim Menschen sehr hoch ist, schätzt man, dass fast jeder Mensch in einer Keimzelle eine Mutation trägt.
Sind, wie beim Katzenschreisyndrom, einzelne Chromosomen in ihrer Struktur verändert, spricht man von Chromosomenmutationen.
Ist dagegen, wie beim Down-Syndrom, die Anzahl der Chromosomen, das Genom, verändert, spricht man von Genommutationen. Bei Genommutationen liegen entweder einzelne Chromosomen in Über- oder Unterzahl vor oder der gesunde Chromosomensatz ist verändert. Das heißt, dass alle Chromosomen wie beispielsweise bei Nutzpflanzen vervielfacht vorliegen.

Bedeutung von Mutationen. Nicht alle Mutationen haben negative Auswirkungen auf den Organismus des Betroffenen. Häufig bleiben Genmutationen ohne Bedeutung für das Lebewesen oder aber haben sogar positive Auswirkungen. Sämtliche Rassen unserer Haustiere und Kulturpflanzen hätten nicht gezüchtet werden können, wenn nicht durch Mutationen Lebewesen mit anderen Eigenschaften entstehen würden. Die rotblättrigen Formen von Buche oder Ahorn sowie die Angepasstheit von Lebewesen an bestimmte Umweltbedingungen im Laufe der Stammesgeschichte gehen auf Mutationen zurück.

> Veränderungen des Erbgutes werden als Mutation bezeichnet. Je nach Ansatz der Mutation im Erbgut unterscheidet man Genmutationen, Chromosomenmutationen und Genommutationen. Mutationen entstehen zufällig und sind richtungslos. Allerdings bewirken Mutagene, dass Mutationen häufiger auftreten. Mutationen können negative, positive oder keine Auswirkungen auf den Organismus haben.

Schon gewusst?

Beim Grillen von zu fettem oder gepökeltem Fleisch entstehen Stoffe (Nitrosamine), die Mutationen verursachen können.

CHROMOSOM
Normales Chromosom

OMOSOM
Deletion

CHROMOSOMSOM
Duplikation

CHOMORSOM
Inversion

CHROMOSOMGEN
Translokation

Verschiedene Chromosomenmutationen

AUFGABEN

1. Trisomien können entstehen, wenn bei der Meiose die Chromatiden nicht getrennt werden. Stelle in einer schematischen Zeichnung dar, wie in diesem Fall das Down-Syndrom (die Trisomie 21) zustande kommt!
2. Stelle in deiner Klasse Möglichkeiten vor, wie du durch gezieltes Verhalten die Mutationshäufigkeit in deinem Körper so niedrig wie möglich halten kannst!

Mutagene Faktoren können unsere Gesundheit bedrohen

Indem der Mensch die Welt seinen Bedürfnissen gemäß gestaltet, verändert er zugleich die Lebensbedingungen anderer Lebewesen. Vielen Arten werden dadurch Lebensbedingungen und Lebensräume entzogen. Vom Menschen verursachte Umweltveränderungen wirken oft auch schädigend auf den Menschen selbst. Beispiele dafür sind die mutagenen Faktoren. Mutationen werden nachweislich durch das Einwirken bestimmter Faktoren ausgelöst oder können durch den Menschen bewusst hervorgerufen werden. Mutationen können aber auch ohne bisher bekannte Ursache erfolgen. Mutationsauslösende Faktoren können aus der Umwelt von außen auf den Organismus wirken. Sie können aber auch ohne das Einwirken von außen ablaufen. Mutagene wirken stets ungerichtet, das heißt, man kann vorhersagen, wie groß die Anzahl der durch ein Mutagen ausgelösten Mutationen sein wird, man kann aber nicht vorhersagen, welche Gene oder Chromosomen in welcher Weise betroffen sein werden.

Natürliche Strahlungsquellen. In der natürlichen Umwelt des Menschen gibt es eine Reihe von Strahlungen, die Mutationen auslösen können.
Die Ultraviolettstrahlung des Sonnenlichts ist der Hauptteil der auf der Erde ankommenden kosmischen Strahlung mit mutagener Wirkung. Der Rückgang der schützenden Ozonschicht in der Erdatmosphäre verstärkt diese Strahlung noch.
Manche chemischen Elemente wie beispielsweise Uran oder Radium zerfallen physikalisch und senden dabei radioaktive Strahlung aus, die auch Mutationen auslösen kann. In bestimmten Gesteinen kommen solche Elemente vor. Sie bewirken die Verstrahlung der in ihrer Umgebung lebenden Organismen. Auch die Aufnahme verstrahlter Nahrungsmittel kann Mutationen auslösen.

Künstliche Strahlungsquellen. In Technik, Medizin und Wissenschaft werden zunehmend radioaktive Stoffe eingesetzt, durch welche die Mutationshäufigkeit in der menschlichen Bevölkerung wächst.
Für Strahlungen gibt es keine unschädliche Dosis, auch die geringste Strahlung erhöht die Mutationsrate für die Betroffenen. Deshalb kommt es darauf an, die Strahlungsbelastung so gering wie möglich zu halten.

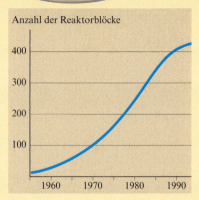

Weltweit ist die Anzahl der Kernkraftwerke stark angestiegen.

Weltweit ist die Kernenergie am gesamten Energieaufkommen mit 7 % beteiligt, dies entspricht etwa 15 % des gesamten Weltstrombedarfs. Im Durchschnitt beträgt der Anteil der Kernenergie an der Stromerzeugung in den Staaten der Europäischen Union 34 % (in Deutschland sind es etwa 30 %).
Aus Gründen des Gesundheits- und Umweltschutzes wird in Deutschland mittelfristig der völlige Ausstieg aus der Kernenergieerzeugung angestrebt. Neben der Reaktorsicherheit spielen vor allem Probleme bei der sicheren Beseitigung bzw. Endlagerung der nuklearen Rückstände in der aktuellen Diskussion eine wesentliche Rolle.

Strahlungsquellen	Prozentsatz der natürlichen Strahlung
Natürliche Strahlung	100
Röntgendiagnostik	20 bis 100
Strahlentherapie	1 bis 30
Atomwaffentests	2 bis 4
Radioisotopen-Diagnostik	unter 1
Kerntechnische Anlagen	unter 2
Leuchtzifferblätter, Fernseher usw.	unter 1
Berufliche Strahlenbelastung (außer medizinische Berufe)	unter 2

Kernkraftwerk

Mutagene Faktoren können unsere Gesundheit bedrohen

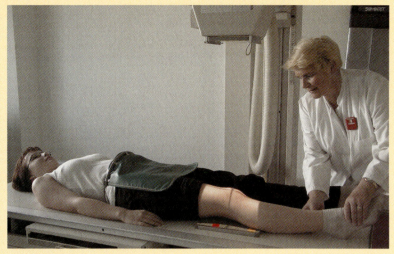

Bei Röntgenuntersuchungen müssen die Keimdrüsen vor schädlicher Strahlung geschützt werden.

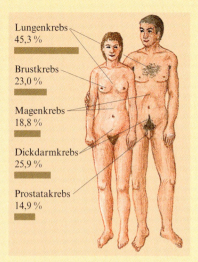

In Deutschland häufig auftretende Krebsformen

Mutationen auslösende Chemikalien. Gegenwärtig existieren bereits mehr als 2 Millionen Stoffe, die aus natürlichen Vorstufen gewonnen oder vollständig synthetisiert worden sind. Jährlich erhöht sich diese Anzahl um etwa 250 000 neue Substanzen. Nur wenige dieser Stoffe werden zurzeit auf ihre mutagene Wirkung geprüft. Etwa 300 gelangen kontrolliert oder unkontrolliert in unsere Umwelt.
Tests auf Mutagenität werden an Bakterien, Insekten oder kleinen Säugetieren (meist Mäuse) durchgeführt. Ihre Ergebnisse können nur bedingt auf den Menschen übertragen werden, da jede Organismenart anders auf bestimmte Substanzen reagiert.

Entstehung von Krebs. In Körperzellen können Mutationen zu Krebs führen. Überall im Körper sterben Zellen ab und müssen genau nach Bedarf durch neue ersetzt werden. Darmzellen beispielsweise werden ständig abgeschilfert und mit dem Stuhl ausgeschieden, sodass immer neue Schleimhautzellen nachgebildet werden müssen. Auch die roten und weißen Blutzellen werden laufend in großer Anzahl ersetzt. Nervenzellen teilen sich dagegen nur in größeren Abständen.
Wirken während der Zellteilungen Mutagene auf die Zellen ein, kann es auch zu Mutationen kommen, durch welche die Zellen die Fähigkeit zur Kontrolle der Teilungsgeschwindigkeit verlieren. So kann durch unkontrollierte Zellteilungen eine Geschwulst entstehen. Mit dem Lymph- und Blutstrom können Krebszellen im Körper verteilt werden, die Tochtergeschwülste (Metastasen) entstehen lassen.

Obwohl es über 100 verschiedene Krebsformen gibt, sterben schwer an Krebs Erkrankte zumeist an nur wenigen, häufig auftretenden Krebsformen. In Deutschland steht bei den Männern der Lungenkrebs an erster Stelle, bei Frauen ist es der Brustkrebs. Weitere sehr häufige Krebsformen sind der Dickdarmkrebs, der Magenkrebs sowie der Prostatakrebs bei Männern. Der Lungenkrebs fordert mit Abstand die meisten Krebsopfer. 1995 starben in Deutschland 37 000 Menschen daran. 85 bis 90 Prozent aller Lungenkrebsopfer waren Raucher. Der Brustkrebs war 1995 mit 18 000 Todesfällen in Deutschland die häufigste Krebstodesursache bei Frauen. 80 Prozent aller Patientinnen sind Frauen über 50 Jahre.

AUFGABEN

1. Suche nach Gründen dafür, weshalb noch heute, über 50 Jahre nach dem Abwurf der Atombomben über Hiroshima bzw. Nagasaki, Kinder an den Folgewirkungen dieser Bomben erkranken!
2. Begründe, weshalb Krankenschwestern während einer Schwangerschaft nicht in Röntgenabteilungen arbeiten dürfen!
3. Erläutere, weshalb bei Röntgenuntersuchungen Eierstöcke und Hoden der zu untersuchenden Personen mit Röntgenstrahlung hemmendem Material abgedeckt werden!
4. Nenne konkrete Beispiele für mutagene Faktoren, welche die Gesundheit von Menschen bedrohen können!

Früherkennung von Erbschäden

Durch die Entwicklung neuer Medikamente und Impfstoffe ist erreicht worden, dass viele Infektionskrankheiten für uns keine Bedrohung mehr darstellen. Es werden aber immer noch Kinder mit genetisch bedingten Krankheiten geboren. Gegen diese Krankheiten gibt es jedoch keine medikamentösen Behandlungsmethoden.

Genetische Beratung. Die meisten Menschen wünschen sich Kinder. Viele machen sich Sorgen, ob ihre Kinder auch gesund sein werden, besonders dann, wenn in den Familien der künftigen Eltern bereits genetisch bedingte Krankheiten aufgetreten sind oder die Schwangere über 35 Jahre alt ist. In diesen Fällen ist es angebracht, eine genetische Beratungsstelle aufzusuchen. Beratungsstellen gibt es in den meisten großen Städten Deutschlands. In den Beratungsstellen arbeiten Mediziner, Genetiker, Psychologen und andere Spezialisten zusammen. Diese können den Rat Suchenden helfen, verantwortungsbewusste und begründete Entscheidungen für ihren Kinderwunsch zu fällen.
Der erste Schritt dieser Beratung ist die Aufstellung eines möglichst vollständigen Familienstammbaums. Er gibt wichtige Hinweise auf das Risiko, ein genetisch belastetes Kind zu zeugen. In vielen Fällen stellt sich heraus, dass keine erkennbare Gefahr für das zu zeugende Kind besteht, eine genetisch bedingte Krankheit zu bekommen. Bei einer bereits bestehenden Schwangerschaft kann den zukünftigen Eltern empfohlen werden, eine vorgeburtliche Diagnostik, mit der bestimmte Erbschäden frühzeitig erkannt werden können, zu nutzen. In begründeten Fällen lässt das Grundgesetz bei schwerwiegenden genetisch bedingten Krankheiten eine straffreie Abtreibung zu. Die letzte Entscheidung muss aber jede Frau nach ausführlicher Beratung durch einen Arzt für sich selbst treffen.

Vorgeburtliche Diagnostik. Eine Diagnose kann, wenn auch nicht ganz risikofrei, durch vorgeburtliche Untersuchungsmethoden, Amniozentese oder Chorionzottenbiopsie, gestellt werden.
Bei der Amniozentese, die zwischen der 14. und 16. Schwangerschaftswoche durchgeführt werden kann, sticht der Arzt eine Kanüle durch die Bauchdecke und Gebärmutter in die Fruchtblase. Das abgesaugte Fruchtwasser enthält Zellen des Embryos. Zellen und Fruchtwasser werden im Labor auf 50 verschiedene Stoffwechselkrankheiten und auf Chromosomenschäden untersucht. Die Amniozentese ist allerdings nicht risikofrei. Die Gefahr einer Fehlgeburt liegt gegenwärtig bei etwa 1 %.
Während die Amniozentese erst relativ spät zur Diagnose geeignet ist, kann bereits nach dem zweiten Schwangerschaftsmonat die Chorionzottenbiopsie Aufschluss über mögliche Erbschäden geben. Bei dieser Untersuchung ist die Gefahr einer Fehlgeburt doppelt so hoch. Durch die Scheide entnimmt der Arzt Zottengewebe der äußersten, den Embryo umgebenden Zottenschicht (Chorion). Dieses Gewebe wird ebenfalls auf Stoffwechselstörungen und strukturelle Chromosomenveränderungen untersucht.

> Stammbaumanalysen liefern Wahrscheinlichkeitsaussagen über das Auftreten bestimmter Erbschäden.
> Amniozentese und Chorionzottenbiopsie sind vorgeburtliche, risikoreiche Untersuchungsmethoden, durch die beim Embryo Stoffwechselstörungen und strukturelle Chromosomenveränderungen festgestellt werden können.

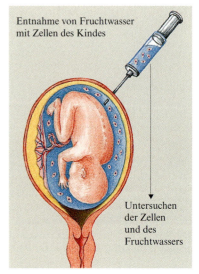

Fruchtwasserentnahme, schematisch (Amniozentese)

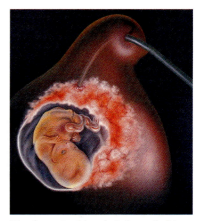

Chorionzottenbiopsie (schematisch) Das entnommene Zottengewebe enthält Zellen des Embryos, die auf Chromosomenveränderungen untersucht werden.

AUFGABE

Beschreibe Aufgaben der genetischen Beratung! In welchen Fällen sollte sie wahrgenommen werden?

Gentechnik – Chancen und Probleme

Die Züchtung von Kulturpflanzen und Haustieren ist darauf ausgerichtet, Sorten mit nützlichen Merkmalen und Eigenschaften für den Menschen zu entwickeln. So sollten Kulturpflanzen zum Beispiel ertragreich und widerstandsfähig gegenüber Krankheiten und Schädlingen sein.

Mithilfe der Gentechnik ist es heute möglich, bestimmte Gene, die die gewünschten Merkmale bewirken, gezielt auf andere Organismen zu übertragen. Es entstehen so genannte transgene Organismen. So ist es möglich, ein Gen für die Widerstandsfähigkeit gegen bestimmte Krankheitserreger von einer ertragsarmen Pflanze in eine wenig widerstandsfähige aber ertragreiche Pflanze zu übertragen und so die gewünschten Eigenschaften miteinander zu kombinieren.

Voraussetzung für die Gentechnik. Seit der Entdeckung der Struktur der DNA sind Wissenschaftler auf der ganzen Welt damit beschäftigt, die genaue Reihenfolge der Basen für alle menschlichen Gene zu ermitteln. Seit dem Jahr 2000 ist diese Arbeit weitgehend abgeschlossen. Auch wenn die genaue Bedeutung vieler Gene unbekannt ist, ist die Basenreihenfolge eine Voraussetzung für die Anwendung gentechnischer Verfahren.

Gentechnische Herstellung von Humaninsulin. Schon relativ lange kennt man die Struktur des Gens, das die Produktion von Insulin bewirkt. Insulin, ein Hormon der Bauchspeicheldrüse, ist für die Regulierung des Blutzuckerspiegels notwendig. Die Produktion von körpereigenem Insulin ist bei Diabetikern gestört; sie müssen sich Insulin spritzen.

Insulin wurde früher ausschließlich aus den Bauchspeicheldrüsen von Schlachttieren gewonnen. Dieses Insulin unterscheidet sich jedoch in einigen Aminosäuren vom menschlichen Insulin und führte bei Diabetikern manchmal zu Abwehrreaktionen.

Die Gentechnik ermöglichte die Produktion menschlichen Insulins außerhalb des menschlichen Körpers. Dazu schleuste man das menschliche Gen für den Aufbau von Insulin in Bakterien-DNA ein. Bakterien können in Kulturgefäßen in großen Mengen gezüchtet werden. Das von ihnen erzeugte menschliche Insulin geben sie an die Nährlösung ab, aus der es durch chemische Veränderung und verschiedene Reinigungsprozesse als Medikament gewonnen wird.

Grenzen der Gentechnik. Man darf natürlich nicht außer Acht lassen, dass gerade der Bereich der Gentechnik Gefahren des Missbrauchs wissenschaftlicher Erkenntnisse birgt, die ein verantwortungsbewusstes Handeln der Wissenschaftler unbedingt verlangen. Eingriffe in die Keimbahn des Menschen und damit verbunden eine gezielte Erschaffung eines Menschen sind aus ethischen Gründen verboten.

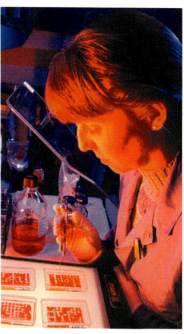

Arbeit in einem Gentechniklabor

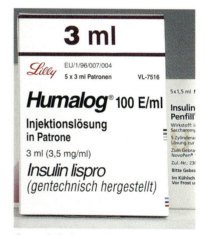

Gentechnisch erzeugtes Insulin

AUFGABEN

1. Erläutere Vorteile gentechnisch hergestellter Medikamente!
2. Nenne Gründe, die ein verantwortungsbewusstes Handeln der Gentechniker erzwingen!
3. Diskutiert in eurer Klasse Vor- und Nachteile der Herstellung veränderter Gene!

Wir organisieren eine Podiumsdiskussion zur Gentechnik

Problem. Wissenschaftliche Aussagen sind von sich aus wertfrei, sie werden nur nach dem Kriterium der Wahrheit beurteilt. Wertende Kriterien wie „gut" oder „schlecht" können daher auf wissenschaftliche Aussagen nicht allgemein gültig angewandt werden.
So kann die Aussage „Haarausfall ist genetisch bedingt" von verschiedenen Menschen entweder als gut oder als schlecht bewertet werden. Ein Hersteller der Mittel gegen Haarausfall wird das verständlicherweise schlecht finden, da diese Feststellung den Verkauf seiner Mittel negativ beeinflussen würde. Der von Haarausfall Betroffene würde diese Aussage, nicht seinen Haarausfall, dagegen gut finden, da ihm überflüssige Ausgaben und Mühen erspart blieben. Jeder hat von seinem Standpunkt aus Recht. Auch die Ergebnisse und Möglichkeiten der Genetik werden von verschiedenen Menschen je nach Interessenlage und weltanschaulicher Orientierung unterschiedlich bewertet.

| Wie können nun verschiedene gentechnische und biotechnologische Verfahren und Anwendungen bewertet werden?

Um verschiedene Wertungen derartiger Sachverhalte kennen zu lernen, uns fundierte Meinungen zu bilden und unsere Meinungen darüber auszutauschen, können wir eine Podiumsdiskussion über die Anwendung gentechnischer Erkenntnisse und Verfahren organisieren.

In Sojabohnen wurden Erbanlagen für Herbizidresistenz eingeschleust.

Gentechnik – nein danke!

– Durch das Freisetzen transgener Pflanzen, Tiere, Pilze oder Mikroorganismen entstehen unübersehbare Gefahren für den Menschen und andere Lebewesen.
– Menschen verwenden Techniken immer nur zum eigenen Vorteil gegen andere Menschen (z. B. Kriegsführung, Missbrauch persönlicher genetischer Daten).
– Menschen sollten prinzipiell niemals in Gottes Schöpfung eingreifen.

Standpunkt 1

Ja, aber ...

– Gentechniken sollten nur für die Heilung von Krankheiten und die Steigerung der Nahrungsmittelproduktion zugelassen werden.
– Nur Gentechniken, deren Folgen für Mensch und Umwelt genau untersucht wurden, sollten gesetzlich erlaubt sein.
– In das Erbgut von Tieren, Pflanzen, Bakterien oder Pilzen kann man eingreifen, jedoch nicht in das Erbgut des Menschen, weil allein dieser beseelt ist.

Standpunkt 2

Gentechnik ist unverzichtbar

– Bei gründlicher Prüfung durch Experten sind Restrisiken der Gentechnik zu verantworten.
– Viele Krankheiten können nur mithilfe der Gentechnik behandelt oder vielleicht sogar geheilt werden.
– Gentechnik schafft Arbeitsplätze. Wenn nicht in Deutschland, dann in Ländern, die eher als wir die Chancen der Gentechnik als Zukunftstechnologie sehen (z. B. die USA und Japan).

Standpunkt 3

Planung. Wir verschaffen uns zunächst einen Überblick über die in unserer Klasse vorhandenen Meinungen. Anschließend tragen wir weitere Standpunkte zusammen, die wir von Mitmenschen oder aus den Medien kennen. Die verschiedenen Positionen können wir nach Interessenlage und den verwendeten Argumenten in Gruppen gliedern.
Wir bilden Schülergruppen, die sich intensiver mit den jeweils vertretenen Argumenten vertraut machen. Dabei berücksichtigen wir die jeweiligen Standpunkte der Teilnehmer an diesem Projekt.
Günstig wäre es, zu Bürgerinitiativen und anderen Vereinigungen, die sich ebenfalls mit solchen Problemen befassen, Kontakte aufzunehmen. Falls möglich, sollten wir die Besichtigung einer Freilandanlage mit transgenen Pflanzen in unserer Umgebung organisieren.

Feld mit gentechnisch veränderter Soja

Auswertung. In einer gemeinsamen Beratung tragen wir die Ergebnisse unserer Erkundungen zusammen. Es gibt
– Zeitungs- und Zeitschriftenartikel
– Fotos und andere Bilder
– Mitschnitte von Rundfunk- und Fernsehsendungen
– Internetadressen und heruntergeladene Dateien
– Kontaktadressen

Präsentation. Bei der Durchführung der Podiumsdiskussion sind weitere Fragen zu lösen:

Wo soll die Diskussion stattfinden?
Wer sollen die Zuhörer sein (z. B. Mitschüler, Lehrer, Eltern)?
Wer moderiert die Diskussion?
Wer vertritt die einzelnen Standpunkte?
Wie wird Ausgewogenheit gewährleistet?

In Mais wurden Gene für die Herbizid- und Insektenresistenz eingeschleust.

Verbreitete Argumente für und gegen die Gentechnik:

1. Gentechnik schafft Arbeitsplätze.
2. Ohne Gentechnik wird unser Land wissenschaftlich-technisch rückständig.
3. Man soll der Natur nicht ins Handwerk pfuschen.
4. Man soll Gottes Werk nicht verbessern wollen.
5. Gentechnik hilft Krankheiten zu heilen.
6. Gentechnik ist ein Hochtechnologiebereich unserer Wirtschaft, in dem Umsätze in Milliardenhöhe gemacht werden.
7. Mit freigesetzten gentechnisch veränderten Lebewesen können Gene unkontrolliert auf andere Organismen übertragen werden.
8. Nahrungsmittel von gentechnisch veränderten Lebewesen könnten unsere Gesundheit schädigen.
9. Es können mehr und billigere Nahrungsmittel hergestellt werden.

Aus dem Gentechnikgesetz

Zweck dieses Gesetzes ist,

1. Leben und Gesundheit von Menschen, Tieren, Pflanzen sowie die sonstige Umwelt in ihrem Wirkungsgefüge und Sachgüter vor möglichen Gefahren gentechnischer Verfahren und Produkte zu schützen und dem Entstehen solcher Gefahren vorzubeugen und
2. den rechtlichen Rahmen für die Erforschung, Entwicklung, Nutzung und Förderung der wissenschaftlichen, technischen und wirtschaftlichen Möglichkeiten der Gentechnik zu schaffen.

ZUSAMMENFASSUNG

Die Lebewesen einer Art unterscheiden sich in der Ausprägung ihrer Merkmale. Die Merkmale werden in erster Linie von den Erbanlagen, den Genen, bestimmt. Gene kommen in verschiedenen Versionen vor, den Allelen. Die Weitergabe der Erbanlagen von den Eltern auf die Nachkommen erfolgt nach den mendelschen Regeln.
Bei der Bildung der Keimzellen werden die Allele jedes Allelpaares getrennt, jede Keimzelle erhält nur einen Satz der elterlichen Allele. Bei der Befruchtung werden die Erbanlagen neu kombiniert.
Veränderungen des Erbgutes, Mutationen, treten zufällig und richtungslos auf. Sie können einzelne Gene, Chromosomen oder den gesamten Chromosomensatz betreffen. Vererbt werden aber nur Mutationen im Erbgut der Keimzellen.

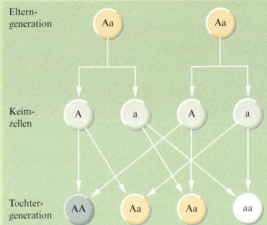

Gene sind Abschnitte auf der DNA, die die Anweisungen zur Ausprägung ganz bestimmter Merkmale enthalten. Die Gesamtheit aller Anweisungen wird als genetische Information (Erbinformation) bezeichnet. Die DNA ist ein langer, wendelartig aufgerollter Doppelfaden aus Zucker- und Phosphatmolekülen sowie vier verschiedenen organischen Basen.

Vor jeder Zellteilung verdoppelt sich die DNA. Die DNA befindet sich bei der Zellteilung in den Chromosomen des Zellkerns.

Jeder Zellteilung geht eine Kernteilung voraus. Bei der Mitose haben die entstehenden Tochterzellen die gleiche Chromosomenanzahl wie die Mutterzelle und damit die gleichen Erbanlagen.

Bei der Meiose enthalten die entstehenden Tochterzellen die halbe Chromosomenanzahl im Vergleich zur Mutterzelle. Durch meiotische Teilung entstehen Keimzellen mit unterschiedlichen Erbanlagen.

Sexualität, Fortpflanzung und Entwicklung

Sie liebt mich, sie liebt mich nicht ... Menschen verlieben sich. Sie fühlen sich zueinander hingezogen und möchten sich kennen lernen. Nicht immer trifft man sofort die richtige Partnerin oder den richtigen Partner, um eine Familie zu gründen und selbst Kinder zu haben. Bei den meisten Menschen kann es Jahre dauern. Trotzdem bleibt das Bedürfnis erhalten, einander nahe zu sein, Zärtlichkeiten auszutauschen, feste Bindungen einzugehen. Der Wunsch, mit einem Partner zusammen zu sein, ist ein zutiefst menschliches Bedürfnis.

150 Sexualität, Fortpflanzung und Entwicklung

Pubertät – junge Menschen auf der Suche

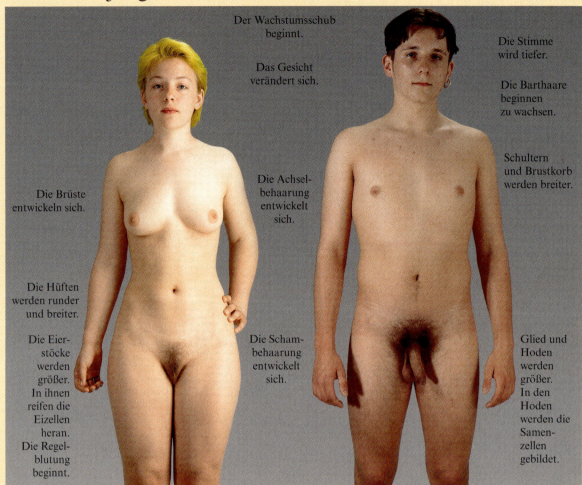

Körperliche Veränderungen in der Pubertät

Anne (14) ist sauer auf ihre Mutter. Immer dasselbe mit den Erwachsenen, denkt sie. Sie fühlt sich unverstanden und zieht sich in ihr Zimmer zurück, wo sie Musik hört und von ihrem Lieblingssänger träumt. Arne, ihr ein Jahr älterer Bruder, macht sich die Sache leichter. Er liegt zwar auch oft im Streit mit seinen Eltern geht aber dann zum Fußball und trifft sich nachher mit seiner Clique. Anne und Arne zeigen Verhaltensweisen, wie sie für Jugendliche in der Pubertät typisch sind.

Was ist Pubertät? Pubertät ist eine aufregende, oft auch mit Problemen behaftete Phase der menschlichen Entwicklung. In der Pubertät erreichen Jugendliche die Geschlechtsreife. Sie ist ein Lebensabschnitt, der von nachhaltigen körperlichen und psychischen Veränderungen gekennzeichnet ist. Die Jugendlichen setzen sich intensiv mit der eigenen Sexualität und der Steuerung ihrer Gefühle auseinander. Psychische Merkmale sind beispielsweise Selbstunsicherheit, Aggressivität, sich in die eigene Gedankenwelt zurückziehen, Trotz und das Streben nach Selbstbestimmung in Familie und Gesellschaft. Die Worte „himmelhoch jauchzend – zu Tode betrübt" beschreiben die starken Gefühlsschwankungen treffend.

Die Pubertät stellt sich bei den heutigen Jugendlichen früher als etwa zu Beginn des 20. Jahrhunderts ein. Die Ursachen für die Beschleunigung der Entwicklung (Akzeleration) sind noch nicht völlig geklärt. Möglicherweise sind eine gehaltvollere, eiweißreichere Nahrung und die durch Industrialisierung und Verstädterung der Bevölkerung bedingte Reizüberflutung von Bedeutung. Die dadurch neu entstandenen Probleme in der Erziehung und Bildung können nur von allen Beteiligten gemeinsam gelöst werden.

Pubertät – junge Menschen auf der Suche

Das Klassenfoto zeigt die Entwicklungsunterschiede bei Gleichaltrigen.

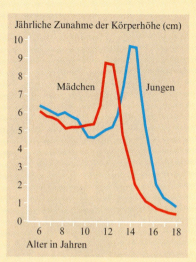
Zunahme der Körpergröße bei Kindern und Jugendlichen

Blick in den Spiegel: „Wie ich bloß wieder aussehe!"

Woran merkt man, dass es losgeht? Die Veränderungen setzen nicht sprunghaft, sondern ganz allmählich ein. Bei Mädchen und Jungen beginnt die Pubertät mit einem typischen Wachstumsschub. Er setzt bei Jungen meist etwas später ein, verläuft jedoch stärker. Gleichzeitig vergrößern sich Hoden und Penis. Das Wachstum der weiblichen Brust ist ebenfalls ein Merkmal für das Einsetzen der Pubertät.

Die Pubertät – ein aufregender Lebensabschnitt. Beginnt bei Mädchen und Jungen die Pubertät im gleichen Alter? Ein Blick auf das Klassenfoto zeigt, dass die Frage mit einem klaren Nein beantwortet werden muss. In den ersten Schuljahren sind sich Mädchen und Jungen, vor allem was die Körpergröße betrifft, äußerlich noch recht ähnlich. Bei den 11- bis 13-Jährigen fällt dagegen auf, dass viele Mädchen den Jungen über den Kopf wachsen. Ihr Start in die Pubertät erfolgt ein bis zwei Jahre vor den Jungen, sie beenden die Pubertät aber auch früher.

Anne unterhält sich mit ihrer Freundin über alles, was die beiden so beschäftigt. In letzter Zeit sind ihnen merkwürdige Fragen durch den Kopf gegangen. „Wer bin ich eigentlich? Was denken die anderen von mir? Was ist wichtig in meinem Leben? Will ich so werden wie meine Eltern? Welchen Sinn hat das Leben überhaupt?"

Die Entdeckung und Entwicklung einer eigenen Identität beschäftigt Jugendliche in diesem Lebensabschnitt oft mehr, als manchem Erwachsenen lieb ist. Sie probieren Neues aus, entwickeln Neigungen und Abneigungen und entdecken die eigene Sexualität.

Wer kennt nicht das Gefühl, alle anderen seien viel attraktiver. Viele Jugendliche halten sich in dieser Zeit für unattraktiv. Ein Stimmungstief oder ein Rückzug aus dem Freundeskreis sind häufige Reaktionen auf die körperlichen Veränderungen. Vielen fällt es schwer, sich so zu akzeptieren, wie sie nun mal sind. Mitunter werden Aussehen, Kleidung und Auftreten bei anderen überbewertet und selbst fühlt man sich minderwertig. Solche Gefühle verschwinden gegen Ende der Pubertät meist von selbst.

AUFGABEN

1. Nenne und beschreibe Veränderungen bei Mädchen und Jungen, die durch die Pubertät bedingt werden!
2. Begründe, weshalb man die Pubertät mitunter als „Flegeljahre" bezeichnet!

Jugendliche beim „Herumhängen"

Stimmungsschwankungen bringen Höhen und Tiefen.

Probleme mit Eltern und Schule? Nicht zwangsläufig gibt es Probleme mit den Eltern, obwohl die Pubertät ihrer Kinder den Eltern einiges abverlangt. Zu einem Verständnis seitens der Eltern führt oft die Erinnerung an die eigene Jugendzeit.
Bis zur Pubertät identifizieren sich Kinder fast uneingeschränkt mit ihrem Elternhaus. Nun empfinden sie sich mehr und mehr als eigene Persönlichkeiten und orientieren sich an Vorbildern außerhalb des elterlichen Einflussbereichs. Die Zugehörigkeit zu einer Gruppe oder der Einfluss einer Jugendkultur wird für sie immer wichtiger, sodass häufig schulische Schwierigkeiten und Probleme mit den Eltern Hand in Hand gehen und zu Frustration und Motivationsverlust beitragen.

Manchmal weiß ich nicht mehr weiter. Nur wenige Probleme lassen sich gar nicht lösen. Wichtig für alle Beteiligten ist, dass man sich um gegenseitiges Verständnis bemüht und das Gespräch mit einer Vertrauensperson sucht, um die Konflikte zu verarbeiten. Wenn man gar nicht mehr weiter weiß, kann man sich vertrauensvoll an eine Beratungsstelle wenden. Die Mitarbeiter dort sind zum Schweigen verpflichtet und können meist auf unkomplizierte Weise weiterhelfen.

Eine Aussprache mit den Eltern kann weiterhelfen.

Wie erleben Jugendliche ihre Sexualität? Die Wahrnehmung der eigenen sexuellen Reifung erfolgt bei Jungen durch die einsetzende Bildung von Samenflüssigkeit ganz plötzlich. Das nicht zu kontrollierende Versteifen des Gliedes (Erektion), nächtliche Samenergüsse (Ejakulation) und veränderte Verhaltensweisen im Umgang miteinander wie Aggressivität, Kraftmeierei und Konkurrenz um die Gunst der Mädchen muss jeder für sich alleine verarbeiten.
Mädchen entdecken ihre Sexualität dagegen ganz allmählich und neigen eher dazu, diese Dinge mit ihrer Freundin oder einer Vertrauensperson zu besprechen.
Zum Umgang mit der eigenen Sexualität gehört auch die kritische Auseinandersetzung mit den biologisch bedingten Unterschieden zwischen den Geschlechtern und dem gesellschaftlich geprägten Rollenbild von Mann und Frau.

Bei Problemen können auch Beratungsstellen Hilfe bringen.

Pubertät – junge Menschen auf der Suche

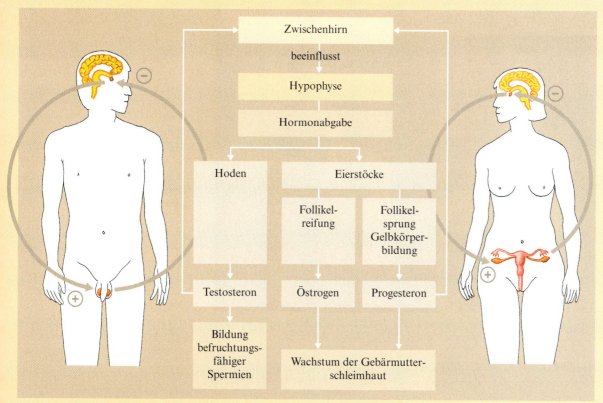

Hormonelle Steuerung der Entwicklung

Was geht im Körper vor? Die Entwicklungsvorgänge bei Mädchen und Jungen werden durch die Zusammenarbeit des Zwischenhirns mit verschiedenen Hormondrüsen geregelt. Die Hirnanhangsdrüse (Hypophyse) wird durch das Zwischenhirn angeregt, verschiedene Hormone abzugeben, die über den Blutkreislauf zu den Keimdrüsen gelangen.

Mit der Pubertät beginnt die Hypophyse das follikelstimulierende Hormon (FSH) und das gelbkörperstimulierende Hormon (LH) bei beiden Geschlechtern zu produzieren. Diese Hormone sind für das Einsetzen des Menstruationszyklus bei den Mädchen verantwortlich und steuern die Follikelreifung und den Follikelsprung. Die Eierstöcke beginnen während der Follikelreifung weibliche Sexualhormone, Östrogene, zu bilden. Östrogene sind für das Wachstum der Gebärmutterschleimhaut während des Menstruationszyklus verantwortlich und bewirken die Ausbildung der sekundären weiblichen Geschlechtsmerkmale: die Brüste beginnen zu wachsen, die Schambehaarung wird dichter und das Becken wird breiter. Nach dem Eisprung wird der Follikel zum Gelbkörper umgebildet, der mit der Produktion des Gelbkörperhormons, dem Progesteron, beginnt. Dieses bereitet die Gebärmutter auf eine mögliche Schwangerschaft vor und hemmt über das Zwischenhirn die Abgabe von FSH und LH.

Bei den Jungen regt das FSH das Wachstum der Hoden und die Reifung der Spermienzellen an. LH regt bestimmte Zellen in den Hodenkanälchen an, das männliche Sexualhormon, Testosteron, zu bilden. Dieses bewirkt die Ausbildung der männlichen sekundären Geschlechtsmerkmale: Brust- und Schambehaarung nehmen zu, der Penis wächst, Bartwuchs und Stimmbruch setzen ein. Testosteron hemmt über das Zwischenhirn die Produktion von Hypophysenhormonen.

AUFGABEN

1. Stelle die physischen und psychischen Veränderungen während der Pubertät in einer Tabelle zusammen!
2. In welchen Verhaltensweisen drückt sich die zunehmende Selbstständigkeit im Jugendalter aus? Werte diese!
3. Begründe, weshalb bei der Steuerung der Entwicklung durch Hormone von einem Regelkreis gesprochen werden kann!
4. Überlege, was dich und deine Freunde von den Erwachsenen unterscheidet. Frage deine Eltern, was sie zu ihrer Jugendzeit von deinen Großeltern unterschieden hat!

Sexualität des Menschen

Betonung sekundärer Geschlechtsmerkmale durch Kleidung. Links Schultern betont (16. Jh.), rechts Hüften betont (18. Jh.)

Sexualität und Geschlechtlichkeit. Die zur Fortpflanzung nötigen Geschlechtsorgane wie Hoden oder Eierstöcke sind bereits bei der Geburt vorhanden. Sie werden aber erst im Verlauf der Pubertät funktionsfähig. Diese Geschlechtsorgane gehören zu den primären Geschlechtsmerkmalen. Zu den sekundären Geschlechtsmerkmalen zählen vor allem Unterschiede in der Körpergestalt wie die Ausbildung der weiblichen Brust, die Körperbehaarung, die Stimmlage und das Gefühlsleben. Gerade sekundäre Geschlechtsmerkmale sind es, die für die wechselseitige Anziehung der Geschlechter und die Wahl des Sexualpartners eine wesentliche Rolle spielen. Die Sexualität des Menschen geht weit über die Grenzen der reinen Fortpflanzung hinaus. Sie beeinflusst das Denken, Fühlen und Handeln ein Leben lang.

Gleichgeschlechtliche Beziehungen. Die meisten Menschen sind heterosexuell: Sie wählen Partner des anderen Geschlechts. Es gibt jedoch überall Menschen, die aus bisher noch nicht geklärten Ursachen Sexualpartner des eigenen Geschlechts bevorzugen (Homosexualität). Männliche Homosexuelle werden in der Öffentlichkeit als Schwule, weibliche als Lesben bezeichnet. Homosexualität ist seit der Antike bekannt und kommt in jeder Gesellschaftsschicht vor. Daher ist sie offenbar ebenso natürlichen Ursprungs wie Heterosexualität. In der Bundesrepublik Deutschland wird zurzeit ein Gesetz diskutiert, wonach es homosexuellen Paaren ermöglicht werden soll, eine vom Gesetzgeber anerkannte „Eingetragene Lebenspartnerschaft" einzugehen.
Wenn Homosexuelle ihre Neigung an sich entdeckt haben, kostet es sie enorme Überwindung, ihre Familie und Freunde damit zu konfrontieren, dass sie homosexuell sind. Homosexuelle nennen diesen schwierigen Schritt „coming out". Eine solche Situation erfordert von allen Beteiligten Besonnenheit und gegenseitige Akzeptanz.
Bisexuelle Menschen fühlen sich gleichermaßen zum eigenen und zum anderen Geschlecht hingezogen.

Schon gewusst?

Sexuelle Verhaltensweisen, die an Menschen ausgelebt werden und bei ihnen zu körperlichen und psychischen Schaden führen, sind unter Strafe gestellt. Vergewaltigungen oder der sexuelle Missbrauch von Kindern wird strafrechtlich verfolgt.
Die von der Gesellschaft tolerierten Normen des Sexualverhaltens haben sich im Laufe der Zeit geändert. So galten bei den alten Griechen homosexuelle Beziehungen nicht unbedingt als anstößig, wurden aber später in vielen Staaten unter Strafe gestellt. Im nationalsozialistischen Deutschland wurden Homosexuelle stark verfolgt. Viele wurden in Konzentrationslagern ermordet. In Deutschland ist die männliche Homosexualität erst seit 1974 straffrei.

Gleichgeschlechtliches Paar

Sexualität des Menschen

Verstehst du mich richtig? Ein junges Paar hat sich gefunden. Beide Partner haben den Wunsch, miteinander zu schlafen. Sie fühlen sich jedoch nach dem „ersten Mal" nicht so, wie sie sich eine sexuelle Erfüllung vorgestellt haben. Über Hoffnungen, Träume, Wünsche und Ängste, die beide Partner mit sexueller Erfüllung verbinden, zu sprechen fällt oft nicht leicht, ist aber für das Verständnis des Partners auf lange Sicht unumgänglich. Menschen sind in der Lage, ihr Sexualverhalten zu erlernen und es zu gestalten. In einer Beziehung können die Partner lernen, auf Gefühle, körperliche Erregung und Verlangen des anderen einzugehen. Die meisten Männer und Frauen suchen ihre sexuelle Erfüllung in einer dauerhaften Beziehung mit oder ohne Trauschein. Oft sind sie sich nicht bewusst, dass man für diese Erfüllung auch kämpfen muss. Eine Beziehung verlangt ein hohes Maß an Toleranz, Geduld und gemeinsamer Anstrengung. Die Freuden einer Beziehung ergeben sich keineswegs von selbst. Die Monotonie des Alltagslebens und eine Gewöhnung an den Partner bringen oft Probleme mit sich. Auch hier ist meist ein offenes Gespräch über wirkliche Wünsche und Gefühle des Partners die einzige Möglichkeit, das Verständnis füreinander aufrechtzuerhalten. Auch wenn Ehepartner Eltern werden, müssen sie ihre sexuellen Gewohnheiten möglicherweise der neuen Situation anpassen. Alle Konflikte in einer Partnerschaft sind jedoch keineswegs nur negativ zu bewerten. Sie bieten Gelegenheit, miteinander persönlich zu reifen und zu einem erfüllten und inhaltsreicheren Leben beizutragen.

Verstehst du mich richtig?

Schon gewusst?

Die Preisgabe des eigenen Körpers für sexuelle Zwecke gegen Bezahlung wird als Prostitution bezeichnet. Amtlich registrierte Prostituierte stehen unter ärztlicher Kontrolle. Wie zu allen Zeiten gibt es aber auch heute Mädchenhandel und illegale Prostitution. Auch in Deutschland liegt die Dunkelziffer trotz Ermittlungserfolgen der Behörden hoch.

Erfüllung ohne Beziehung? Einige Menschen neigen aus unterschiedlichen Gründen dazu, keine partnerschaftliche Beziehung eingehen zu wollen. Sie haben Bindungsängste, schlechte Erfahrungen gemacht oder einfach noch nicht den passenden Partner gefunden.
Das Verlangen nach sexueller Befriedigung ist jedoch individuell unterschiedlich. So kommt es manchmal zu spontanen sexuellen Kontakten, deren Unverbindlichkeit meist nur von einer Seite so gesehen wird. Häufig ist solches Verhalten, besonders unter Jugendlichen und jungen Erwachsenen, nur ein Ausdruck des Bedürfnisses nach Anerkennung oder nach einer Partnersuche. Ein flüchtiger Flirt und eine Nacht zu zweit können eine verantwortungsvolle Beziehung nicht ersetzen. Darüber hinaus setzen sich Personen mit häufig wechselndem Geschlechtsverkehr erhöhter Ansteckungsgefahr durch Geschlechtskrankheiten aus.

Der Traum meiner schlaflosen Nächte. Wer hat sich nicht schon einmal die Traumfrau oder den Traummann in seiner Phantasie ausgemalt! Unbewusst orientieren sich viele an Idolen aus den Medien, die voll von gut aussehenden und gut „gebauten" Stars sind. Tatsächlich entsprechen die wenigsten Menschen in Aussehen und Körperbau solchen Sexsymbolen. Ein Blick hinter die Kulissen macht oft die Wirkungen von Kosmetik, Beleuchtung, Kameraführung und plastischer Chirurgie deutlich.
Mit dem Film „Haferbrei macht sexy!" machte ein britischer Comedy-Star auf die fragwürdige Verbindung von Sexualität und Werbung aufmerksam. Die Aufmerksamkeit der Konsumenten oder der Zuschauer wird psychologisch beabsichtigt geweckt, indem ihr Sexualtrieb ausgenutzt wird. Dadurch entstehen Leitbilder, die den Blick für die Realität trüben und zu ernsthaften Störungen des Sexualverhaltens führen können.

Abgeschminkt?

Schwaches Geschlecht – starkes Geschlecht?

Frau-Schema und Mann-Schema in der Karikatur

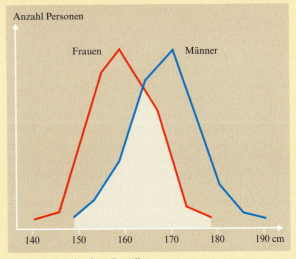

Körperhöhen in einer Bevölkerung

Geschlechtsunterschiede. Menschen werden gleich nach der Geburt entsprechend ihren äußeren Geschlechtsorganen als männlich oder weiblich eingeordnet. Mithilfe von Ultraschalluntersuchungen kann diese Einordnung heute oft schon vor der Geburt erfolgen. Sie begleitet den Menschen sein ganzes Leben lang und bestimmt seine Entwicklung und sein Schicksal maßgeblich mit.

Statistiken belegen, dass es Geschlechtsunterschiede gibt, die über das Vorhandensein der Geschlechtsmerkmale im engeren Sinne hinausgehen: Männer sind beispielsweise im Durchschnitt 20 % schwerer und 8 cm größer als die „Durchschnittsfrau". Die Frau besitzt im Verhältnis zu ihrem Körpergewicht 7 % bis 8 % weniger Blut als der Mann. Auch trainierte Frauen erreichen nur 60 % der Muskelkraft und 80 % der körperlichen Leistungsfähigkeit des Mannes. Deshalb müssen sportliche Kraft- und Ausdauerleistungen nach Geschlechtern getrennt bewertet werden. Trotz Unterlegenheit in der Körperkraft hat die Frau im Gegensatz zum Mann eine größere Gelenkigkeit und Geschicklichkeit (besonders in der Feinsteuerung von Bewegungen, z. B. bei gymnastischen Übungen). Frauen haben durchschnittlich eine größere Vitalität und werden seltener krank. Das so genannte schwache wird zum ganz starken Geschlecht, wenn es um die Lebenserwartung geht (in Deutschland bei Männern etwa 70 Jahre, bei Frauen etwa 77 Jahre).

„Die" Frau – „der" Mann? Wegen der großen Überschneidungsbereiche der Merkmale – wie zum Beispiel der Körperhöhen – kann man aus Durchschnittswerten einer ganzen Bevölkerung natürlich nicht auf die Ausprägung bestimmter Eigenschaften und Fähigkeiten eines einzelnen Menschen schließen. Einige Merkmale treten bei beiden Geschlechtern nur mit unterschiedlicher Häufigkeit auf. Die Frage nach der biologisch unterschiedlichen Veranlagung der Geschlechter verliert an Bedeutung, wenn uns bewusst wird, dass sich im Hinblick auf die meisten Aufgaben, die sich uns heute beruflich und im Privatleben stellen, Geschlechtsunterschiede keine entscheidende Rolle mehr spielen. Spitzenleistungen, zum Beispiel auf sportlichem, geistigem und künstlerischem Gebiet, sind immer Ausnahmen, die nicht geeignet sind, Überlegenheit zu begründen.

❤❤ **SIE SUCHT IHN** ❤❤

Wer will einen Neuanfang wagen mit junger Frau, 29 J., 1,57, 60 kg? Du solltest bis 40, 1,80 groß und Nichtraucher sein...

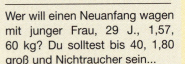

Körperhöhe als ein Aspekt der Partnersuche in einer Zeitungsanzeige

Affenmännchen sind bei jenen Arten größer und schwerer, in deren Gruppen sie um die Weibchen konkurrieren (Drohen, Angreifen, Kämpfen, Imponieren): Bei Gorillas und Pavianen sind die Männchen mehr als 70 % schwerer als die Weibchen. Bei Schimpansen beträgt der Unterschied 25 % bis 50 %. Die Weibchen aber sind es, die auswählen und bestimmte Männchen bevorzugen, meist (aber nicht nur) die im Kampf Überlegenen. Ein ähnliches Wahlverhalten hat wahrscheinlich auch bei den stammesgeschichtlichen Vorfahren des Menschen eine Rolle gespielt.

Die Körpergröße ist auch heute noch ein Merkmal, das von Frauen und Männern bei der Partnersuche beachtet wird.

Schwaches Geschlecht – starkes Geschlecht?

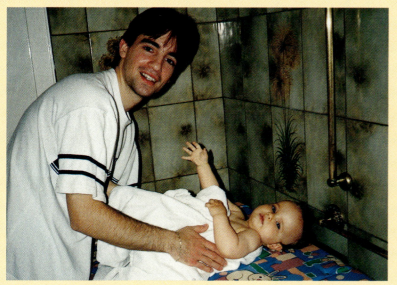

Vater bei der Babypflege

Junge Frau beim Boxtraining

Gleichberechtigung von Frauen und Männern. Im Artikel 3 des Grundgesetzes der Bundesrepublik Deutschland steht der Satz: „Männer und Frauen sind gleichberechtigt." Nachdem Gleichberechtigung als grundlegendes Menschenrecht seit 50 Jahren Bestandteil des Grundgesetzes ist, haben Frauen und Männer bei ihrer Verwirklichung schon sehr viel erreicht. Um die Gleichberechtigung der Geschlechter vollständig durchzusetzen, sind jedoch nach wie vor umfassende Veränderungen unserer Lebensweise erforderlich. Dabei geht es nicht um „Gleichmacherei", sondern um eine ausgewogene, faire Arbeitsteilung. Zum Beispiel geraten Frauen nach der Geburt eines Kindes beruflich oft ins Hintertreffen. Man erwartet, dass vor allem sie die Kinderbetreuung übernehmen. Nehmen sie ihre Berufstätigkeit wieder auf, dann entsteht für die Frauen oft eine einseitige Mehrbelastung. Familie bzw. Kinder und Beruf sind für sie schwerer vereinbar, wenn die Väter nicht zur „gerechten" Übernahme von Pflichten in der familiären Lebensgemeinschaft bereit sind. Darüber hinaus ist die Chancengleichheit der Geschlechter auch auf dem Arbeitsmarkt noch weit von ihrer gerechten Umsetzung entfernt.

Die Erbanlagen eines Menschen legen ihn nicht im engen Sinne auf eine Geschlechterrolle – nur „typisch männlich" oder „typisch weiblich" – fest. Vieles, was von ihm entsprechend seinem Geschlecht erwartet wird, lernt ein Kind von Bezugspersonen. Schon sehr bald ist sein Verhalten als Mädchen oder Junge über das biologisch Festgelegte hinaus auch von diesen gesellschaftlich bestimmten Normen geprägt.

Diese oder ähnliche Meinungen hast du sicher schon gehört:
– Jungen verstehen Naturwissenschaften und Technik besser als Mädchen.
– Für ein Mädchen ist es viel wichtiger, eine gute Figur zu haben als eine gründliche Schul- und Berufsausbildung.
– Wenn ein Mädchen später heiraten will, braucht es keine lange Berufsausbildung.
– Frauen sind doch zur Kindererziehung viel besser geeignet.
– Männer verdienen zu Recht mehr Geld als Frauen, weil sie dafür auch mehr leisten.
– Kochen ist Frauensache.
– Frauen, die keine Kinder haben wollen, sind keine richtigen Frauen. Hausmänner sind keine richtigen Männer.

AUFGABEN

1. Werte das Diagramm über die Körperhöhen in einer Bevölkerung aus. Benutze dabei die Bezeichnungen „Durchschnittswerte" und „Überschneidungsbereich der Merkmale"!
2. Diskutiert die rechts oben auf dieser Seite zusammengestellten Meinungen unter dem Gesichtspunkt „Gleichberechtigung der Geschlechter"!
3. Stelle Partnersuchanzeigen (z. B. „Er sucht sie", „Sie sucht ihn") aus Zeitungen zusammen. Erläutere und vergleiche die darin geäußerten Erwartungen an den Partner!
4. Erläutere die Aussage der auf dieser Seite abgebildeten Fotos unter dem Gesichtspunkt „Gleichberechtigung der Geschlechter"!

> **Am Tage verkaufte er Versicherungen – nachts suchte er nach Opfern**
>
> **Achtung, wenn sich Ihr Spross plötzlich ganz anders verhält**
> **Wenn Kinder zum Opfer werden**
>
> **Perverser Telefonterror**
>
> **Der Fall Heike S.**
> Heike war gerade 16 Jahre alt, als ihr unbekümmertes und fröhliches Leben plötzlich einen jähen Riss bekam...
>
> **Sexgrapscher im Freibad**
>
> *Wie kommt es zu Sexverbrechen?*

Sexualität und Gewalt. Freitagabend 23.35 Uhr irgendwo in einer Stadt in Deutschland. In der Beratungsstelle des Frauenhauses klingelt das Telefon. Die Beraterin meldet sich und hört eine weibliche Stimme, die stockend und von Schluchzen unterbrochen angibt, von ihrem eigenen Mann mehrfach sexuell missbraucht worden zu sein. Sie weiß nicht mehr weiter. Die Beraterin bittet die Frau zu einem Gespräch und bietet ihr für die nächsten Tage eine geschützte Unterkunft.

Störungen des Sexualtriebs können bei manchen Männern dazu führen, dass sie Verhaltensweisen entwickeln, die keine sexuelle Selbstbestimmung zulassen. Solche Störungen können zu Gewaltanwendungen und Misshandlungen führen. Nicht selten geschieht dies auch in langjährig bestehenden Partnerschaften gegen die Partnerin.

Vergewaltigung und sexuelle Nötigung als Vergehen gegen das Recht zur sexuellen Selbstbestimmung des Menschen werden zwar mit Freiheitsstrafen geahndet, sie gelangen jedoch häufig nicht zur Anzeige, da die Betroffenen Angst haben, anderen Menschen davon zu erzählen, oder sie tragen selbst Schuldgefühle in sich.

Die schwerwiegenden psychischen Schädigungen lassen sich auch durch intensive Behandlung und Betreuung oft nicht mehr beheben, sodass sie das Leben der Betroffenen nachhaltig belasten.

Besonders schwerwiegend ist die sexuelle Misshandlung von Kindern beiderlei Geschlechts, da Kinder dem Erwachsenen – häufig sogar einem Familienmitglied – vertrauen und oft nicht erkennen, was mit ihnen geschieht. Sie sprechen in der Regel mit niemandem darüber, verdrängen ihre Gefühle, ziehen sich in ihre eigene Traumwelt zurück oder nehmen die Misshandlung hilflos als gegeben hin. Viele dieser Misshandlungen werden von mitwissenden Familienmitgliedern verdrängt oder gedeckt. Für misshandelte Kinder gibt es Beratungsstellen in Kinderschutzzentren und Jugendämtern, die Schutz und Hilfe garantieren.

Sexuell missbraucht – was soll ich tun?

> Die meisten Menschen finden in einer dauerhaften, heterosexuellen Beziehung ihre Erfüllung. Homosexualität kommt in allen Bevölkerungsschichten vor. Sie wird zunehmend toleriert. Störungen in der sexuellen Entwicklung können zur Ausbildung von Verhaltensweisen führen, die von der Norm abweichen. Werden durch diese Verhaltensweisen andere Menschen geschädigt, wird Strafverfolgung eingeleitet. Die Opfer, meist Frauen und Kinder, erhalten Hilfe und Schutz durch staatliche oder private Einrichtungen.

AUFGABEN

1. Welche Eigenschaften muss deine Traumfrau oder dein Traummann besitzen?
   Prüfe, ob ein einzelner Mensch diese Eigenschaften auch wirklich in sich vereinen kann!
2. Sammle Beispiele für Sex in der Werbung! Steht das Produkt tatsächlich in Zusammenhang mit Sexualität?
3. Informiere dich über Beratungsstellen für missbrauchte Personen in deiner Umgebung!

Biologische Grundlagen menschlicher Sexualität

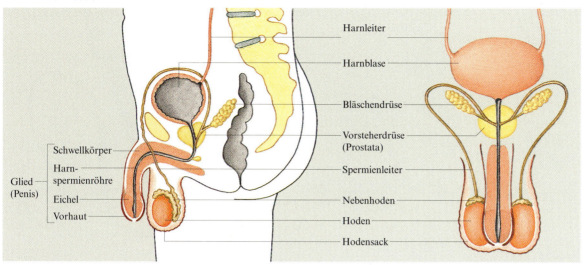

Lage und Bau der männlichen Geschlechtsorgane (links von der Seite, rechts von vorn)

Bau und Funktion der männlichen Geschlechtsorgane. Wenige Wochen vor der Geburt eines Jungen befinden sich die beiden Hoden noch in der Bauchhöhle. Erst dann werden sie gemeinsam mit den Nebenhoden in den Hodensack verlagert. Eine Bindegewebskapsel umgibt das Hodeninnere. Die Hoden enthalten Hodenläppchen, in denen sich vielfach aufgewundene Hodenkanälchen befinden. Hier werden die männlichen Samenzellen, die Spermien, gebildet. In den Zwischenräumen der Hodenkanälchen liegen kleine Anhäufungen von Zellen, in denen das männliche Geschlechtshormon Testosteron gebildet wird. Das Testosteron hat vielfältige biologische Wirkungen für die sexuelle Reifung des Jungen. So beeinflusst es das Wachstum von Knochen und Muskelgewebe, die Ausbildung männlicher Körpermerkmale und Verhaltensweisen sowie die Bildung der Spermien.
Die Hodenkanälchen sind mit den Nebenhoden verbunden. In den Nebenhoden werden die Spermien zunächst gespeichert. Von hier aus werden sie über den Spermienleiter beim Samenerguss (Ejakulation) in die Harnspermienröhre transportiert. Die Vorsteherdrüse gibt bei der Ejakulation ein Sekret ab, das für die Eigenbewegung der Spermien notwendig ist. Aber erst das Sekret der Bläschendrüse löst die eigenständige Bewegung der Spermien aus. Zusammen mit den Spermien bilden diese beiden Sekrete das Sperma.
Bei sexueller Erregung bilden zwei weitere kleine Drüsen ein schleimiges Sekret, das vor der Ejakulation in die Harnspermienröhre abgegeben wird und dort vorhandene Harnreste neutralisiert.
Das Glied (der Penis) besteht aus drei Schwellkörper und der Harnspermienröhre. Die vorderen Enden der Schwellkörper liegen in der abgerundeten Spitze des Penis, der Eichel.
Bei sexueller Erregung werden die Schwellkörper mit Blut gefüllt, sodass es zur Versteifung des Penis kommt (Erektion) und die Vorhaut über die Eichel zurückgleitet. Bei der geschlechtlichen Vereinigung von Mann und Frau, der Begattung, gelangen die Spermien nach Einführung des Penis und einer Ejakulation in die Scheide der Frau.

Schon gewusst?

Ein gesunder Mann bildet täglich 300 bis 500 Millionen Spermien und behält diese Fähigkeit auch im Alter.
Die Spermienbildung verläuft am intensivsten bei einer Temperatur von 30 °C bis 33 °C, also unterhalb der normalen Innentemperatur des Körpers. Deshalb ist die Platzierung der Hoden im Hodensack außerhalb des Bauchraums biologisch notwendig.
Bei Körpertemperatur kann ein gesundes Spermium in drei Minuten eine Strecke von etwa 1 cm zurücklegen.

Sexualität, Fortpflanzung und Entwicklung

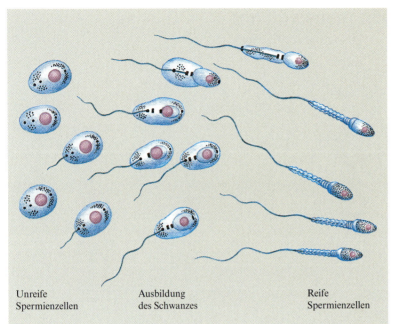

Bildung der Spermienzellen im Hodengewebe

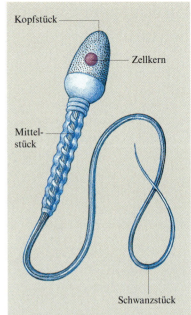

Bau einer Spermiumzelle

Bau und Bildung der Spermienzellen. Die Spermienzellen übertragen die väterlichen Erbanlagen auf die nächste Generation. Sie sind nur 0,05 mm bis 0,06 mm groß. Eine Spermiumzelle ist in Kopfstück, Mittelstück und Schwanzstück gegliedert. Im Kopfstück befindet sich der Zellkern mit den Erbanlagen. Das Kopfstück ist außen von einer enzymhaltigen Schicht bedeckt. Die Enzyme ermöglichen es der Spermiumzelle, bei der Befruchtung in das Innere einer Eizelle einzudringen. Im Mittelstück der Spermiumzelle befinden sich Mitochondrien. Sie stellen die Energie bereit, die die Spermiumzelle für ihre Fortbewegung benötigt.

Die Bildung der Spermienzellen wird von Teilen des Gehirns und von Hormonen gesteuert. Die Spermienzellen sind anfangs noch unreif und auch nicht in der Lage sich zu bewegen. Erst wenn sie in die Nebenhoden gelangen, nehmen sie ihre typische Gestalt an. Spermienzellen werden in den Hoden zeitlebens gebildet.

In dem beim Samenerguss abgegebenen Sperma befinden sich 35 bis 200 Millionen Spermienzellen, Wasser, aber auch Enzyme und Zucker. Ein Teil der Spermienzellen, bei einem gesunden Mann etwa 10 % bis 20 %, ist bewegungsunfähig bzw. nicht lebensfähig. Nur etwa 300 bis 800 der in dem Sperma vorhandenen Spermienzellen gelangen bis in die Eileiter.

Spermienzellen sind in den weiblichen Geschlechtsorganen nur zwei bis drei Tage lebensfähig. Treffen sie nicht auf eine Eizelle, werden sie von weißen Blutzellen vernichtet. Die Bildung der Spermienzellen wird stark von der Lebensweise beeinflusst. Umweltgifte, Dauerstress, Alkohol und Rauchen vermindern die Anzahl der lebensfähigen Spermienzellen. Es kann sogar zur Zeugungsunfähigkeit (Sterilität) kommen.

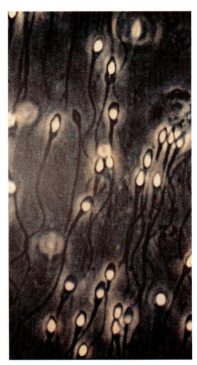

Spermienzellen des Menschen

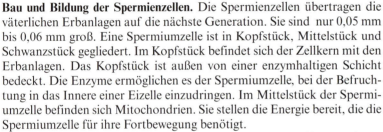

Die männlichen Geschlechtsorgane sind der Penis, die paarigen Hoden mit Nebenhoden, der Spermienleiter, die Vorsteherdrüse und die Bläschendrüsen. Die Spermienzellen werden in den Hoden gebildet und in den Nebenhoden gespeichert.

Biologische Grundlagen menschlicher Sexualität

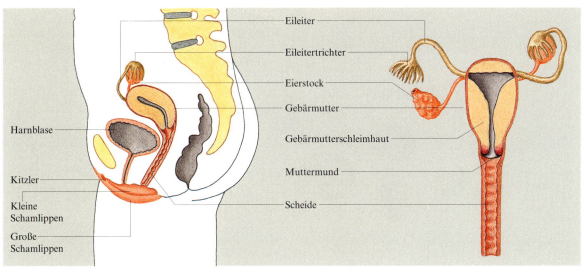

Lage und Bau der weiblichen Geschlechtsorgane (links von der Seite, rechts von vorn)

Bau und Funktion der weiblichen Geschlechtsorgane. Die weiblichen Geschlechtsorgane liegen geschützt im Unterleib. Von außen zu erkennen sind lediglich die großen und kleinen Schamlippen, der Kitzler (Klitoris) und der Scheidenvorhof. Der Kitzler besteht aus einem kleinen, etwa 3 bis 4 cm langen Schwellkörper, der wie das männliche Glied bei Erregung durch Blutstau vergrößert werden kann. Zwischen den kleinen Schamlippen liegt der Scheidenvorhof, in den die Harnröhre und die Scheide (Vagina) münden.

Die Eizellen entwickeln sich in den paarigen Eierstöcken (Ovar). Diese befinden sich im unteren Bauchraum. Die Eierstöcke sind etwa 4 cm lang, 2 cm breit und nur 1 cm dick. Sie enthalten bei einem neugeborenen Mädchen 250 000 bis 400 000 unreife Eizellen.

Die Eierstöcke sind mit den trichterförmigen offenen Enden der Eileiter verbunden. Reift eine Eizelle, so kommt es zum Eisprung. Der Trichter legt sich an den Eierstock und fängt die Eizelle auf.

Die Eileiter sind zarte, nur 5 bis 10 mm dicke Muskelschläuche, deren Innenflächen mit Flimmerzellen und Drüsen ausgekleidet sind. In den Eileitern findet auch die Befruchtung statt. Es dauert etwa 4 bis 5 Tage, bis die Eizelle den 10 bis 15 cm langen Weg durch den Eileiter zurückgelegt hat. Ist die Eizelle befruchtet worden, so wird sie anfangs von Absonderungen der Eileiter ernährt.

Die beiden Eileiter münden in die Gebärmutter (Uterus), die elastisch im Bauchraum befestigt ist. Die Wand der Gebärmutter besteht von außen nach innen aus Bindegewebe, Muskelgewebe und der Schleimhaut. Die Schleimhaut verändert sich während des Menstruationszyklus. Wenn keine Schwangerschaft eintritt, wird sie bei der Regelblutung abgestoßen. Die Kontraktionen des Muskelgewebes der Gebärmutter (Wehen) bewirken bei der Geburt die Austreibung des Kindes.

Gebärmutterhals und Muttermund verbinden die Gebärmutter mit der Scheide. Die Scheide ist schlauchförmig und kann beim Geburtsvorgang stark erweitert werden. Die Schleimhaut der Scheide enthält eine Vielzahl Milchsäure bildender Bakterien, die die Entwicklung krankheitserregender Bakterien verhindern. Der Scheideneingang ist anfangs durch eine kleine halbmondförmige Schleimhautfalte (Jungfernhäutchen) verengt.

Von Spermienzellen umringte Eizelle

AUFGABEN

1. Beschreibe den Weg einer Spermiumzelle von der Reifung bis zur Ejakulation!
2. Erläutere die Bedeutung der Schwellkörper des Penis für die Begattung!
3. Vergleiche den Bau einer Spermiumzelle mit dem eines Geisseltierchens! Was fällt dir auf?

162 Sexualität, Fortpflanzung und Entwicklung

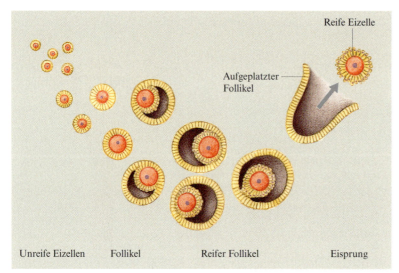

Reifungsprozess einer Eizelle bis zum Eisprung

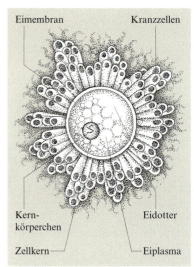

Schnitt durch eine Eizelle des Menschen

Bildung und Reifung der Eizellen. Die Entwicklung und Reifung der Eizellen erfolgt in zwei zeitlich getrennten Abschnitten: Während der vorgeburtlichen Entwicklung eines Mädchens und nach der Pubertät.
In der vorgeburtlichen Entwicklung entstehen aus so genannten Urkeimzellen unreife Eizellen. Diese bilden jeweils mit einigen Hüllzellen einen Primärfollikel (Follikel bedeutet Schlauch oder Bläschen). Die Primärfollikel liegen schon vom 3. Monat der Embryonalentwicklung an in sehr großer Anzahl in den Eierstöcken des Mädchens. Diese Anzahl verringert sich durch Rückbildungsprozesse bis zum Eintritt in die Pubertät auf etwa 40 000. Von da an treten bei jedem Menstruationszyklus einige der Primärfollikel in eine weitere Wachstumsphase ein, in der sich die Hüllzellen teilen und ein Entwicklungsprozess stattfindet, durch den eine befruchtungsfähige Eizelle entsteht. Diese Prozesse werden durch Hormone der Hirnanhangsdrüse (Hypophyse) und des Eierstocks gesteuert.
Eine Frau ist etwa zwischen dem 13. und dem 50. Lebensjahr fortpflanzungsfähig. Während dieser Zeit entwickeln sich etwa 300 bis 400 befruchtungsreife Eizellen. Eine Eizelle ist mit einem Durchmesser von 0,12 mm bis 0,15 mm deutlich größer als eine Spermiumzelle. Die Eizelle selbst ist unbeweglich. Sie wird durch die Flimmerhärchen und die Kontraktionen des Eileiters zur Gebärmutter transportiert.
Ist die Eizelle reif, kommt es zum Eisprung und die Eizelle wird in den Eileiter abgegeben. Der Eisprung erfolgt etwa in der Mitte zwischen zwei Regelblutungen und wird von einem leichten Anstieg der Körpertemperatur begleitet. Dieser Anstieg wird als Kriterium für die Bestimmung der fruchtbaren Tage durch Messung der Basaltemperatur herangezogen.Die reife Eizelle ist nur etwa 24 Stunden lebensfähig. Wird sie in dieser Zeit nicht befruchtet, so stirbt sie ab und wird in der Gebärmutter aufgelöst.

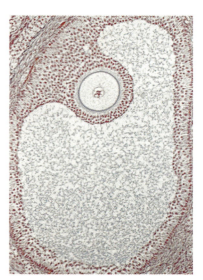

Follikel mit Eizelle

> Die Geschlechtsorgane der Frau sind die großen und kleinen Schamlippen, der Kitzler, die Scheide, die Gebärmutter, die Eileiter und die Eierstöcke. Bei einer Frau im fortpflanzungsfähigen Alter reift in den Eierstöcken im Monatsrhythmus je eine Eizelle heran. Die reife Eizelle gelangt dann über einen der Eileiter in die Gebärmutter. Wenn sie nicht befruchtet wird, stirbt sie nach etwa 24 Stunden ab.

Biologische Grundlagen menschlicher Sexualität

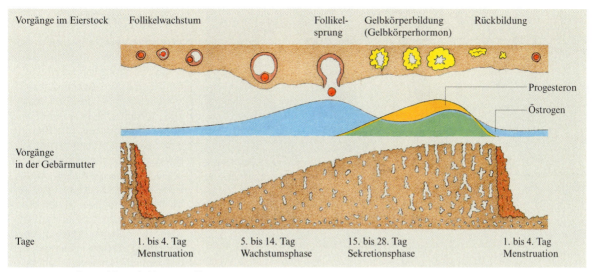

Der Menstruationszyklus wird hormonell gesteuert.

Menstruationszyklus. Mädchen und Frauen empfinden das Einsetzen der Menstruation individuell sehr unterschiedlich. Sie ist der Abschluss eines Vorgangs mit typischen Veränderungen, der sich zyklisch etwa monatlich wiederholt und hormonell gesteuert abläuft. Der Menstruationszyklus umfasst die Dauer vom ersten Tag der Regelblutung bis zum letzten Tag vor der nächsten Blutung. Er lässt sich in zwei Phasen einteilen. In der ersten Phase lösen Hormone der Hirnanhangsdrüse (FSH, LH) die vermehrte Bildung der Östrogene in den Eierstöcken und die Follikelreifung aus. Gleichzeitig wächst die Gebärmutterschleimhaut. Nach etwa 14 Tagen löst ein starker Anstieg der LH-Konzentration den Eisprung aus. In der zweiten Phase wird die Gebärmutterschleimhaut stärker durchblutet und so auf die Einnistung der befruchteten Eizelle vorbereitet. Dieser Vorgang wird durch das Gelbkörperhormon (Progesteron) der Eierstöcke gesteuert. Wird die Eizelle nicht befruchtet, stellt der Gelbkörper etwa nach zwei Wochen die Progesteronbildung ein, die Gebärmutterschleimhaut wird abgebaut und unter Blutungen ausgeschieden.

Einfluss von Hormonen auf die Menstruation		
Hormon	Bildungsort	bewirkt, beteiligt an
FSH (follikelstimulierendes Hormon)	Hirnanhangsdrüse	Reifung der Eizelle, Bildung von Östrogen
LH (gelbkörperstimulierendes Hormon)	Hirnanhangsdrüse	Auslösen von Eireifung und Eisprung, Ausbildung des Gelbkörpers, Steuerung der Östrogen- und Progesteronbildung
Östrogene	Eierstock	Ausbildung der sekundären Geschlechtsmerkmale, Reifung der Eizelle, Transport der Eizelle, Wachstum der Gebärmutterschleimhaut in der ersten Phase des Menstruationszyklus
Progesteron (Gelbkörperhormon)	Gelbkörper der Eierstöcke	Befruchtung der Eizelle, Eitransport, Vorbereitung der Gebärmutterschleimhaut auf die Einnistung

Beispiel für einen Regelkalender (regelmäßiger Blutungsverlauf)

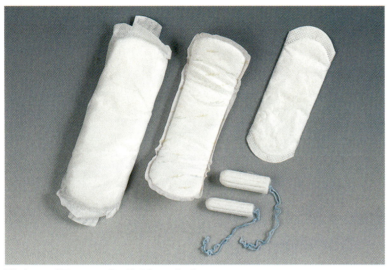

Binden und Tampons für die Monatshygiene

Hygiene der weiblichen Geschlechtsorgane. In früheren Jahrhunderten wurde von der Menstruation als „erblich bedingter Krankheit des Weibes" gesprochen. Erst zu Beginn des vorigen Jahrhunderts gelang es, durch Aufklärungsarbeit diese Vorstellung zu beseitigen.

Durch äußere Einflüsse wie Stress oder Aufregung kann der zeitliche Ablauf der Menstruation, besonders bei jungen Mädchen und Frauen, erheblich variieren. Je nach Stärke der Blutung können Schwächegefühle, Unterleibs- und Kopfschmerzen auftreten. In dieser Zeit sind betroffene Frauen besonders sensibel.

Junge Mädchen und Frauen sollten einen Menstruationskalender führen. Der Kalender kann zur Erkennung von Störungen wie Unregelmäßigkeiten oder Zwischenblutungen dienen und bietet so dem Arzt eine wichtige Hilfe bei der Diagnose.

Durch die Blutung wird der Schleimpfropf, der die Gebärmutter verschließt, mit abgestoßen. Dadurch ist der Scheidengang nicht mehr in ausreichendem Maße vor dem Eindringen von Krankheitserregern wie Bakterien oder Pilzen geschützt. Bei auftretenden Entzündungen sollte ein Arzt aufgesucht werden.

Das bei der Menstruation aus der Scheide austretende Blut wird mit saugfähigen Materialien (Tampons, Binden) aufgefangen. Wenn das Blut an der Luft zersetzt wird, kann es unangenehm riechen. Deshalb sollten Binden und Tampons häufiger gewechselt werden, zum Zeitpunkt der stärksten Blutungen etwa alle 2 bis 4 Stunden. Tampons fangen das Blut direkt in der Scheide auf. Wenn sie jedoch zu lange darin verbleiben, können sie die natürliche Feuchtigkeit des Schleimhautfilms beeinträchtigen und Entzündungen auslösen.

> Während der Eireifung im Follikel wird Östrogen gebildet, das das Wachstum der Gebärmutterschleimhaut beeinflusst. Nach dem Eisprung bildet der zum Gelbkörper umgebildete Follikel Progesteron, das das Wachstum der Gebärmutterschleimhaut aufrechterhält. Kommt es nicht zu einer Befruchtung, bildet sich der Gelbkörper zurück und die Gebärmutterschleimhaut wird abgestoßen, es kommt zur Menstruation.

Schon gewusst?

Das Eintreten von Frauen in die so genannten Wechseljahre ist ein normaler biologischer Vorgang. Während dieser Zeit (meistens zwischen dem 45. bis 50. Lebensjahr) verliert eine Frau ihre Fortpflanzungsfähigkeit. Die Bildung von Sexualhormonen nimmt allmählich ab. Schließlich findet keine Menstruation mehr statt. Eine Schwangerschaft ist dann nicht mehr möglich. In den Wechseljahren leiden manche Frauen unter Befindlichkeitsstörungen, die jedoch ärztlich behandelt werden können. Auch eine richtige Einstellung zum Altern hilft, diesen Lebensabschnitt zu bewältigen. Die Sexualität hört mit den Wechseljahren keineswegs auf. Während der Wechseljahre und danach können Frauen ein erfülltes Geschlechtsleben haben.

AUFGABEN

1. Vergleiche den Bau von Eizelle und Spermiumzelle!
2. Zeichne ein einfaches Schema, das die Entstehung einer befruchtungsfähigen Eizelle zeigt!
3. Beschreibe die Reifung einer Eizelle und ihren Weg in die Gebärmutter!
4. Welche Bedeutung haben die in der Scheide lebenden Milchsäurebakterien?
5. Erkrankungen und psychische Belastungen beeinflussen den Menstruationszyklus. Wie ist das zu erklären?
6. Erkläre die Bedeutung der Gebärmutterschleimhaut für die Fortpflanzung des Menschen!
7. Begründe, weshalb es für junge Frauen sinnvoll ist, einen Menstruationskalender zu führen!
8. Weshalb kann es vor allem bei jungen Frauen zu Eisenmangelerscheinungen kommen?

Von der befruchteten Eizelle bis zur Geburt

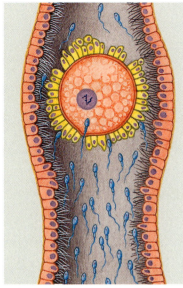

Befruchtung der Eizelle im Eileiter

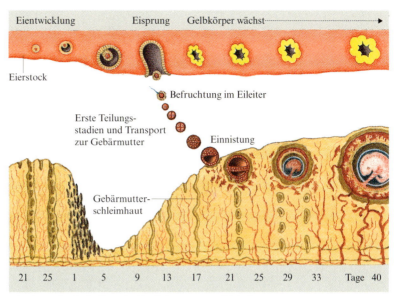

Einnisten des Keimlings in die Gebärmutterschleimhaut

Befruchtung und Einnisten des Keimlings. Ein junges Paar hat miteinander Geschlechtsverkehr gehabt. Während beide Partner eng aneinandergeschmiegt eingeschlafen sind, ist in den Geschlechtsorganen der Frau keineswegs Ruhe eingekehrt. Etwa 45 Minuten nach der Ejakulation des Mannes trifft die erste von Millionen ausgeschütteter Spermienzellen im Eileiter auf eine reife Eizelle. Diese wird von einer Membran und einem Kranz kleiner Zellen schützend umgeben. Durchdringt eine Spermiumzelle den Zellkranz und erreicht mit dem Kopfstück die Membran, wölbt ihm die Eizelle einen so genannten Befruchtungshügel entgegen. Gleichzeitig bildet die Eizelle eine zusätzliche Membran aus, die das Eindringen weiterer Spermienzellen behindert. Das Kopfstück der Spermiumzellen dringt in die Eizelle ein und wird mit dem Mittelstück und dem Schwanzteil in die Eizelle aufgenommen. Der Kern der Spermiumzelle verschmilzt mit dem Kern der Eizelle zu einem neuen Zellkern, der die mütterlichen und väterlichen Erbanlagen in sich vereinigt. Die befruchtete Eizelle wird als Zygote bezeichnet. Mit der Entstehung der Zygote beginnt eine Reihe sehr komplexer Entwicklungsvorgänge, die als Embryonalentwicklung bezeichnet werden und in deren Verlauf der Embryo zum Fetus und schließlich zum geburtsreifen Kind heranwächst. Die Embryonalentwicklung wird mit der Geburt eines Kindes abgeschlossen.

Die befruchtete Eizelle teilt sich noch im Eileiter mehrmals. Mit der Befruchtung wird die Bildung weiterer Follikel während der beginnenden Schwangerschaft durch das Hormon Progesteron gehemmt. Die befruchtete Eizelle entwickelt sich zu einem kugeligen Zellhaufen, dem so genannten Maulbeerkeim. Aus ihm entsteht am vierten Tag nach der Befruchtung der Blasenkeim. Im Inneren besteht dieser aus dem Keimbläschen, um das zwei Schichten von kleinen Zellen angeordnet sind. Der Blasenkeim nistet sich zwischen dem sechsten und neunten Tag nach der Befruchtung in die Gebärmutterschleimhaut ein. Er wird zunächst durch Stoffe ernährt, die aus der Gebärmutterschleimhaut stammen.

Schon gewusst?

Wie finden die Spermienzellen den Weg zur Eizelle? Die Eizelle gibt chemische Substanzen ab, die als Lockstoffe auf die Spermienzellen wirken. Die Fortbewegung der Spermienzellen wird durch Muskelkontraktionen der Gebärmutter und durch von Flimmerhärchen erzeugte Strömungen in den Eileiter unterstützt. Die ersten Spermienzellen benötigen etwa 45 Minuten, um nach der Begattung den Teil des Eileiters zu erreichen, in dem sich die befruchtungsfähige Eizelle befindet. Sie bleiben 1 bis 3 Tage befruchtungsfähig.

AUFGABEN

1. Beschreibe den Weg der Eizelle von der Befruchtung bis zur Einnistung in die Gebärmutterschleimhaut in Stichworten!
2. Begründe, weshalb immer nur eine Spermiumzelle „das Rennen" macht, häufig auch gar keine!

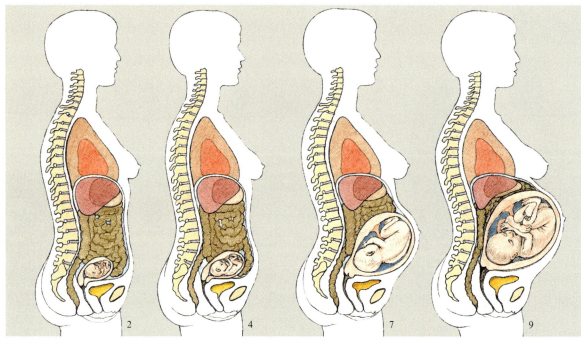

Entwicklung des Kindes im Körper seiner Mutter (die Ziffern bezeichnen den Schwangerschaftsmonat)

Schwangerschaft. Mit der Einnistung des Blasenkeims in die Gebärmutterschleimhaut beginnt die Schwangerschaft. Die innere Zellschicht des Blasenkeims entwickelt sich zum Embryo, die äußere zum Mutterkuchen (Plazenta) und zu den Fruchthüllen. Der Embryo ist über die Nabelschnur und die Plazenta mit dem Blutkreislauf der Mutter verbunden. Im Embryo entwickeln sich die verschiedenen Gewebe und Organe. Am Ende der dritten Schwangerschaftswoche beginnt bereits das Herz zu schlagen und seine Blutgefäße entwickeln sich.

Nach sieben Wochen ist der Embryo etwa 2 cm groß. Wichtige Organsysteme wie Sinnes- und Nervensystem, Gliedmaßen und Muskulatur sind bereits angelegt. Nach dem Abschluss der Organentwicklung am Ende des dritten Schwangerschaftsmonats wird der Embryo als Fetus bezeichnet. In den weiteren Monaten nimmt der Körper rasch an Länge zu, das Wachstum des Kopfes verlangsamt sich etwas.

Der Körper der Schwangeren passt sich den besonderen Aufgaben und Belastungen an, er verändert sich deutlich. Ihr Herz verlagert sich unter dem Einfluss des heranwachsenden Fetus und vergrößert sich, da es ja über die Plazenta auch das Kind mit Sauerstoff und Nährstoffen versorgt. Der Sauerstoffverbrauch erhöht sich während der Schwangerschaft um etwa ein Fünftel, sodass der Gasaustausch in der Lunge zunimmt.

Die Gebärmuttermuskulatur, die vor Beginn der Schwangerschaft nur eine Masse von etwa 50 g hatte, erreicht nun rund 1000 g. Kurz vor der Geburt hat der Fetus eine durchschnittliche Masse von 3000 bis 3500 g. Das Fruchtwasser in der Fruchtblase, die Plazenta, die Gebärmuttermuskulatur, die vergrößerten Brüste und in die Gewebe eingelagertes Wasser ergeben eine Masse von 8 bis 9 kg, sodass die Schwangere insgesamt um etwa 10 bis 12 kg zunimmt.

Der Energie- und der Eiweißbedarf einer Schwangeren liegen etwas höher als vor der Schwangerschaft. Gleichzeitig steigt auch der Bedarf an Mineralstoffen und Spurenelementen (z. B. Calcium, Eisen und Iod).

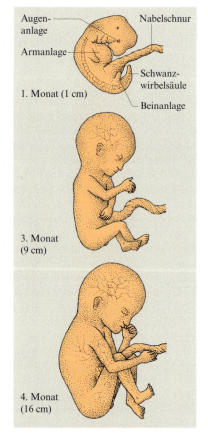

Entwicklungsstadien des Keimlings

Der Vitaminbedarf nimmt ebenfalls zu, kann aber durch eine ausgewogene Ernährung sicher abgedeckt werden. In der Schwangerschaft sollten daher Milch- und Vollkornprodukte, frisches Gemüse und Obst sowie fettarmes Fleisch und Seefisch den Speiseplan bestimmen.

Entwicklung des Embryos und des Fetus			
Alter	Größe	Masse	Markante Merkmale
nach 1 Monat			*Embryo:* Der Kopfbereich bildet sich aus, das Herz ist erkennbar
nach 2 Monaten	3 cm	1 g	Kopf, Rumpf und Gliedmaßen sind erkennbar; alle Organe sind angelegt
nach 3 Monaten	9 cm	14 g	*Fetus:* Ohren, Augenlider, Nase und Mund sind erkennbar; Gehirn und Rückenmark wachsen stark
nach 4 Monaten	16 cm	100 g	Gliedmaßen sind voll ausgebildet; das Knorpelskelett beginnt zu verknöchern
nach 5 Monaten	25 cm	300 g	Kindesbewegungen sind spürbar; Herztöne hörbar
nach 9 Monaten	50 cm	3300 g	Die Geburtsreife ist erreicht

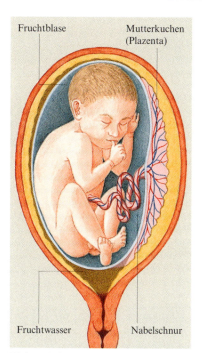

Während der Schwangerschaft stehen Mutter und Kind über die Plazenta in einem intensiven Stoffaustausch

Ernährung von Embryo und Fetus. Über die Plazenta erfolgt zwischen Mutter und Kind ein Stoffaustausch von Nährstoffen, Sauerstoff und Stoffwechselendprodukten. Die dünnen Wände der kindlichen Blutgefäße bilden zwischen dem Blutgefäßsystem der Mutter und dem des Kindes eine Schranke, die Plazentaschranke, aus. Diese verhindert eine Mischung des Blutes der Mutter mit dem des Kindes. Über die Arterie der Nabelschnur erhält der Embryo von der Mutter Nährstoffe und Sauerstoff. Vom Embryo gelangen über die Vene der Nabelschnur die Stoffwechselendprodukte wie beispielsweise Kohlenstoffdioxid zur Mutter.

Störung der Keimesentwicklung. Die ganze Familie freut sich, wenn eine Schwangerschaft ohne Komplikation verläuft. Doch die Entwicklung des Kindes während der Schwangerschaft kann durch viele Faktoren gestört werden, die zu dauerhaften Schäden führen können.
Rauchen schädigt das werdende Kind nachweislich. Schon 5 Zigaretten je Tag oder das Passivrauchen von 10 Zigaretten beeinträchtigen die Lebensfähigkeit des Embryos. Neugeborene von Raucherinnen sind häufig kleiner als die von Nichtraucherinnen. Auch die Plazenta der Schwangeren ist oft viel kleiner ausgebildet. Die Einnahme von Drogen und Alkohol, besonders in den ersten Schwangerschaftsmonaten, können beim Fetus die Entwicklung von Organen und des Nervensystems beeinträchtigen oder sogar Missbildungen an Gliedmaßen hervorrufen.
Auch Krankheitserreger können in das Blut des Kindes gelangen. Da noch kein Abwehrsystem ausgebildet ist, sollte die Schwangere jeden Kontakt mit Krankheitserregern meiden. Der Rötelvirus ist besonders gefährlich, eine vorbeugende Impfung ist daher zu empfehlen. Ein einzelliger Erreger, der vor allem durch Katzenkot und rohes Fleisch übertragen wird, ruft die im Allgemeinen harmlose Toxoplasmose hervor. Bei einer Schwangeren bedeutet diese Infektion jedoch eine große Gefahr für die Gehirnentwicklung des ungeborenen Kindes. Grundsätzlich sollte die Schwangere keine Medikamente ohne ärztliche Aufsicht einnehmen.

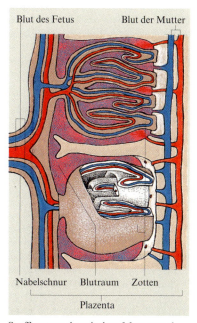

Stoffaustausch zwischen Mutter und Kind

168 Sexualität, Fortpflanzung und Entwicklung

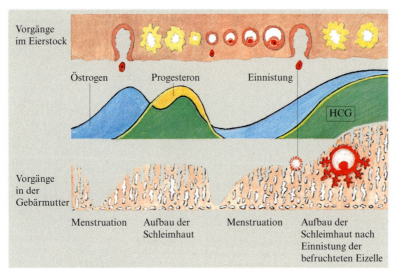

Hormonelle Regelung bei Beginn einer Schwangerschaft

Hormonelle Regelung der Schwangerschaft. Zu Beginn der Schwangerschaft bilden der Keim und die stark durchblutete Gebärmutterschleimhaut das Schwangerschaftshormon Gonadotropin (Human-Chorion-Gonadotropin, HCG). Das HCG bewirkt, dass der Gelbkörper im Eierstock nicht zurückgebildet wird, sondern vermehrt Progesteron und Östrogen gebildet werden. Die Reifung weiterer Follikel wird durch das Hormon Progesteron verhindert. Die Gebärmutterschleimhaut vergrößert sich durch die Wirkung des Östrogens und bildet gemeinsam mit der äußeren Fruchthülle die Plazenta. Die Milchdrüsen in den Brüsten der Schwangeren werden ausgebildet und auf die Milchproduktion eingestellt. Dadurch nehmen die Brüste an Gewicht und Umfang zu.

Durch die hormonelle Umstellung kann es vor allem zu Beginn der Schwangerschaft zu Übelkeit und Erbrechen kommen. Diese Begleiterscheinungen sind aber nur von kurzer Dauer und können in vielen Fällen auch ganz ausbleiben.

Während und nach der Geburt des Kindes erfolgt eine weitere Veränderung des Hormonhaushaltes der Schwangeren. Die Hirnanhangsdrüse schüttet die Hormone Prolactin und Oxytocin aus. Das Hormon Oxytocin veranlasst die Muskelkontraktionen der Gebärmutter. Diese oft schmerzhaften Muskelkontraktionen werden als Geburtswehen bezeichnet. Die Muskeln in den Brustausführgängen werden ebenfalls durch Oxytocin zur Kontraktion angeregt. Dadurch wird die Milch in die Ausführgänge der Brustdrüsen gepresst. Das Hormon Prolactin beeinflusst das weitere Wachstum der Brüste und regt auf den Saugreiz des Neugeborenen hin die Milchsekretion und weitere Milchbildung an.

Nach der Befruchtung beginnt sich die Zygote zu teilen. Die Bildung weiterer Follikel wird gehemmt. Der Blasenkeim nistet sich in die Gebärmutterschleimhaut ein. Über die Plazenta findet ein Stoffaustausch zwischen Mutter und Kind statt. Eine Schwangerschaft dauert durchschnittlich 40 Wochen. Durch Krankheitserreger, Rauchen, Alkohol, Einnahme von Drogen und Medikamenten kann die Entwicklung des Embryos zum Teil erheblich gestört werden. Die Schwangerschaft wird durch das Hormon HCG aufrechterhalten und geregelt.

Schon gewusst?

Ein Teil des HCG wird mit dem Urin ausgeschieden und kann ab 12 Tage nach Ausbleiben der Menstruation nachgewiesen werden. Solche Schwangerschaftsnachweistests sind in Apotheken erhältlich. Sicher kann eine Schwangerschaft allerdings nur durch einen Arzt festgestellt werden. Nicht jedes Ausbleiben der Menstruation bedeutet den Beginn einer Schwangerschaft. Gerade bei jungen Frauen und Mädchen kann dies bedingt durch äußere Lebensumstände vorkommen. Im Zweifelsfall empfiehlt sich ein Besuch beim Gynäkologen.

AUFGABEN

1. Erkläre die Wirkungsweise des Hormons HCG!
2. Begründe, weshalb ein Embryo oder Fetus weder zu atmen noch zu essen oder zu trinken braucht!
3. Welche äußeren Einflüsse können die Entwicklung des Embryos beeinträchtigen oder schädigen? Begründe!

Ein Kind wird geboren

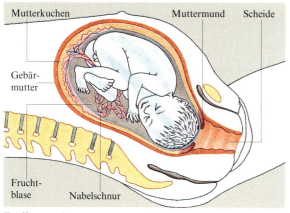

Eröffnungsphase

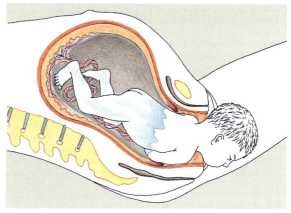

Austreibungsphase

Nach etwa 280 Tagen Schwangerschaft ist es endlich soweit; das Kind ist geburtsreif. Die bevorstehende Geburt kündigt sich durch Wehen (Muskelkontraktionen der Gebärmutter) an. Dabei wird der vor der Geburt nur wenige Millimeter große Muttermund mit jedem Zusammenziehen der Gebärmuttermuskulatur erweitert.
In Kursen können sich Väter und Mütter auf die Geburt vorbereiten. Durch Gymnastik und Atemübungen lernen die Schwangeren, wie sie die Geburt aktiv unterstützen können.

Phasen der Geburt. Im Verlauf der Geburt werden drei Phasen unterschieden. In der Eröffnungsphase, die 4 bis 10 Stunden dauern kann, öffnet sich der Gebärmuttermund bis zu einen Durchmesser von etwa 10 cm und der Kopf des Kindes rutscht in den Gebärmutterhals vor.
In der Austreibungsphase, die etwa eine halbe bis zwei Stunden umfassen kann, gelangt der Kopf des Kindes durch den Gebärmutterhals und die Scheide nach außen. Der Kopf ist mit etwa 35 cm Durchmesser der größte Körperteil des Kindes. Der übrige Körper des Kindes folgt ohne besondere Anstrengung der Gebärenden.
Einige Minuten nach der Geburt des Kindes wird in der Nachgeburtsphase die Plazenta ausgestoßen.

Veränderungen für das Neugeborene. Für das neugeborene Kind treten mit der Geburt wesentliche Veränderungen ein. Während der Schwangerschaft wurde es über die Plazenta und die Nabelschnur mit Sauerstoff und Nährstoffen versorgt. Endprodukte des Stoffwechsels wie Kohlenstoffdioxid und Harnstoff wurden in den mütterlichen Blutkreislauf abtransportiert. Bei der Geburt ist innerhalb kürzester Zeit die Umstellung auf eine eigene Atmung und die Abkoppelung vom mütterlichen Blutkreislauf erforderlich. Durch das Füllen der Lungen erfolgt der erste selbstständige Atemzug des Kindes.

> Die Geburt eines Kindes erfolgt in drei Phasen (Eröffnungs-, Austreibungs-, Nachgeburtsphase). Durch Muskelkontraktionen der Gebärmutter bei der Geburt (Wehen) wird das Kind nach außen gepresst. Nach der Geburt braucht das Kind eine intensive Fürsorge durch die Mutter.

Schon gewusst?

Den voraussichtlichen Geburtstermin kann man wie folgt errechnen:
Erster Tag der letzten Menstruation minus drei Monate plus sieben Tage und ein Jahr, z. B.:
15. 9. – 3 Mon. = 15. 6.
15. 6. + 7 Tage = 21. 6. des folgenden Jahres

AUFGABEN

1. Was muss eine Schwangere besonders beachten, wenn sich ihr Kind gesund entwickeln soll?
2. Erläutere, in welcher Weise das Kind im Mutterleib mit Sauerstoff und Nährstoffen versorgt wird!

Entwicklung des Säuglings und Kleinkindes

Auch nach der Geburt macht der Mensch verschiedene, ganz typische Entwicklungsabschnitte durch. Im Säuglings- und Kindesalter ist die Entwicklung durch die damit verbundenen körperlichen und sonstigen Veränderungen gut wahrnehmbar. So sind die Fortschritte in der Körperbeherrschung, das Erlernen des Sprechens, der damit verbundene, größer werdende Wortschatz und die Zunahme der geistigen Fähigkeiten besonders auffällig.

Säuglingsalter. Nach der Geburt muss sich der Säugling auf seine neue Umgebung einstellen. Er atmet jetzt selbstständig, nimmt Nahrung selbst auf und reagiert auf neue Umweltreize wie Temperaturänderungen, Hell und Dunkel, Hunger- und Sättigungsgefühl.
Auffällige Verhaltensweisen des Säuglings sind sein Lächeln und das Schreiweinen. Durch Weinen und Schreien fordert er die Aufmerksamkeit seiner Bezugspersonen heraus. Wird er dann gestreichelt, gefüttert oder herumgetragen, beruhigt er sich wieder.
Mit seinem Lächeln bringt der Säugling zum Ausdruck, an wen er sich gebunden fühlt. Das wird in der ersten Zeit die Mutter sein. Aber auch der Vater und die Geschwister können durch Streicheln, Singen, auf dem Arm tragen für Geborgenheit und Wohlbefinden des Säuglings sorgen.

Das Neugeborene wird der Mutter so wie es ist auf den Leib gelegt.

Durch das Stillen wird nicht nur der Hunger gestillt. Blick- und Körperkontakt tragen zum Wohlfühlen bei.

Auch die Zuneigung des Vaters ist für die Geborgenheit wichtig.

Der Säugling erkundet mit dem Mund Gegenstände seiner Umwelt.

Das Kleinkind erkundet aufmerksam seine Umwelt.

Entwicklung des Säuglings und Kleinkindes

Kinder lernen viel im Kontakt mit Eltern und Spielgefährten.

Kindesalter. Etwa nach einem Jahr, mit dem Ende der Krabbelzeit, wird das Kind als Kleinkind bezeichnet. Es richtet seine Aufmerksamkeit auf alles, was ihm neu ist. Es läuft herum, klettert gern und probiert alle Bewegungen aus, die ihm möglich sind. Wenn Kinder im Spiel flüchten, dann haben sie nicht wirklich Angst. Wenn sie spielerisch aus feuchtem Sand Kuchen backen, dann tun sie das nicht, weil sie Hunger haben. Jeder hat schon beobachtet, wie Kinder etwa vom 2. Lebensjahr an alles Mögliche – zum Beispiel andere Menschen, Tiere oder Autos – nachahmen. Sie spielen auch gern die Rollen von Mutter und Vater, von Tieren oder Flugzeugen. Insgesamt lernen Kinder spielend sehr viel über ihre Umwelt und übernehmen dabei Kenntnisse und Verhaltensweisen von Älteren mit großer Bereitschaft. Das Nachahmen der Sprache von Eltern, Geschwistern und anderen Spielgefährten trägt dazu bei, dass sie in erstaunlich kurzer Zeit – im Alter zwischen zwei und sechs Jahren – ihre Muttersprache erlernen. Ein Kind, dem es nicht ermöglicht wird, ausreichend zu spielen, wird in seiner Persönlichkeitsentwicklung stark gehemmt. Dies ist besonders auch dann der Fall, wenn es keine innigen Bindungen an seine Eltern oder andere Bezugspersonen knüpfen konnte und dadurch oft ängstlich und unsicher ist.

Die angeborene Neugier sowie das spielerische Erkunden und Nachahmen sind eine Voraussetzung für alles weitere Lernen und damit für das Hineinwachsen des Kindes in Familie und Gesellschaft.

Das Kleinkind wächst rasch und probiert Bewegungen aus.

> Geborgenheit im Kontakt mit vertrauten Bezugspersonen bildet die Grundlage für eine stabile soziale Bindungsfähigkeit. Der Säugling ist auf ständigen Körperkontakt mit seiner Mutter von Geburt an angewiesen. Das Säuglings- und Kindesalter ist besonders durch ein rasches Wachstum, das Erlernen des Sprechens und das Zeigen von Gefühlen gekennzeichnet.

AUFGABEN

1. Leite aus Text und Fotos dieser Doppelseite Regeln für den Umgang mit Babys und Kleinkindern ab. Begründe!
2. Wechseln die Bezugspersonen von Babys häufig, kann es ängstlich reagieren, wird unruhig und schläft schlecht. Erkläre diese Erscheinungen!

Kinderwunsch und Familienplanung

Eltern tragen die Verantwortung.

Das Rollenverständnis hat sich geändert.

Kinderwunsch und Rollenverständnis. Sabine und Rolf wünschen sich ein Kind. Sie stehen im Berufsleben und möchten dort weiterkommen. Beide sind sich ihrer Verantwortung für das Kind bewusst. Sie überlegen gemeinsam, wer von beiden sich bezüglich seiner beruflichen Karriere mehr einschränken sollte. Solche Fragen wurden in früheren Zeiten nicht gestellt. Es war gesellschaftlich vorgegeben, dass die Frau ihren Beruf aufgibt und sich um Betreuung und Erziehung der Kinder kümmert.
Heute entscheidet sich der männliche Partner nicht selten, die Betreuung und Erziehung der Kinder zu übernehmen und die berufliche Karriere seiner Partnerin zu überlassen.
Hat sich ein Paar entschlossen, Kinder zu bekommen, sollten sich beide Partner, vor allem aber die Frau, auf eventuell vorhandene Krankheiten oder mögliche Komplikationen hin ärztlich untersuchen lassen. Falls die Pille genommen wird, sollte sie frühzeitig abgesetzt werden. Trotzdem kann es unter Umständen sehr lange dauern, bis sich der Hormonhaushalt der Frau normalisiert hat und eine Empfängnis möglich ist.

Familienplanung. Die Zukunft selbst in die Hand zu nehmen und das eigene Leben selbst zu planen ist für junge Menschen nicht immer einfach. Eine Vielzahl von Entscheidungen steht an: Wehr- oder Zivildienst, Berufswahl, Ausbildung oder Studium, Auszug aus dem elterlichen Haus oder ein Wechsel des Wohnorts. Selbst wenn die oder der „Richtige" gefunden ist, können Jahre vergehen bis der Wunsch nach einer eigenen Familie entsteht.
Häufig jedoch wächst der Wunsch nach einer Familie und Kindern erst mit steigendem Alter der betreffenden Paare. Sie möchten ihre Existenz als Voraussetzung für die Gründung einer Familie gesichert wissen. Durch Aufklärung und eine Vielzahl zur Verfügung stehender Verhütungsmittel ist eine ungewollte Schwangerschaft seltener geworden als in früheren Zeiten. Dadurch ergibt sich heute ein größerer Spielraum für die Lebens- und Familienplanung.

Schon gewusst?

Das Stimulieren des eigenen Körpers zu sexueller Erregung und Befriedigung ist ein Verhalten, das immer noch als typische Begleiterscheinung der Pubertät gilt. Diese Selbstbefriedigung kann aber auch noch in späteren Lebensphasen eine Rolle spielen. Selbstbefriedigung ist nichts moralisch Verwerfliches.
Petting ist das gegenseitige sexuelle Erregen der Partner eines Paares, bei dem es jedoch nicht zum Geschlechtsverkehr (Einführen des Penis in die Scheide) kommt. Es besteht daher kein Risiko, schwanger zu werden. Petting ist für junge Leute eine Möglichkeit, sexuelle Erfahrungen mit dem anderen Geschlecht zu sammeln sowie die eigenen Reaktionen und die des Partners zu entdecken.

Kinderwunsch und Familienplanung

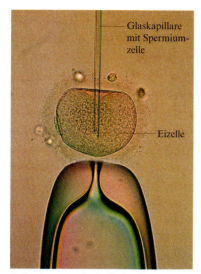

Befruchtung außerhalb des Körpers
(In-vitro-Fertilisation)

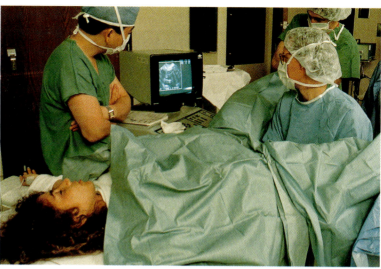

Implantation eines Keimlings

Künstliche Befruchtung. Peter und Susanne wünschen sich wie über eine Million anderer Paare in Deutschland ein Kind. Seit mehreren Jahren bemühen sie sich vergeblich; Susanne wird nicht schwanger. Beide Partner lassen sich untersuchen und beraten, um die Ursachen für die Unfruchtbarkeit herauszufinden.

Häufige Ursache für eine Unfruchtbarkeit der Frau sind organische Störungen wie beispielsweise Schädigungen der Eierstöcke oder der Eileiter. Auch hormonelle Störungen können zu einer Unfruchtbarkeit führen. Beim Mann liegen die Ursachen der Sterilität häufig in der Verschließung des Spermienleiters oder in Störungen der Spermienbildung im Hoden. In vielen Fällen können durch einen chirurgischen Eingriff oder durch eine Hormonbehandlung die Fehlbildungen beseitigt werden.

Retortenbabys. Haben diese Behandlungen keinen Erfolg oder sie sind gar nicht erst möglich, gibt es heute weitere Methoden, einem Paar den Kinderwunsch zu erfüllen. Diese Methoden sind aber in der Öffentlichkeit noch stark umstritten. So kann beispielsweise Sperma künstlich in den Körper einer Frau eingebracht werden. Isolierte Eizellen und Spermien können außerhalb des Körpers zu einer Zygote verschmolzen werden (In-vitro-Fertilisation). Die Zygote wird dann in die Gebärmutter der Frau eingepflanzt. Hier entwickelt sich das so genannte Retortenbaby.

Außerdem ist es möglich, ein Kind von einer „Leihmutter" austragen zu lassen. Diese Maßnahme ist wohl die problematischste, da hier auch die Gefühlswelt der Leihmutter stark beeinflusst wird. In der Bundesrepublik Deutschland ist „Leihmutterschaft" nicht erlaubt. Eine im Ausland vorgenommene „Leihmutterschaft" wird bei uns strafrechtlich nicht verfolgt.

> In der heutigen Zeit besteht für die Planung einer Familie ein großer Spielraum. Kann ein Paar aus organischen oder hormonellen Gründen keine Kinder bekommen, kann durch Hormonbehandlung oder einen chirurgischen Eingriff die Fehlbildung behoben werden. Führt dies nicht zum Ziel, ist eine künstliche Befruchtung durch Spermaübertragung oder durch Befruchtung außerhalb des Körpers möglich.

AUFGABEN

1. Stelle eine Liste von Veränderungen im Leben eines Paares zusammen, die ein Kind mit sich bringt!
2. Überlege, warum der Staat Familiengründung und Familien mit Kindern finanziell unterstützt!
3. Begründe, weshalb eine Familienplanung sinnvoll ist!
4. Sammle Argumente für und gegen eine künstliche Befruchtung!
5. Trage aktuelle Informationen über „In-vitro-Fertilisation" zusammen. Werte diese Informationen und stelle das Für und Wider aus deiner Sicht dar!

Verhüten – aber wie?

Liebe und Sexualität gehören zusammen

Schon gewusst?

Schon im alten Ägypten benutzten die Menschen bestimmte Substanzen, um die Spermienzellen in der Scheide abzutöten. Auch Kondome wurden schon verwendet. Allerdings stellte man sie damals aus Tierdärmen her und nicht wie heute aus Naturkautschuk.

Empfängnisverhütung. Um das Zusammentreffen von Eizelle und Spermiumzelle oder das Einnisten des Keimlings in die Gebärmutterschleimhaut zu verhindern, gibt es eine Reihe unterschiedlicher Methoden, die unter dem Begriff Empfängnis- oder Schwangerschaftsverhütung zusammengefasst werden. Bei den natürlichen Methoden werden anhand der Veränderung der Körpertemperatur (Basaltemperatur) oder der Veränderung des im Gebärmutterhals gebildeten Schleims während der Menstruation die Tage bestimmt, an denen eine Befruchtung möglich ist. Künstliche Methoden haben das Ziel, das Eindringen der Spermienzellen in die Gebärmutter zu verhindern (z. B. durch Kondome oder durch ein Diaphragma). Weitere wichtige Möglichkeiten sind die unterschiedlichen hormonellen Methoden („Pille") oder das Einsetzen einer Spirale in die Gebärmutter durch den Frauenarzt.

Die Entscheidung für die eine oder andere Verhütungsmethode sollte von den Partnern im vertrauensvollen Gespräch vor dem Geschlechtsverkehr besprochen werden. Sie liegt in der Verantwortung von beiden Partnern. Günstig ist es, Fragen der Verträglichkeit und der Risiken mit einem Arzt zu klären. Kondome verhüten die Empfängnis und schützen zusätzlich vor sexuell übertragbaren Krankheiten. Bei Paaren, die bereits Kinder haben und sich keine weiteren Kinder mehr wünschen, kann durch einen operativen Eingriff der Mann oder die Frau unfruchtbar gemacht werden. Dabei werden beim Mann die Spermienleiter durchtrennt. Bei der Frau durchtrennt man die Eileiter oder verschließt diese an ihren Enden. Die sexuelle Erlebnisfähigkeit wird bei beiden Geschlechtern dadurch nicht beeinträchtigt.

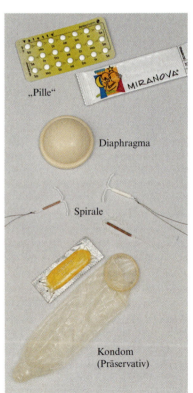

Verschiedene Mittel zur Empfängnisverhütung

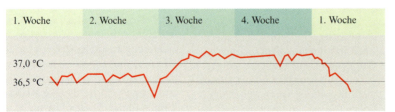

Verlauf der Basaltemperatur während eines Menstruationszyklus

Verhüten – aber wie?

Methoden zur Empfängnisverhütung

Methode	Merkmale/Wirkung	Zuverlässigkeit
Methode nach KNAUS-OGINO	Bestimmen der fruchtbaren und unfruchtbaren Tage durch genaues Führen eines Regelkalenders über wenigstens 6 bis 12 Monate	Unsicher. Erkrankungen und psychische Belastungen können den Eisprung beeinflussen.
Basaltemperaturmessung	Bestimmen der fruchtbaren Tage durch sorgfältiges Messen der morgendlichen Körpertemperatur über 4 bis 6 Monate	Wie obige zu unsicher, aber geeignet in Verbindung mit anderen
Methode nach BILLINGS	Bestimmen der fruchtbaren Tage durch regelmäßige Untersuchung der Schleimabsonderungen in der Scheide. Während der unfruchtbaren Tage ist der Schleim dick und zähflüssig, während der fruchtbaren klar und fädig.	Recht unsicher, häufig in Verbindung mit der Basaltemperaturmessung angewendet
Kondom	Sehr dünnwandiger Schlauch aus speziellem Kautschuk, fängt das Sperma auf, Schutz vor Übertragung bestimmter Krankheitserreger	Bei sorgfältiger Anwendung relativ sicher
Diaphragma	Kappe aus weichem Gummi, die mit einer die Spermienzellen abtötenden Creme bestrichen wird und 1 bis 2 Stunden vor dem Geschlechtsverkehr über den Gebärmuttermund gestülpt wird. Sie muss nach 8 bis 24 Stunden entfernt werden.	Bei richtigem Sitz relativ sicher, Anpassung durch einen Frauenarzt notwendig
Spirale	Gebilde aus Kunststoff oder kupferhaltigem Material, wird vom Arzt in die Gebärmutter eingesetzt. Die Spirale verändert die Schleimhaut und verhindert die Einnistung des Keimlings, sie vermindert auch die Beweglichkeit der Spermienzellen, kann für 2 bis 5 Jahre in der Gebärmutter verbleiben.	Relativ sicher, aber nicht für alle Frauen geeignet
„Pille"	Hormonelle Empfängnisverhütung. Die Pille besteht aus einer Kombination weiblicher Geschlechtshormone, die den Eisprung und den Aufbau der Gebärmutterschleimhaut verhindern, verschreibungspflichtig.	Bei regelmäßiger Einnahme hohe Sicherheit
„Pille danach"	Weibliche Geschlechtshormone als Kombinationspräparat; verhindern das Einnisten des Keimlings in die Schleimhaut der Gebärmutter, verschreibungspflichtig	Relativ hohe Sicherheit, starke Nebenwirkungen nur in Ausnahmefällen zu verwenden

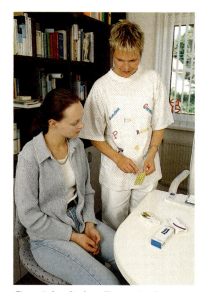

Gespräch mit einer Frauenärztin

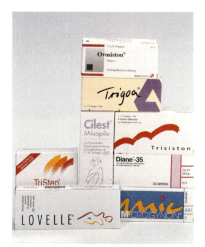

Verschiedene Präparate zur hormonellen Empfängnisverhütung

Bei der Befruchtung vereinigen sich Eizelle und Spermienzelle. Die Erbanlagen der befruchteten Eizelle (Zygote) stammen jeweils zur Hälfte von der Mutter und vom Vater. Es gibt verschiedene Möglichkeiten der Empfängnisverhütung (s. Tabelle). Sie unterscheiden sich in ihrer Verlässlichkeit und ihrer Verträglichkeit. Kondome können zusätzlich vor sexuell übertragbaren Krankheiten schützen.

AUFGABEN

1. Stelle Informationen über die reife Eizelle zusammen (Bau, Dauer der Befruchtungsfähigkeit, Häufigkeit der Bildung)!
2. Nenne Mittel und Methoden der Empfängnisverhütung und erläutere ihre Wirkungsweise!

Schwangerschaftsabbruch – ja oder nein?

Pia, eine 16-jährige Schülerin, hat einen festen Freund. Sie mögen sich sehr und planen eine gemeinsame Zukunft mit Abitur und Studium. Eine Verhütungspanne führt zu einer ungewollten Schwangerschaft. Pia trägt sich mit dem Gedanken, die Schwangerschaft abzubrechen. Andererseits fühlt sie in sich ein neues Leben entstehen. Ein Kind, das ihre Fürsorge braucht und ihr Zuneigung entgegenbringt. Eine Entscheidung für oder gegen das Kind zu treffen bewegt sie sehr.

Die Geschichte des Schwangerschaftsabbruchs. In der Antike betrachtete man den Schwangerschaftsabbruch als Privatangelegenheit der Frauen, bei der kein Mann das Recht hatte, sich einzumischen. Später, vor allem bei den alten Griechen, entwickelte sich die Vorstellung, dass der väterliche Samen dem Fetus die Seele verleiht. Die Menschen sorgten sich um die Sicherheit aller Körperbestandteile, die sie von sich gaben, damit keine Zauberei den lebenden Menschen durch etwas schaden könnte, was einmal Bestandteil ihrer selbst gewesen war. Wenn der vom Mann gezeugte Fetus zerstört wurde, musste auch der Mann spirituellen Schaden erleiden. Später vertrat der Theologe THOMAS VON AQUIN dieselbe Meinung. Eine logische Fortführung dieser Gedanken war, dass ein Schwangerschaftsabbruch unter Strafe gestellt wurde.

In fernöstlichen Kulturen war die Abtreibung allerdings bis zum fünften Monat, in dem die Kindsbewegungen fühlbar waren, absolut legal. Nach diesem Zeitpunkt war eine Frau, die ihren Fetus abtrieb, des Mordes schuldig. Vorher besaß der Fetus keine Seele und konnte straflos zerstört werden. Bis ins 19. Jahrhundert hinein war die Vorstellung verbreitet, dass die Seele, von Gott gesandt, im fünften Monat hinzukommt. Der Zorn der mittelalterlichen Kirche richtete sich nicht gegen die Abtreibung selbst, sondern gegen die Hebammen, die sie vornahmen.

Schwangerschaftsabbruch aus medizinischer Sicht. Unter Schwangerschaftsabbruch oder Abtreibung versteht man allgemein die Entfernung eines sich entwickelnden Kindes aus der Gebärmutter.
Heute ist der Abbruch einer ungewollten Schwangerschaft in Deutschland durch die §§ 218/219 des StGB gesetzlich geregelt. Ein Schwangerschaftsabbruch ist grundsätzlich strafbar. Der Abbruch ist jedoch bei Vorliegen einer Indikation (med.: Heilanzeige), oder nach bescheinigter Beratung nicht mehr rechtswidrig. Dabei spielt der Zeitpunkt des Eingriffs eine große Rolle. Je früher er vorgenommen wird, desto ungefährlicher ist er für die Frau. Nach der zwölften Schwangerschaftswoche können erhebliche Komplikationen auftreten.

Schwanger – was nun?

Info

Indikationsarten:
– Die medizinische Indikation ist gegeben, wenn bei Fortsetzung der Schwangerschaft eine Gefahr für das Leben der Schwangeren besteht. Es gibt keine zeitliche Begrenzung für den Abbruch.
– Die embryopathische Indikation liegt vor, wenn der Arzt nicht behebbare Schäden des Kindes feststellt. Ein Abbruch ist bis zur 22. Woche möglich.
– Die kriminologische Indikation ist gegeben, wenn die Schwangerschaft die Folge einer Straftat (z. B. Vergewaltigung) ist. Der Abbruch darf bis zur 12. Woche vorgenommen werden.

Institutionen wie Kirchen oder Pro Familia bieten Beratungsgespräche an, in denen die Mädchen und Frauen Rat und Hilfe in Konfliktsituationen erhalten. Hier werden soziale Fragen, Rechtsansprüche und Möglichkeiten der finanziellen Unterstützung geklärt. Die Beratungen haben das Ziel, schwangere Frauen und Mädchen zur Fortsetzung der Schwangerschaft zu bewegen. Nach der Beratung wird eine Bescheinigung ausgestellt, die einem Arzt erlaubt, den Abbruch bis zur 12. Woche vorzunehmen.

Schwangerschaftsabbruch – ja oder nein?

Schwangerschaftsabbruch – ja oder nein? Unabhängig von der Rechts- und Gesetzeslage wurde schon immer in der Öffentlichkeit über den Schwangerschaftsabbruch diskutiert. In den Siebzigerjahren wurde mit dem Spruch „Mein Bauch gehört mir" auf den Straßen für eine Legalisierung der Abtreibung demonstriert. In allen Gesellschaftsbereichen, vor allem in Religion, Politik und Medizin, existierten und existieren noch heute unterschiedliche Meinungen und Begründungsansätze zur ethischen, juristischen und medizinischen Legitimation des Schwangerschaftsabbruchs.

Tatsache ist, dass viele Frauen, denen eine gesetzliche Abtreibung nicht möglich war, diese unter hoher psychischer Belastung illegal, unter hygienisch unzureichenden Bedingungen und in Lebensgefahr haben durchführen lassen. Manche sind ins benachbarte Ausland gefahren, wo zum Teil bereits eine Fristenregelung mit Beratung existierte.

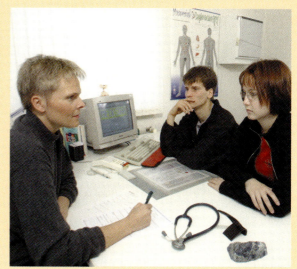

Beratungsgespräche geben Sicherheit

Die Entwicklung der Paragraphen 218/219 in Deutschland

1871 Das Reichsstrafgesetzbuch stellt die Abtreibung unter Strafe; bis zu 5 Jahren Zuchthaus drohen für die vorsätzliche Abtreibung.
1926 Die Strafandrohung wird von Zuchthaus- in eine Gefängnisstrafe für die Schwangere gemildert.
1927 Die medizinische Indikation wird als „übergesetzlicher Notstand" anerkannt.
1952 Der Bundesgerichtshof bestätigt die Regelung von 1927 als für die Bundesrepublik weiter gültig.
1969 Die Strafandrohung bei Selbstabtreibung wurde gemildert.
1970 Beginn einer Reformdiskussion in der BRD über Fristenregelung oder Indikationsmodelle

1972 Die erste Fristenregelung auf deutschem Boden wird in der DDR beschlossen.
1975 Verbot einer Fristenregelung in der BRD durch das Bundesverfassungsgericht.
1976, 21. Juni In der BRD tritt eine Indikationsregel in Kraft.
1990 Erneute Diskussion durch die Wiedervereinigung
1995 Verabschiedung eines Artikelgesetzes: Durch den Gesetzgeber besteht die Schutzpflicht für das ungeborene Leben. In zu regelnden Ausnahmefällen soll der Frau nach Beratung ermöglicht werden, in den ersten 12 Wochen die Schwangerschaft abbrechen zu lassen.

Fallbeispiel 1 Pia, die 16-jährige Schülerin

Fallbeispiel 2 Eine 18-jährige Studentin hat die Beziehung zu ihrem Freund im Streit beendet. Kurz vor der Trennung hatten sie aus Gründen der Versöhnung Geschlechtsverkehr miteinander, der zu einer ungewollten Schwangerschaft führte. Die Studentin lebt in einem Wohnheimzimmer.

Fallbeispiel 3 Die 36-jährige Mutter von drei Kindern stellt fest, dass sie schwanger ist. Ihr Mann verdient wenig Geld, sie selbst muss trotz staatlicher Unterstützung und Vergünstigungen mit dazu verdienen, damit sich ihre Familie ein einigermaßen adäquates Leben leisten kann. Zum Glück sind zwei Kinder in der Schule und eins im Kindergarten, sodass sie Vormittags zur Arbeit gehen kann.

AUFGABEN

1. Stellt aus den Fallbeispielen Argumente für oder gegen einen Schwangerschaftsabbruch zusammen. Befragt dazu auch Vertreter der Kirche, Ärzte, Politiker, Psychologen und Sozialarbeiter!
2. Zeigt Alternativen auf, die der Frau des jeweiligen Beispiels ermöglichen, das Kind auszutragen und eine kindgerechte Entwicklung zu gewährleisten! In welchen Lebensbereichen ergeben sich Probleme?
3. Simuliert für die aufgeführten Fallbeispiele ein Beratungsgespräch und stellt dieses in der Klasse zur Diskussion!
4. Informiert euch über den historischen Werdegang, die aktuelle rechtliche Lage und den Stand der Diskussion bezüglich eines Schwangerschaftsabbruchs in Ländern verschiedener Kulturkreise und referiert darüber in der Klasse!

ZUSAMMENFASSUNG

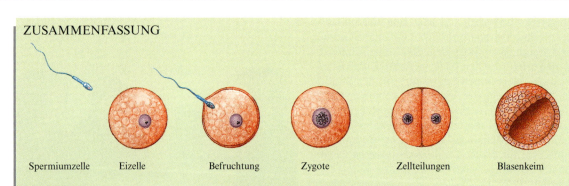

Spermiumzelle Eizelle Befruchtung Zygote Zellteilungen Blasenkeim

Die Embryonalentwicklung des Menschen beginnt mit der Befruchtung der Eizelle durch eine Spermiumzelle. Durch wiederholte Teilungen entsteht aus der befruchteten Eizelle (Zygote) ein Blasenkeim, der sich in die Gebärmutterschleimhaut einnistet und sich dort weiterentwickelt. Vom dritten Schwangerschaftsmonat an hat das sich entwickelnde Kind ein funktionsfähiges eigenes Blutgefäßsystem. Es steht über die Plazenta und die Nabelschnur mit dem Blutkreislauf der Mutter in Verbindung. Das Kind wird etwa 280 Tage nach der Befruchtung geboren.

Embryo

Der Geburtsvorgang kündigt sich durch das Einsetzen der Wehen an. Die Geburt verläuft in drei Phasen: Eröffnungs-, Austreibungs- und Nachgeburtsphase.

Nach der Geburt muss der Säugling selbstständig atmen, sich ernähren und Stoffwechselendprodukte ausscheiden. Obwohl der Säugling sich durch Weinen, Schreien und Lächeln verständlich machen kann und Saug- und Klammerreflex angeboren sind, ist er doch völlig auf die Pflege und Fürsorge seiner Mutter/Eltern angewiesen.

Fetus

Das Säuglingsalter ist durch eine rasche Zunahme der Körpermasse, die Entwicklung des Milchgebisses, das Sitzen, Krabbeln, Stehen und durch den Beginn des Laufens sowie erste Wortnachahmungen gekennzeichnet. Bei der Entwicklung des Kleinkindes kann man vor allem ein rasches Wachstum, den bewussten Sprachgebrauch und eine enorme geistige Entwicklung beobachten.

Alle Entwicklungsphasen werden auch stark von sozialen Faktoren beeinflusst, denen das Kind ausgesetzt ist.

Säugling

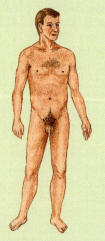

Geschlechtliche Fortpflanzung und Individualentwicklung des Menschen

Die Evolution des Menschen

Die Frage nach seiner Herkunft hat sich der Mensch gestellt, seit er denken kann. Seine Geschichte ist die eines außergewöhnlichen Lebewesens: Es entwickelte sich vom Vierbeiner zum Zweibeiner, ausgestattet mit einem einzigartigen Gehirn und einer Sprache, erfand es Werkzeuge und schuf Kunstwerke. Wo, wann und wodurch jenes Wesen entstanden ist, das als einziges auf der Erde das Tierreich verließ, werdet ihr auf den folgenden Seiten erfahren.

Menschenaffen – unsere nächsten Verwandten

Gorilla

Mensch

Schimpanse

Auch dich wird beim letzten Zoobesuch besonders das Affenhaus interessiert haben. Nicht nur in der Körperhaltung, sondern auch an vielen Verhaltensweisen der Menschenaffen glaubst du, etwas von dir wiederzuerkennen. So beispielsweise, wenn ein Schimpanse einen anderen zum „Spielen auffordert". In der Tat, die Menschen und die Menschenaffen haben mehr Gemeinsamkeiten als unterschiedliche Merkmale.

Verwandtschaft. Bei Untersuchungen stammesgeschichtlicher Verwandtschaftsbeziehungen zwischen Menschen und Menschenaffen ist zunächst der Vergleich von Körperbaumerkmalen von Bedeutung:
Menschen und Menschenaffen gehören zu den Schmalnasenaffen, auch Altweltaffen genannt. Die Menschenaffen Bonobo, Schimpanse, Gorilla und Orang-Utan wiederum gehören genau wie die Menschen in die Ordnung der Primaten.

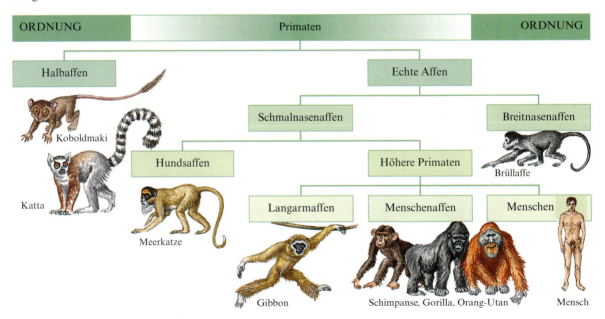

Menschenaffen – unsere nächsten Verwandten

Sonderstellung des Menschen. Betrachtet man einzelne Körperbaumerkmale, können trotz vieler Gemeinsamkeiten auch Unterschiede festgestellt werden. Menschen sind vor allem durch das Ausmaß ihrer geistigen Fähigkeiten gekennzeichnet, die das Zusammenleben in kleinen sozialen Verbänden und in der anonymen menschlichen Gesellschaft ermöglichen.

Auffällige Unterschiede	Gorilla, Schimpanse, Bonobo, Orang-Utan	Mensch
Körperhaltung	mehr oder weniger waagerecht	aufrecht
Wirbelsäulenform	einfach gekrümmt	doppelt s-förmig
Beckenform	schaufelförmig	schüsselförmig
Hände	Daumen kaum abspreizbar (Faustgriff)	Daumen abspreizbar (Feingriff)
Gesichtsschädel	lang vorgezogen, kinnlos	kurz mit Kinn
Zahnbogen	lang, U-förmig	kurz, parabolisch
Hirnmasse	etwa 450 g	etwa 1 450 g
Chromosomenanzahl	48 Chromosomen in den Körperzellen	46 Chromosomen in den Körperzellen
Lebensraum	tropischer Regenwald, teilweise Savanne	weltweite Verbreitung
Lebensweise	auf Bäumen und am Boden lebend	am Boden lebend
Nahrung	vorwiegend Pflanzenfresser	Allesesser

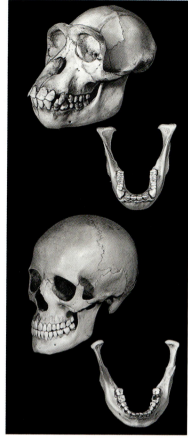

Schädel und Unterkiefer von Schimpanse (oben) und Mensch (unten)

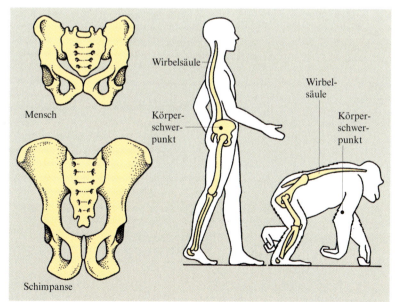

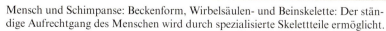

Mensch und Schimpanse: Beckenform, Wirbelsäulen- und Beinskelette: Der ständige Aufrechtgang des Menschen wird durch spezialisierte Skelettteile ermöglicht.

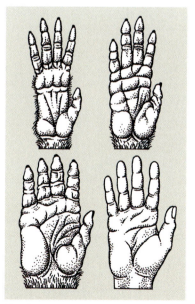

Hände von Orang-Utan, Schimpanse, Gorilla und Mensch

Die Evolution des Menschen

Genetische Merkmale. Anhand von Eiweißanalysen und Untersuchungen der Erbinformation, der DNA, ist eindeutig erwiesen, dass die afrikanischen Menschenaffen Gorilla, Bonobo und Schimpanse mit dem Menschen eng verwandt sind. Daher würden manche Biochemiker Menschen, Gorilla, Bonobo und Schimpansen als „Menschenartige" bezeichnen und dem in Asien lebenden Orang-Utan als Menschenaffen gegenüberstellen. Nach der DNA-Analyse unterscheidet sich der Gorilla in seinem Erbgut vom Menschen nur zu etwa 1,4 %.

Zwischen Schimpanse und Mensch ist der genetische Unterschied noch geringer. Lediglich 1,2 % des Erbgutes von Mensch und Schimpanse unterscheiden sich, obwohl sich in den Körperzellen der Menschen 46 Chromosomen, in denen der genannten Menschenaffen dagegen 48 Chromosomen befinden.

Mithilfe der DNA-Untersuchungen konnten die Erforscher des Menschen, die Anthropologen (anthropos = Mensch), auch die Aufspaltung der Stammeslinien von Mensch und Menschenaffen klären. Demnach wurde die menschliche Stammeslinie von der Schimpansenlinie vor etwa 6 Millionen Jahren abgespalten.

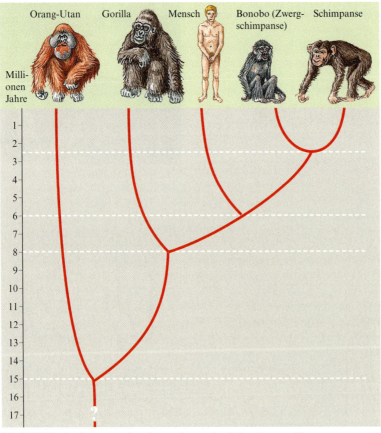

Nach DNA-Analysen erstellter Stammbaum der Schmalnasenaffen

> Menschen und Menschenaffen gehören zu den Schmalnasenaffen. Trotz vieler gemeinsamer Merkmale unterscheidet sich der Mensch wesentlich von den Menschenaffen. Mit DNA-Analysen wurde die nahe Verwandtschaft mit ihnen bestätigt.

„aufmerksam"
„ängstlich"
„ärgerlich"
„wütend"
„lachend"

Auch Verhaltensweisen und Ausdrucksmöglichkeiten haben sich in der Evolution herausgebildet. So ist die Mimik von Schimpansen der des Menschen ähnlich.

AUFGABEN

1. Beschreibe Gemeinsamkeiten und Unterschiede im Körperbau von Menschenaffen und Menschen. Stelle deine Ergebnisse in einer Tabelle zusammen!
2. Ziehe aus den Vergleichen zwischen Menschen und Menschenaffen hinsichtlich ihrer Stammesgeschichte Schlussfolgerungen!
3. Erläutere, durch welche Besonderheiten im Körperbau der aufrechte Gang des Menschen ermöglicht wird!

Der lange Weg zum Menschen

Fundgebiet von Australopithecus-Fossilien in Äthiopien

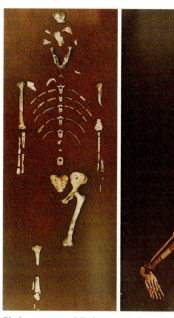
Skelettreste und Rekonstruktion des Skeletts von Lucy

Lucy. Es war der 30. November 1974: In der Steinwüste von Hadar im Nordosten Äthiopiens suchte eine amerikanisch-französische Gruppe nach Fossilien. Ihr Leiter war ein junger Doktorand der Urmenschenforschung: DONALD JOHANSON. Auf einem seiner Rundgänge durch das Gelände sah er an einem ausgewaschenen Hang einen Unterarmknochen „blinken". Daneben fand er weitere Knochenbruchstücke. „Jeder Fossilfund ist ein Wunder", sagte DONALD JOHANSON in einem seiner vielen Vorträge. „Im sauren und feuchten Boden tropischer Regenwälder werden Knochen sehr schnell zersetzt. Außerdem wird in der Welt nicht überall intensiv gesucht. Die meisten Funde menschlicher Fossilien wurden zufällig in Steinbrüchen oder Bergwerken entdeckt. Heute hilft die moderne Technik: per Satellit erkennen die Forscher geologische Strukturen, die Fossilien enthalten könnten, vor allem in trockenen Regionen, wo die Erosion ältere Erdschichten freilegt, etwa im Afrikanischen Grabenbruch."

JOHANSON hatte die Reste eines Vorfahren des Menschen entdeckt, der vor etwa 3 bis 4 Millionen Jahren die Wacholder- und Olivenwälder der ostafrikanischen Savanne in Gruppen durchstreifte. Lucy, so wurde der Fund nach einem Lied der Beatles genannt, war ein weibliches Wesen mit einem Kopf wie ein Schimpanse, es konnte aber bereits aufrecht gehen. Solche Wesen wie Lucy waren jedoch noch keine echten Menschen. Werkzeuge sind von ihnen nicht bekannt. Die Benutzung einfacher Werkzeuge gilt in der Paläoanthropologie (Ur- und Frühmenschenforschung) als Zeichen der Menschwerdung. Die Anthropologen bezeichnen diese Wesen, zu denen Lucy gehörte, als Australopithecus afarensis, den „Südaffen aus der äthiopischen Region Afar".

Die Australopithecinen waren etwa einen Meter groß und hatten zugleich menschliche und äffische Merkmale. Sie gingen aufrecht, wie wir aus der Untersuchung fossiler Funde wissen. Ihr Unterkieferzahnbogen war nicht mehr rein U-förmig und ihre Eckzähne waren kleiner als die der Menschenaffen. Ihre Gehirne hatten Volumina von 430 cm^3 bis 530 cm^3 und waren damit etwa so groß wie die heutiger Menschenaffen. In Lucy sind demnach menschenäffische und menschliche Merkmale vereint.

Schon gewusst?

1994 wurden in Äthiopien Knochenteile von 17 menschenartigen Individuen gefunden. Diese Knochenteile waren älter als 4 Millionen Jahre. Schädelfragmente und Zähne passen zu keinem der bekannten Menschenaffen und Menschenartigen. Diese neue Art wird heute als „Ardipithecus ramidus" bezeichnet.

Die Evolution des Menschen

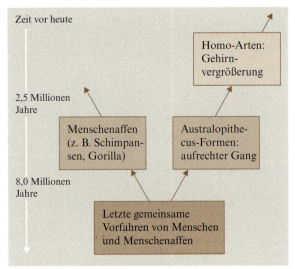

Die Menschwerdung begann in Afrika.

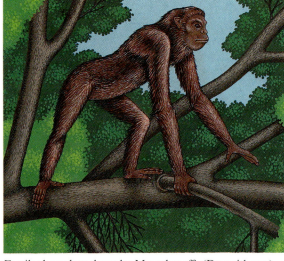

Fossiler baumbewohnender Menschenaffe (Dryopithecus)

Vom Tier zum Menschen. Die Ausgangsformen der Menschwerdung waren nicht die heute lebenden Menschenaffen. Menschenaffen und Menschen haben aber gemeinsame Vorfahren. Das waren baumbewohnende Menschenaffen, die vor etwa 20 bis 30 Millionen Jahren in den Wäldern Afrikas lebten. Sie waren etwa so groß wie Schimpansen und konnten sich zumindest zeitweise vierfüßig auch auf dem Boden bewegen. Die letzten gemeinsamen Vorfahren von Menschen und Menschenaffen lebten wahrscheinlich vor 10 Millionen Jahren.

Größere Klimaveränderungen führten dazu, dass der Wald in Ostafrika verschwand und Steppen und Savannen an seine Stelle traten. Unter diesen neuen Umweltbedingungen entwickelten sich aus baumbewohnenden Vorfahren vor etwa vier Millionen Jahren die aufrecht gehenden Australopithecinen („Südaffen"), von denen es mehrere Arten gab.

In den in Zentral- und Westafrika verbliebenen Wäldern haben sich die Vorfahren der heutigen Menschenaffen (Schimpansen, Bonobo und Gorilla) herausgebildet. Die ersten Menschenartigen waren also die Südaffen, die Australopithecinen. Nach Lucy und ihren Artgenossen durchstreifte vor 3 bis 4 Millionen Jahren Australopithecus africanus Südafrikas Savannen. Er hatte ein etwas größeres Gehirn als Lucy, eine kürzere Gebissregion sowie kleinere Eckzähne. Der Australopithecus africanus wirkte schon etwas menschenähnlicher.

Die Zeit der Australopithecus-Populationen wird auch als Tier-Mensch-Übergangsphase bezeichnet. In diesem Zeitraum hat sich aus tierischen Vorfahren die Gruppe der Hominiden („Menschenartige") entwickelt.

Heute ist bekannt, dass die Menschwerdung kein geradliniger Prozess war. Es haben Entwicklungen stattgefunden, die zu teilweise wieder ausgestorbenen Stammbaumzweigen führten. Es lebten auch mehrfach Gruppen von Vorfahren unterschiedlicher Entwicklungslinien gleichzeitig.

Die ersten Menschen. Nach Meinung vieler Forscher spaltete sich vor etwa 2,5 Millionen Jahren von A. africanus ein Wesen ab, das sich deutlich von den Südaffen unterschied: Homo rudolfensis. Es wies ein erheblich größeres Gehirn auf und erfand Steinwerkzeuge, mit denen es hartschalige Früchte aufbrechen konnte und in der Lage war, die Röhrenknochen oder die zähe Haut von großen Tieren zu bearbeiten.

Schon gewusst?

Der Australopithecus africanus wird auch als „graziler" Australopithecus bezeichnet, der zur Gattung Homo, dem eigentlichen Menschen, führte.

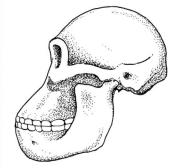

Schädelskelett von Australopithecus africanus

Der lange Weg zum Menschen

Mit dem Gebrauch von Steinwerkzeugen war ein erheblicher Ernährungsvorteil verbunden, denn das Knochenmark einer Antilope enthält eine Energiemenge von 6 000 Kilojoule. Da Homo rudolfensis planmäßig Steinwerkzeuge hergestellt hat, gilt er als der früheste Vertreter der Menschen. Er wird als Urmensch bezeichnet. Die Anthropologen gaben ihm den Gattungsnamen Homo. 1960 wurden in der tansanischen Oldoway-Schlucht erstmals Knochenfragmente von Homo habilis (der „befähigte Mensch") gefunden. Etwas später als der Homo habilis muss sich in Afrika eine weitere Art, der Homo erectus (der „aufrecht gehende Mensch"), entwickelt haben. Die ältesten Fossilien sind 1,8 Millionen Jahre alt. Homo erectus ist der erste Mensch, der sich von seiner Urheimat Afrika aus nach Asien und Europa ausbreitete. Sein Gehirnvolumen erreichte über 1 000 cm³, das damit erheblich größer als das von Homo habilis (500 bis 650 cm³) war. Das Körperskelett entsprach weitgehend dem Skelett des heutigen Menschen. Homo erectus benutzte Faustkeile, zu deren Herstellung er sich zunächst die Form hatte vorstellen müssen. An verrußten Knochen kann man erkennen, dass Homo erectus seine Mahlzeiten über dem Feuer garte. Viele Anthropologen halten die Nutzung des Feuers für die wichtigste Errungenschaft der Menschheit. Die Feuerstelle war der soziale Mittelpunkt, um den sich die Gruppenmitglieder lagerten.

Einige Homo-erectus-Gruppen breiteten sich von Afrika bis nach Europa und Asien aus. Auch in Deutschland wurden Skelettreste sowie Spuren der Lebensweise des Homo erectus gefunden.

Als ältester Mitteleuropäer gilt der Homo erectus von Mauer am Neckar bei Heidelberg. 1907 wurde dort in einer Sandgrube ein Unterkiefer gefunden, der etwa 630 000 Jahre alt ist. Dem Unterkiefer fehlt ein Kinn, der Zahnbogen und die Zähne gleichen jedoch denen der heutigen Menschen.

Schon gewusst?

1891: der erste Fund von Homo erectus auf Java, weitere in China und Afrika.
1972: Funde von Homo erectus-Knochen am Rande des Thüringer Waldes in Bilzingsleben

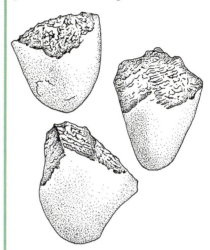

Primitive Steinwerkzeuge aus der Oldoway-Schlucht in Ostafrika

Homo-erectus-Gruppen teilten ihre Jagdbeute an festen Rastplätzen.

Die Evolution des Menschen

Ausgrabungen auf dem Rastplatz des Homo erectus von Bilzingsleben

Faustkeil

Die ersten Werkzeuge, die regelmäßig benutzt wurden, waren vermutlich aus Holz und Knochen. Solche Werkzeuge sind aus der Zeit vor etwa 2,5 Millionen Jahren nicht erhalten. Nur Steinwerkzeuge konnten die langen Zeiträume überdauern. Die ältesten Fundstücke sind etwa 2 Millionen bis 2,5 Millionen Jahre alt und stammen aus Afrika. Die Sammlerinnen und Jäger der Homo-erectus-Populationen verfügten wahrscheinlich über eine entwickelte Sprache und gebrauchten und erzeugten auch Feuer. Eine bedeutende Fundstelle nicht nur von Skelettteilen, sondern auch von Lebensstätten des Homo erectus ist die bei Bilzingsleben in Thüringen. Das Alter dieser Funde wurde auf etwa 370 000 Jahre datiert. Der Homo erectus von Bilzingsleben hat bewusst und zielgerichtet Geräte hergestellt. Grundrisse von Wohnbauten, Steingeräte, Geräte aus Knochen, Geweihen und Elfenbein sowie Spuren von Holzbearbeitung wurden gefunden. Auf dem Rastplatz konnten zahlreiche Knochen von Waldelefanten, Steppennashörnern, Wisenten, Auerochsen, Wildpferden, Hirschen, Bären und Wildschweinen ausgegraben werden. Auch absichtlich in Knochen eingeritzte Strichmuster belegen offensichtlich schon vorhandene Fähigkeiten abstrakten Denkens.

Geweihhacke

> Vorfahren der Menschen waren die aufrecht gehenden Australopithecinen. Sie lebten vor etwa 4 bis 1 Millionen Jahren in Ost- und Südafrika. Aus ihnen gingen die ersten Menschen der Gattung Homo hervor. Diese waren die Vorläufer des Homo erectus. Homo-erectus-Gruppen breiteten sich von Afrika nach Asien und Europa aus. Homo erectus stellte zielgerichtet eine Vielfalt von Geräten her und nutzte das Feuer.

Knochengravur: Welche Ideen sollten mit diesen Zeichen übermittelt werden?

AUFGABEN

1. Vergleiche Umwelt und Lebensweise von Homo erectus und heutigen Menschen!
2. Welche Rolle hat das Feuer im Leben des Homo erectus gespielt?
3. Erläutere, wie die Jagd des Homo erectus auf Großwild geplant, vorbereitet und durchgeführt worden sein könnte. Überlege, welche Tierarten bejagt wurden!

Afrika – die Wiege des modernen Menschen

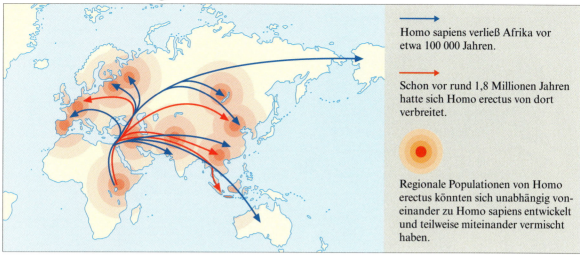

Out-of-Africa-Hypothese und multiregionale Hypothese

Nach der „multiregionalen Hypothese" haben sich Populationen des Homo erectus in verschiedenen Regionen der Erde gleichzeitig zum Homo sapiens (lat. sapiens: weise) entwickelt. In Europa entwickelte sich nach dieser Hypothese der Neandertaler (Homo sapiens neanderthalensis). In vielen Evolutionsschritten ging aus diesem der „moderne" Mensch, der Jetztmensch (Homo sapiens sapiens), hervor. Gegen diese „multiregionale Hypothese" spricht jedoch, dass der Homo sapiens sapiens in Westeuropa vor 40 000 Jahren plötzlich auftauchte und den Neandertaler in nur 5 000 Jahren völlig ersetzte. Datierungen von Schädelfunden des Homo sapiens sapiens und der Neandertaler aus Vorderasien belegen, dass der Homo sapiens sapiens dort bereits vor den Neandertalern gesiedelt und nach deren Eintreffen etwa 50 000 Jahre im selben Raum mit ihnen gelebt hatte. Vor etwa 300 000 bis 200 000 Jahren hat sich in Afrika der Homo erectus zu einer Vorform des heutigen Homo sapiens sapiens entwickelt. Dieser Menschentyp wird als archaischer (griech.: altertümlich) Homo sapiens bezeichnet. Aus ihm ging in Afrika vor etwa 100 000 Jahren der Homo sapiens sapiens hervor. Nach der „Out-of-Africa-Hypothese" besiedelte dieser weite Teile des afrikanischen Kontinents. Vor etwa 70 000 Jahren wanderten diese Menschen nach Europa und Asien aus und lösten nach Phasen der Vermischung die dort lebenden Neandertaler ab. Die Ursache für diese große Wanderungsbewegung war vermutlich die zunehmende Wüstenbildung und der damit verbundene Mangel an Nahrung.

Innerhalb des Homo sapiens sapiens unterscheidet man den eiszeitlichen modernen Menschen und den heute lebenden modernen Menschen.

Durch Fossilfunde und DNA-Untersuchungen kann man belegen, dass der Mensch mit den afrikanischen Menschenaffen eng verwandt ist. Die menschliche Entwicklungslinie hat sich von der des Schimpansen vor mehr als 6 Millionen Jahren abgezweigt. Die ersten Menschenartigen waren die Südaffen, deren berühmtester Vertreter „Lucy" ist. Vor ungefähr 2,5 Millionen Jahren ist in zahlreichen Evolutionsschritten die Gattung Homo entstanden. Nach der „Out-of-Africa-Hypothese" breitete sich Homo sapiens von Afrika über die ganze Erde aus.

Schon gewusst?

Der amerikanische Kontinent wurde frühestens vor etwa 30 000 Jahren mehrfach von Asien aus über die damals trockene Beringstraße betreten und von Norden nach Süden besiedelt.

AUFGABEN

1. Erläutere in einem Kurzvortrag, was du unter Eiweiß- und DNA-Analyse verstehst!
2. Formuliere die „Out-of-Africa-Hypothese"! Wieso wird sie als Hypothese bezeichnet?

Der Neandertaler

Rekonstruktion der Lebensweise der Neandertaler

Neandertaler mit Wurfspeer

Das Problem. „In der letzten Ausgabe der Jugendzeitschrift Travo ist ein farbiges Poster über Menschen der Vorzeit enthalten", erzählt Michael seinem Biologielehrer. „Da sind auch Typen abgebildet, die fast wie wir aussehen, Neandertaler genannt werden und so vor 40 000 Jahren gelebt haben sollen. Und was ich nicht glauben kann, ist die Behauptung: Auf der Straße oder in der U-Bahn würde heute ein Neandertaler gar nicht auffallen, wenn man ihm die Haare schneiden und ihn in moderne Kleidung stecken würde. Waren das nicht keulenschwingende Kannibalen? Wir haben zwar im Unterricht vieles über Lucy und Homo erectus gehört, aber vom Neandertaler wissen wir noch gar nichts."

Die Planung. Zu Beginn der nächsten Biologiestunde trägt Michael sein Anliegen den Mitschülern vor. Viele von ihnen haben den Artikel auch gelesen. In der Diskussion werden folgende Fragen aufgeworfen:

- Wann lebten die Neandertaler?
- Wo lebten sie?
- Wie lebten sie?
- Welche Fossilien wurden von ihnen gefunden?
- Wovon ernährten sich die Neandertaler?
- War der Neandertaler schon ein richtiger Mensch?
- Beschäftigten sie sich mit Kunst?

Der Neandertaler

Der Biologielehrer regt an, die Beantwortung der Fragen mit einem Besuch des Neanderthalmuseums in Mettmann zu verbinden. Die Schüler einigen sich, in arbeitsteiliger Gruppenarbeit folgende Fragen mithilfe der Informationen des Museums zu bearbeiten:

Kann man anhand des Schädels und der Skelettteile entscheiden, ob der Neandertaler mehr einem Menschenaffen oder doch mehr einem heutigen Menschen ähnelt?
Wie sah das Leben der Neandertaler aus?

Im Museum. Die Klasse meldet sich im Neanderthalmuseum an und fährt mit der Regionalbahn bis zur Haltestelle Neanderthal. Im Museum stehen den Schülern als Informationsquellen die Ausstellungsstücke, lebensechte Figuren, Lesetexte, Hörtexte, Filme und PC-Programme zur Verfügung. Die Schüler werden in zwei Gruppen aufgeteilt:

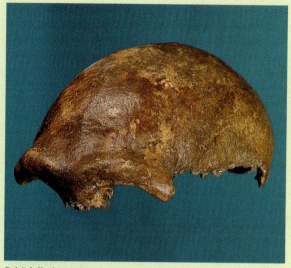
Schädelkalotte des Neandertalers

Arbeitsthemen der Arbeitsgruppe 1

Die Verwandtschaft des Neandertalers mit dem Jetztmenschen
Die Fundgeschichte des Neandertalerskeletts

Arbeitsaufträge

Zeichnet die Schädelumrisse der ausgestellten Schädel von Neandertaler und Jetztmensch!
Vergleicht die Schädel nach Schädelform, Stirn, Überaugenwulst, Kauapparat, Kiefergröße und Zähnen!
Informiert euch über die Fundgeschichte des Skeletts vom Neandertaler und schreibt dazu einen kleinen Artikel!
Zeichnet im gleichen Größenverhältnis von den 1856 gefundenen Knochen das Schädeldach, die beiden Oberschenkelknochen, die Knochenteile des rechten und linken Armes sowie fünf Rippen. Schneidet die Zeichnungen der Knochen aus. Mithilfe der Knochenzeichnungen könnt ihr das Skelett des Neandertalers modellhaft rekonstruieren!

Arbeitsthemen der Arbeitsgruppe 2

Werkzeuge der Jagd – Kunst – Wohnen – Totenkult

Arbeitsaufträge

Welche Werkzeuge benutzten die Neandertaler? Aus welchen Materialien wurden die Werkzeuge hergestellt? Welche Arbeiten konnten mit ihnen verrichtet werden? Zeichnet einige Werkzeuge!
Sucht nach Hinweisen für Kunstgegenstände!
Wie sahen die Jagdwaffen aus?
Welche Tiere haben die Neandertaler erbeutet?
Wie gingen sie bei der Jagd vor?
Welche natürlichen Behausungen wurden benutzt?
Wie sahen die Freilandbehausungen aus?
Gab es Siedlungsplätze?
Wurden die Toten bestattet?

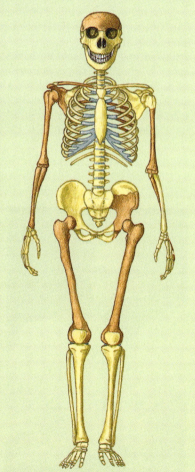
Rekonstruiertes Skelett des Neandertalers

Die Präsentation der Ergebnisse.
Die Arbeitsgruppe 1 heftet die zwei Schädelumrisse an die Tafel. Die Gruppenmitglieder stellen ihre Ergebnisse vor und strukturieren sie mithilfe einer Tabelle.
Unter dem Thema „Ein Tal und sein Geheimnis" wird ein Poster erstellt. Es beschreibt die Beschaffenheit des Neandertals um 1850, den Namensgeber des Tales und die Bedeutung von J. C. FUHLROTT.
Die Schüler rekonstruieren das Skelett des Neandertalers, indem sie die auf Karton gezeichneten Knochen zu einem unvollständigen Skelettmodell zusammenfügen.
Die noch fehlenden Knochen werden danach durch Handskizzen ergänzt.

Neanderthal um 1850

Feldhofer Grotte im Neanderthal

Die Arbeitsgruppe 2 stellt ihr Poster, das die Technik der Faustkeilherstellung darstellt, vor.
Zur Jagd und zum Totenkult haben sich die Schüler Erzählungen ausgedacht. Darin schildern sie, welches Wild wann und wo erlegt, wie die Beute eingekreist wurde und wer sich wo versteckt hatte. Aus der Schilderung des Schicksals eines Neandertalers, der mit 40 Jahren durch eine herabstürzende Höhlendecke getötet und wahrscheinlich in einem Grab bestattet wurde, kann man vermuten, dass die Neandertaler sich mit dem Tod auseinander setzten und ihre Toten nach bestimmten Riten bestatteten.
Die Erzählungen werden als Hörtexte von einer Kassette präsentiert. In einem Bauplan stellen die Schüler die Arbeitsschritte vor, in denen die Neandertaler ihre Behausungen gebaut haben.

Neandertaler stellt einen Faustkeil her.

Verschiedene Werkzeuge

Totenritual des Neandertalers

Wie wurde der Mensch zum Menschen?

Sozialverhalten als Motor der Menschwerdung. Die Stammesgeschichte des Menschen verlief nicht nur im biologischen, sondern zunehmend auch im sozialen und kulturellen Bereich.

Das Gebiss von Lucy zeigt, dass sie und ihre äffischen Vorfahren sich von Früchten und Blättern ernährt hatten. Die Form des Brustkorbes, der Finger und der Zehen weist auf eine gute Angepasstheit an die Fortbewegung auf Bäumen hin. Der Bau des Beckens und Fußspuren lassen auf eine Fortbewegung auf zwei Beinen schließen. Die Fortbewegungsart war also eine Kombination aus aufrechtem Gang und Fortbewegung in den Bäumen. Aufgrund einer weltweiten Abkühlung wurde es in Afrika vor Millionen Jahren zunehmend trockener. Um zu ihren teilweise weit auseinander stehenden Nahrungsbäumen zu gelangen, mussten die Vorfahren der Australopithecinen längere Strecken über den Erdboden laufen. Lucy hatte also mit dem aufrechten Gang gewisse Vorteile. Durch eine bessere Sicht über hohe Grasbestände konnte sie Feinde leichter erkennen. Sie fand am Boden neue Nahrung, wie beispielsweise unterirdische Knollen. Aus Schädelfunden der Australopithecinen kann man noch keine bedeutsame Erhöhung der Gehirngröße ableiten. Ab Homo rudolfensis und Homo habilis ist eine deutliche Zunahme nachweisbar. Anthropologen erklären dies mit einer Veränderung im sozialen Verhalten beim Nahrungserwerb und bei der Nahrungsverteilung. Soziale Beziehungen innerhalb der Gruppe förderten das vorausschauende Denken. So erbeutete man Fleischnahrung gemeinsam und verteilte diese dann in der Gruppe.

Die Hauptetappen der Evolution des Menschen aus baumbewohnenden afrikanischen Menschenaffen sind heute im Wesentlichen bekannt. Vor etwa vier Millionen Jahren entstand innerhalb der Gruppe der Australopithecinen der aufrechte Gang. Vor etwa zwei Millionen Jahren begann eine deutliche Zunahme des Gehirnvolumens.

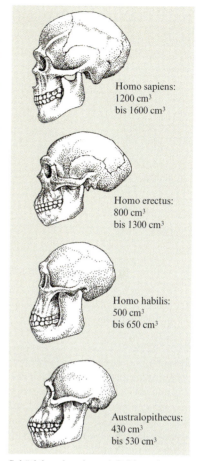

Homo sapiens: 1200 cm³ bis 1600 cm³

Homo erectus: 800 cm³ bis 1300 cm³

Homo habilis: 500 cm³ bis 650 cm³

Australopithecus: 430 cm³ bis 530 cm³

Schädelmerkmale und Gehirnvolumen

Australopithecus afarensis

Kulturelle Evolution des Menschen

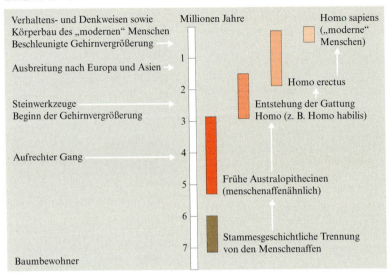

Zeitlicher Ablauf und wesentliche stammesgeschichtliche Veränderungen während der Menschwerdung

Höhlenmalerei des eiszeitlichen Homo sapiens sapiens

Entwicklung der Kultur. Viele Wissenschaftler gehen davon aus, dass sich Sprache und Gehirn parallel zur Werkzeugkultur und zu anderen technischen und künstlerischen Fertigkeiten entwickelt haben.

Homo habilis stellte Schneidegeräte durch Abschlagen der Steinkante aus Steinen her. Die Schlagtechnik konnte durch Nachahmung erlernt worden sein. Sprache war noch nicht notwendig. Die sorgfältig bearbeiteten Faustkeile, die Homo erectus herzustellen begann, erforderten dagegen großes handwerkliches Geschick, das durch Unterweisung und Übung erworben wurde. Anthropologen haben festgestellt, dass Faustkeile in besonderen Werkstätten hergestellt wurden.

Eine Aufteilung der Arbeit ist aber ohne Sprache schlecht vorstellbar. Die Vervollkommnung der Steinwerkzeuge bis hin zu den Ackerbaugeräten und den ersten Metallwerkzeugen von Homo sapiens deutet auf die zunehmende Fähigkeit hin, sich das Endprodukt vorstellen zu können und gleichzeitig den Herstellungsablauf zu planen. Dies ging vermutlich Hand in Hand mit einer Vergrößerung des Gehirns.

Der Mensch suchte nach Möglichkeiten, sein immer reicher werdendes Wissen festzuhalten. Mit den Höhlenmalereien begann eine Speicherung des Wissens in Form von Bildern. Die ältesten Aufzeichnungen kennen wir aus der zweiten Hälfte der letzten Eiszeit vor etwa 40 000 bis 10 000 Jahren. Neben zahlreichen Tierdarstellungen hinterließen die frühen Künstler auch Abdrücke ihrer Hände.

Nach dem Ende der Eiszeit gab Homo sapiens sapiens das Dasein des Jägers und Sammlers auf und wurde schließlich sesshaft. Mit Beginn der Landwirtschaft vor etwa 10 000 Jahren entstanden dann auf Dauer angelegte Siedlungen und die ersten Städte.

Einige Werkzeuge des eiszeitlichen Homo sapiens sapiens

> Viele Wissenschaftler sind der Ansicht, dass die Gehirnentwicklung, die Sprache, die Entwicklung der handwerklichen und künstlerischen Geschicklichkeit und die soziale Entwicklung sich gegenseitig förderten und somit als Motoren der menschlichen Entwicklung anzusehen sind.

AUFGABEN

1. Erläutere, warum der aufrechte Gang am Boden für Lucy von Vorteil war!
2. Erkläre deinen Mitschülern den Zusammenhang zwischen dem Sozialsystem von Australopithecus afarensis und seinem Nahrungserwerb!
3. Vergleiche Vorfahrengruppen des Menschen (z. B. Lebensweise, Körperbaumerkmale, Werkzeuge, Kunst, Besiedlung der Erde)!

Die Vielfalt der Menschheit

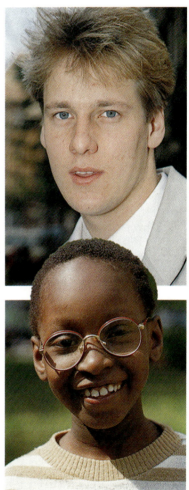

Entstehung von Formengruppen der Menschen. Sicher bist auch du schon mit Menschen in Kontakt gekommen, die sich von dir in äußeren Merkmalen wie der Hautfarbe, der Beschaffenheit der Haare oder der Form der Augen deutlich unterscheiden. Menschen mit heller Hautfarbe sind zum Beispiel in Europa in der Mehrheit, in anderen Regionen ist das anders.

Die heutigen Menschen bildeten sich mit der weltweiten Verbreitung des Homo sapiens sapiens heraus. Man unterscheidet über 100 verschiedene Menschenpopulationen, die sich beispielsweise in Hinblick auf Hautfarbe, Haarbeschaffenheit, Gestalt der Augen und Lippen unterscheiden. Diese Populationen sind im Verlaufe der Evolution aus voneinander isolierten menschlichen Populationen, so genannten geografischen Populationen, entstanden. Dabei setzten sich in ihnen auch die genetischen Anlagen für die Merkmale durch, die eine Angepasstheit an unterschiedliche Umweltbedingungen bewirken: So schützt die dunkle Hautfarbe vor der hohen UV-Strahlung in tropischen Gebieten. Die dunklen Pigmente in der Haut der in Afrika entstandenen Menschen wurden erst zurückgebildet, als diese vor einigen 10 000 Jahren in nördliche Regionen mit weniger Sonneneinstrahlung einwanderten.

Argumente gegen Rassismus. Auffassungen, welche die Zugehörigkeit zu einer bestimmten Formengruppe zum obersten Kriterium der Beurteilung von Menschen erheben, nennt man rassistisch. Sie kommen in Vorstellungen zum Ausdruck, die eigene Gruppe sei in irgendeiner Weise biologisch höher entwickelt als „die anderen". Rassismus und Ausländerfeindlichkeit findet man in allen Ländern. Verbunden mit einer ökonomischen Unterentwicklung und niedrigem Bildungsniveau gehören sie auch heute zu den auslösenden Faktoren von Gewalttätigkeit und Krieg.

Rassistische Ideen können wissenschaftlich nicht begründet werden. Wie die Stammesgeschichte des Menschen belegt, gehören alle heute lebenden Menschen der gleichen biologischen Unterart an. Das zeigt sich auch darin, dass die Angehörigen aller Menschenpopulationen miteinander Nachkommen hervorbringen können. Die wirklich bedeutsamen Unterschiede zwischen Menschen liegen nur in ihrer Persönlichkeit und ihrer Bildung. Beides wird maßgeblich von den sozialen und gesellschaftlichen Verhältnissen, in denen ein Mensch aufwächst und lebt, von seiner Aktivität und von den Möglichkeiten, die ihm zur Verfügung stehen und die er für seine Entwicklung nutzen kann, beeinflusst.

> Alle Menschen gehören der gleichen biologischen Unterart (Homo sapiens sapiens) an. In jeder menschlichen Population gibt es eine große Variabilität körperlicher und psychischer Eigenschaften (sowohl mit Stärken als auch mit Schwächen). Rassistische Argumente sind wissenschaftlich nicht begründbar.

AUFGABEN

1. Begründe, warum alle Menschen zur gleichen biologischen Unterart gehören!
2. Erläutere an selbst gewählten Beispielen, was du unter Rassismus verstehst. Bewerte rassistisch motivierte Handlungen!

Gesellschaft

Evolution des Menschen und Umweltprobleme der Gegenwart

Die Umwelt des Menschen wird zunehmend durch die von ihm selbst geschaffene Welt der materiellen und geistigen Kultur gebildet.
Die durch die kulturelle Evolution des Menschen immer mehr veränderte Welt wurde aber zugleich auch die Umwelt aller anderen Organismen.

Bevölkerungswachstum. Gegenwärtig gibt es über 6 Milliarden Menschen. Vom Australopithecus, schätzt man, mag es 100 000 gleichzeitig lebende Individuen gegeben haben.
Anfangs nahm die Anzahl der Menschen nur sehr langsam zu. Sie waren großen und vielfältigen Gefahren ausgesetzt. Die Entwicklung der Größe einer Population hängt vom Verhältnis zwischen ihrer Geburtenrate und ihrer Sterberate ab. Wenn die Geburtenrate größer als die Sterberate ist, wächst die Population. In den letzten 150 Jahren veränderten sich diese Größen, in den Industrieländern beginnend, weltweit.
Die verbesserten Lebensverhältnisse senkten zunächst vor allem die Sterberaten, die Geburtenraten sanken zeitverzögert. Das hatte insgesamt ein sprunghaftes Wachstum der Weltbevölkerung zur Folge. Dir ist bekannt, dass dieses vor allem in den Entwicklungsländern zu gravierenden globalen Problemen (z. B. Hunger und Umweltverschmutzung) geführt hat. Zukünftig müssen Energie- und Rohstoffressourcen nachhaltiger genutzt und die Produktion von Nahrungsmitteln muss gesteigert werden. Diese Bemühungen müssen global mit einer Einschränkung des Bevölkerungswachstums verbunden werden, um ein menschenwürdiges Leben auf der Erde für alle Menschen langfristig zu ermöglichen.
Die zahlreichen Versuche zur bewussten Gestaltung der Umwelt durch den Menschen hatten und haben stets auch schwerwiegende, unbeabsichtigte und unvorhergesehene ökologische Auswirkungen. Unter anderem sind besonders unsere Wasserressourcen, aber auch die der Ernährung dienenden Böden in Gefahr.

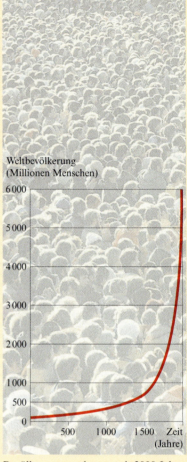

Bevölkerungswachstum seit 2000 Jahren

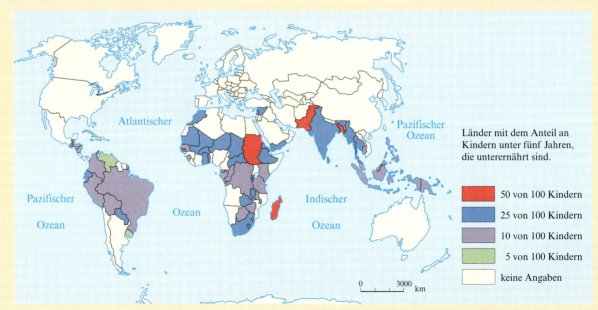

Weltproblem Hunger – betroffene Länder brauchen vor allem „Hilfe zur Selbsthilfe".

Evolution des Menschen und Umweltprobleme der Gegenwart

Bodenbelastung. Der Boden ist ein komplexer Lebensraum, der im Verlauf der Evolution durch Verwitterung und durch das Wirken vieler Organismen entstanden ist. Diese erhalten den Boden durch ihre Lebenstätigkeit. Vor allem chemische Belastungen (z. B. Überdüngung mit Mineralsalzen, Biozide, saurer Regen) können das ökologische Gleichgewicht im Boden zerstören. Manche in den Boden eingebrachten Schädlingsbekämpfungsmittel werden durch Bodenorganismen nicht abgebaut, sondern sickern in das Grundwasser und gefährden so unser Trinkwasser. So können sie auch in Nahrungsketten gelangen und sich dort anreichern.

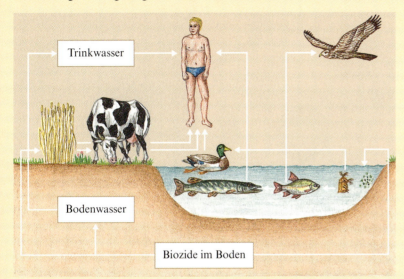

Gefahren der Anreicherung und Weitergabe von Bioziden in Nahrungsketten

Gefährdete Wasserressourcen. Gewässer bedecken heute mehr als zwei Drittel der Erdoberfläche und sind Lebensräume für eine in der Evolution entstandene große Vielfalt von Lebewesen (Pflanzen, Tiere, Pilze, Mikroorganismen). Alle Organismen benötigen Wasser zum Leben. Der Mensch nutzt die Gewässer nicht nur als Trinkwasser, sondern in großem Umfang auch in der landwirtschaftlichen und industriellen Produktion, als Verkehrswege, zur Energieerzeugung und als Abfalldeponie (Kanalisation, Abwasser). Fische und andere Wassertiere dienen ihm als Nahrungsmittel.

Durchschnittlicher Wasserverbrauch je Person und Tag in Deutschland (1996)	
WC-Spülung	46 l
Wäsche waschen	35 l
Geschirr spülen	16 l
Raumpflege/Autopflege/Garten	8 l
Trinken/Kochen	5 l
Gesamtverbrauch	118 l

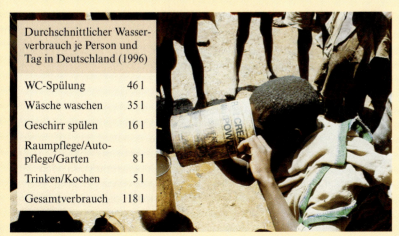

Trinkwassermangel: dürstende Menschen in Afrika

Organismen in einem Bodenblock (Oberfläche: 100 cm², Tiefe: 30 cm)	
Gruppen	Individuen-Anzahl (Durchschnitt)
Mikroorganismen Pilze	
Bakterien	1 Billion
Strahlenpilze	10 000 Mill.
Pilze	1 000 Mill.
Algen	1 Million
Bodentiere	
Geißeltierchen	0,5 Billionen
Amöben	0,1 Billionen
Wimpertierchen	1 Million
Fadenwürmer	1 Million
Milben	100 000
Springschwänze	50 000
Rädertierchen	25 000
Enchyträen	10 000
Schnecken	50
Spinnen	50
Asseln	50
Hundertfüßer	50
Andere Vielfüßer	100
Käfer/Larven	100
Zweiflüglerlarven	100
Übrige Insekten	150
Regenwürmer	80
Wirbeltiere	0,001

AUFGABEN

1. Erläutere die Lebensweise der Vorfahrengruppen des Menschen. Vergleiche mit der Lebensweise in der modernen Zivilisation!
2. Diskutiert Nachrichten über Umweltzerstörungen (z. B. durch Kriege, kriminelles Handeln und Unfälle)!
3. Sammelt Informationsmaterial über Organisationen in Deutschland, die helfen, den Hunger in anderen Ländern zu mildern. Wertet dieses Material aus!
4. Welche Gefahren können von Bioziden im Boden ausgehen?
5. Begründe, warum Meerwasser nicht direkt als Trinkwasser verwendet werden kann!

Die Zukunft des Menschen

Cyberstadt

Kommunikation früher und heute

Eine besondere Art von Symbiose. Als der Mensch vor etwa 2,5 Millionen Jahren erstmals einen Stein aufhob und ihn zu einem Werkzeug formte, begann der Aufstieg der Gattung Homo zum heutigen Astronauten und Internetsurfer. Der Mensch erhob sich durch seine Werkzeuge, Maschinen und Computer über das Tierreich. Es sieht so aus, als würden diese ein Eigenleben gewinnen und sich von uns fortentwickeln: Zur vom Homo sapiens unabhängigen Art, der Art des „Apparatus habilis". Je schlauer die Menschen wurden, desto „raffinierter" wurden ihre Werkzeuge, die ihnen halfen, neue Lebensräume zu erschließen. Dabei unterlagen Mensch und Werkzeug den gleichen Prinzipien der Evolution: Menschen und Maschinen variierten in vielen Formen. Aber es überlebten nur die Typen mit den an die Umweltbedingungen am besten angepassten Bauplänen.
Der Computer entwickelte sich zu einem „Nebenhirn" außerhalb unseres Körpers. Er hilft uns, Wissen zu speichern und es abzurufen. Dies ist eine wesentliche Grundlage für Bewusstsein und Intelligenz. Der Mensch hat zur selbstständigen Vervielfältigung ein Programm in Form der DNA. Der Computer kann sich nicht selbstständig vermehren. Aber er kann jene Information speichern, die nötig ist, um sämtliche Schaltkreise zu bauen. Die parallele Entwicklung von Mensch und Maschine (Co-Evolution) kann man mit dem Zusammenleben zweier oder mehrerer Organismen, die nur miteinander existieren können (Symbiose) vergleichen. So leben auf und in unserem Körper Kleinstorganismen, beispielsweise Bakterien, ohne die die Menschen nicht existieren könnten und umgekehrt. Unsere Nachkommen werden von künstlicher Intelligenz womöglich genauso abhängig sein wie wir von diesen kleinen Lebewesen. Der technische Mensch mit seinen Maschinen wird die Erde beherrschen und die biologischen Menschen, ihre Vorfahren, werden nur noch eine historische Erinnerung sein. Die letzten Spuren des Homo sapiens könnten auf dem Mond zu finden sein, die Fahrzeuge der Apollo-Mission von 1969. Wir sollten die Chance nicht verpassen, die Zerstörung der Erde zu verhindern und die Verantwortung für die kommenden Generationen zu übernehmen.

Schon gewusst?

Die Werkzeuge und Bauten früherer Zivilisationen haben 10 000 Jahre überdauert. Erhalten geblieben sind Tongefäße, Pyramiden und z. B. Stonehenge. Die moderne Technik ist besonders kurzlebig: Magnetbänder, Disketten, CD-ROMs werden schon vor ihrer physikalischen Zersetzung unbrauchbar sein, weil kein Gerät mehr da ist, mit dem der Mensch der Zukunft sie lesen kann.

AUFGABEN

1. Erläutere in einem Kurzvortrag die Co-Evolution von Mensch und Maschine!
2. Nenne Beispiele für Symbiosen in der Natur und vergleiche diese mit der Symbiose Mensch–Maschine!

Register

Der Stern (*) verweist auf eine Abbildung;
f. nach einer Seitenzahl bedeutet „und folgende Seite",
ff. „und folgende Seiten".

AB0-System 44
Abhängigkeit 106, 110
Abtreibung 144, 176
Abwehr, angeborene 65, 74
Abwehr, erworbene 65, 74
Abwehr, unspezifische 65, 69, 74
Abwehrsystem 41, 65, 167
Adenin 129
Aderhaut 77*
Agglutination 45, 46*
Aggressivität 150 ff.
AIDS 63, 72 f.
Akkomodation 79
Akne 92
Albinismus 77, 138*
Alkoholmissbrauch 27, 83, 106, 110
Allel 125 f., 134, 136, 139
Allergien 69, 92 f.
Altweltaffen 180 f.
Amboss 82*
Aminosäure 7, 10, 27, 105
Aminosäure, essenzielle 10
Amniozentese 144*
Amylase 21
Anthropologe 182 f.
Antibiotikum 56, 58, 61
Anti-D-Prophylaxe 45
Antigen 44, 65 ff., 74
Antikörper 44 f., 66* f., 74
Aorta 46* f.
Aquin, Thomas v. 176
Ardipithecus ramidus 183
Arterie 48*f., 52, 167
Arteriosklerose 52, 108
Atembewegungen 37
Atemfrequenz 37
Atemwegserkrankungen 39
Atmung, äußere 36
Atmung, innere 36, 37*
Atmungsorgane 35*
ATP 36
Aufrechtgang 181, 191

Auge 77* ff., 80 f.
Augenverletzung 80
Australopithecus afarensis 183, 191*
Australopithecus africanus 184*
Autosomen 137
Axon 97* f.

Bakterien 56 ff., 61 f. 65, 143, 145
Bakterienzelle 57* f.
Bakteriophage 63
Ballaststoffe 14
Basaltemperatur 162, 174*
Basen, organische 129
Bauchspeicheldrüse 26, 27*, 116* f., 139
Baustoffe, Körper 10
Befruchtung 161, 165*
Befruchtung, künstliche 173*
Behinderung 105
Beratung, genetische 144
Beratungsstellen 109 f., 144, 152, 158
Berger, H. 100
Berufskrankheiten 39
Bevölkerungswachstum 194*
Beziehung 155
Bildentstehung 78*
Bilzingsleben 186*
Biokatalysator 20
Biologische Wertigkeit (Nährstoffe) 10
Bläschendrüse 159*
Blasenkeim 165
Blinddarm 28*
Blut 40* ff., 43*, 46
Blut, arterielles 49
Blut, venöses 49
Blutdruck 49, 108 ff., 112
Blutdruck, Messung 50

Bluterkrankheit (Bluter) 42, 138 f.
Blutgerinnung 41*
Blutgruppe 44
Blutgruppen, Vererbung 136 f.
Blutkreislauf 49*, 169
Blutplasma 40, 42
Blutplättchen 41*
Bluttransfusion 44 f.
Blutzellen, rote 36, 40*, 41* f., 43*, 45, 72*, 143
Blutzellen, weiße 40*, 41* f., 43*, 65*, 69, 143, 160
Blutzuckerspiegel 116 f.
B-Lymphozyten 66 f.
Bodenbelastung 195
Body-Mass-Index (BMI) 16*
Bogengang 83*
Botenstoffe 113
Boveri, Theodor 127
Bowmann`sche Kapsel 30* f.
Brennnesseln, als Nahrung 12 f.
Brennwert (Nährwert) 18
Broca, Paul 99
Bronchien 35*
Brust, weibliche 151, 168
Bulimie (Ess-Brechsucht) 17

Calcium, Bedarf 14
Cellulose 7, 14
Cholera 59
Cholerabakterium 59*
Cholesterin 27, 52
Chorionzottenbiopsie 144*
Chromatiden 128*, 132 f.
Chromosomen 127 ff., 130 ff., 139 ff., 144, 182
Chromosomen, Mensch 127*
Chromosomen, Wurzelspitze Zwiebel 127*

Chromosomenmodell 132 f.
Chromosomenmutation 141
Chromosomensatz, diploid 128
Chromosomensatz, haploid 131
Correns, Carl 121
Crick, Francis 129
Cytosin 129

Darm, Verdauung im 26 ff.
Dauersporen 58
Davaine 56
Dendriten 97*
Desensibilisierung 69
Desoxyribonucleinsäure (DNA) 129 ff., 141, 182
Dezibel 86
Diabetes mellitus 117
Diagnostik, vorgeburtliche 144
Dialyse 32*
Diaphragma 174 f.
Diastole 47*
Diät 16f.
Dickdarm 26*, 28*
Diphterie 59, 60*
Disaccharide 7*
DNA, Molekül 129*
Dominant 124 ff. 134
Down-Syndrom 140*
Drogen 83, 106 ff., 109 ff.
Drosophila (Taufliege) 132*
Druckkörperchen 91
Duftstoffe 88
Dünndarm 26*, 116

Ecstasy-Tabletten 109*
Eichel 159*
Eierstock 153, 161* f., 113 f.
Eileiter 160, 161*, 165
Eisprung 153, 161 f.
Eiszeit 192
Eiweiße 6 f., 23 f.

Eizelle 131, 136 f., 161* f., 165
Eizelle, Bildung 162*
Ejakulation 152, 159
Elektro-Enzephalogramm (EEG) 100*
Elektrokardiogramm (EKG) 47*
Embryo 144, 165 ff.
Embryonalentwicklung 165
Empfängnisverhütung 174
Endharn 31
Endplatte, motorische 97
Energiebedarf 9*
Energieentwertung 18
Entwicklung, Säugling 170
Enzyme 20 ff., 42
Enzym-Substrat-Komplex 20*
Erbanlage 125 ff., 135, 157, 165
Erbgang, intermediärer 126
Erbinformation 72, 129
Erektion 152
Ergänzungsstoffe 11, 15
Erste Hilfe 38*, 53*
Erythrozyten 40
Evolution, Mensch 179 ff.

Familienforschung 134 f.
Familienplanung 172
Faustkeil 185, 186*, 189* f., 192
Fehling'sche Lösung 8
Fehlorientierung 83
Fette 6 ff.
Fettsäuren, essenzielle 7
Fettsucht 17
Fetus 64, 165 f.
Fibrin 41, 52
Fibrinogen 27, 41
Filialgeneration 123 f.
Fleming, Alexander 56, 61
Flimmerhärchen 35
Follikel 153, 162*
Follikel stimulierendes Hormon (FSH) 153, 163
Fortpflanzung 154
Fossilien 183 ff.
Fresszellen 41, 65*, 74
Fristenregelung, Schwangerschaftsabbruch 177
Fruchtwasser 144, 166
Fructose 7
Fuhlrott, J.C. 190

Gallenblase 27*
Galton, Francis 120
Garten-Erbse 121, 122*
Gebärmutter 161* f.
Geburt 161, 169*

Gedächtnis 101, 105
Gedächtniszellen (Immunsystem) 66 ff.
Gehirn 76, 79 f., 82, 86f., 98* ff., 101 f., 105 ff.
Gehirnaktivität 100
Gehirngröße, Evolution 183, 185, 191*
Gehörknöchelchen 82*
Geißel 57*
Gelbkörper 153
Gelbkörper stimulierendes Hormon (LH) 153, 163
Gelbsucht 27
Gen 125 ff., 136 ff., 141, 145
Genetik 120 ff.
Genetische Merkmale, Evolution 182
Genmutation 141
Genommutation 141
Genotyp 125 f., 134, 136
Gentechnik 145 ff.
Geschlechtsbestimmung 136 f.
Geschlechtschromosomen 136, 137*
Geschlechtsmerkmale, sekundäre 114*, 154*, 156
Geschlechtsunterschiede 156
Geschlechtsverkehr 73, 155, 165
Geschmacksknospe 88
Geschmackssinneszelle 88
Gewalt 158
Glaskörper 77*
Gleichberechtigung 157
Gleichgewichtsorgan 82, 83*
Gleichgewichtssinn 83
Glucagon 116
Glucose 7, 26, 116 f.
Glycerin 7, 26
Glykogen 7, 27, 116
Gonadotropin (HCG) 168
Gonosomen 137
Gorilla 156, 180*, 181* f., 184
Grippe 63ff.
Grippevirus 63*, 64*, 66 f.
Großhirn 98* f., 102
Grundumsatz 9
Guanin 129

Hammer 82*
Hämoglobin 36, 41
Harnbildung 31*
Harnblase 30* f.
Harnleiter 30* f.
Harnsäure 31
Harnspermienröhre 159*
Harnstoff 27, 31, 42
Haut 34*, 65, 90 ff.

Hautkrebs 93*
Hautpilz 61*, 92*
Heilmittel, pflanzliche 70 f.
Herz 46* ff., 167
Herzinfarkt 52*, 108
Herzkammer 46*, 48
Herzklappen 46*
Herzschlag, Messung 50
Herzschrittmacher 47
Herztöne 47, 50
Heterosexualität 154
Heterozygot 125
Heuschnupfen 69
Hirnanhangsdrüse 98*, 153, 162 f.
Hirnhäute 98*, 104
Hirnstamm 98*
Histamin 69
HIV-Infektion 43
HI-Virus 63*, 72*
Hoden 113 f., 151, 159* f.
Höhlenmalerei 192*
Hominiden 184
Homo erectus 185* ff., 192
Homo habilis 185, 191
Homo rudolfensis 184 f., 191
Homo sapiens neanderthalensis 187 ff.
Homo sapiens sapiens 187, 192
Homosexualität 154
Homozygot 125, 134
Hormondrüse 113*, 153
Hormone 6, 42, 98, 113, 116 ff.
Hornhaut 77*
Hörschnecke 83
Hörsinn 82
Hörsinneszellen 82
Huflattich 70, 71*
Humangenetik 134 ff.
Humaninsulin, Herstellung 145
Humorale Abwehr 66, 74
Hunger 6
Hybride 122
Hygiene 164
Hypophyse 98*, 153, 162
Hypothalamus 113

Identität 151 f.
Immunisierung 67 f., 74
Immunsystem 65, 69,72, 74
Impfung 58*, 60
Impuls, elektrischer 76, 78, 88
Indikation 176 f.
Infektion 51, 58, 60, 72
Infektionskrankheiten 40, 56 ff., 66 ff.

Inkubationszeit 58 ff., 64
Innenohr 83
Insulin 116 f., 145
In-vitro-Fertilisation 173*
Iris 77*, 138

Jenner, Edward 67
Johanniskraut 71*
Johanson, Donald 183

Kapillaren 49*
Karies 22*
Karyogramm 128*
Katzenschreisyndrom 140
Kehlkopf 35*
Keimesentwicklung 167
Keimzellen 125 f., 131
Kernteilung 130
Kinderlähmung 63
Kinderwunsch 172
Kindesalter 171*
Kitzler 161*
Kleinhirn 98*
Klitoris 161
Kniesehnenreflex 103
Knochenmark 40 f., 65
Koch, Robert 56*
Kohlenhydrate 6 ff.
Kohlenstoffdioxid 42, 49, 167
Kohlenstoffdioxid, Nachweis 38
Kommunikation 196
Kondom 73, 174 f.
Konduktorin 139
Konflikte 111
Kontaktlinsen 80*
Körperbewegungsfeld 99*
Körperfühlfeld 99*
Körpergewicht, individuelles 16 ff.
Körperkreislauf 49
Körpertemperatur 115
Kot 28
Kranzgefäße 46
Krebs, Entstehung 107, 143
Kreuzung 121 f.
Kulturelle Evolution 192
Kurzfingrigkeit 134*
Kurzsichtigkeit 80*, 84

Landsteiner, Karl 44
Langerhannssche Inseln 116
Lärm 86
Lautstärke 86
Leber 27*, 116
Lederhaut 77*, 91*
Leeuwenhoek, Antony van 56
Lernen 101
Leukozyten 40

Lidschlussreflex 102
Linse 77 ff.
Lucy (Australopithecus afarensis) 183* f., 191
Luftröhre 35*
Lugolsche Lösung 29
Lunge 35* ff., 62, 139, 169
Lungenarterie 46* f.
Lungenbläschen 36
Lungenentzündung 39*, 72
Lungenkreislauf 49
Lymphdrainage 51
Lymphe 51
Lymphgefäßsystem 51*
Lymphknoten 41, 51, 62, 64 f., 72
Lymphozyten 51, 65 ff., 74

Magen 23*
Magen, Verdauung im 23
Magenerkrankungen 25
Magenschleimhaut 23*, 25
Magersucht 17
Mandeln 51
Mark, verlängertes 98*
Masern 63, 64*
Mastzelle 69
Maulbeerkeim 165
Meiose 131*, 134
Melanin 34, 77, 138
Mendel, Gregor Johann 120, 121* ff., 127
Mendelsche Regeln 122 ff., 134
Menschenaffen 180 ff., 184
Menschenpopulationen 193
Menschwerdung, Evolution 183, 184*
Menstruationszyklus 113, 153, 161 ff., 163*
Merkmal 135, 180
Merkmalsausprägung 123
Milz 51
Mineralstoffe 6, 14, 31
Mischerbigkeit 125 f., 136
Mitochondrium 36*, 37*
Mitose 130*, 134
Mittelhirn 98*
Monosaccharide 7*
Mukoviszidose 139
Multiregionale Hypothese 187*
Mund, Verdauung im 21
Mundhygiene 22
Mutagen 141, 143
Mutation 141 ff.

Nabelschnur 169
Nachahmen 171
Nährstoffe 6 ff., 26 ff., 42, 51
Nase 88 ff.

Neandertaler 187, 188*, 189* ff.
Nebenhoden 159*, 160
Nebenniere 114, 116
Nerven, sensible 76
Nervensystem, peripheres 96*, 107, 112
Nervensystem, vegetatives 96*, 112
Nervenzelle 97* f., 100, 143
Netzhaut 77*, 78*, 138
Neugeborenes Kind 169, 170*
Neurodermitis 93
Niere 30* ff., 116
Nierenstein 32*
Nierenversagen 32
Nikotin 107 f.
Normalgewicht 16
Nucleinsäure 129

Oberhaut 34*, 61, 91*
Ohr 82* ff., 86 f.
Ohrmuschel 82*, 85
Optische Täuschung 85
Orang-Utan 180 ff.
Organismen, transgene 145
Organtransplantation 33
Östrogene 153, 163, 168
Out-of-Africa-Hypothese 187*
Ovar 161
Oxyhämoglobin 42
Oxytocin 168

Paläanthropologie 183
Papillen 88*
Parasympathicus 96*, 112*
Parentalgeneration 123
Pasteur, Louis 56
Penicillin 56, 61
Penis 151, 153, 159*
Pepsin 23 f.
Pest 62
Petting 172
Phagozytose 66, 74
Phänotyp 125 f.
Phenylketonurie (PKU) 105, 138
Pickel 92*
Pille 174 f.
Pilze 61
Plazenta 166 f., 169
Pocken 63
Pollen 69
Polysaccharide 7*
Primärharn 31
Progesteron 153, 163, 165, 168
Prolactin 168
Pubertät 150 f. 162

Puls 48
Puls, Messung 50*
Pupille 77, 84
Pupillenadaptation 79*
Pupillenreflex 77, 102

Rassismus 193
Rauchen 107 f.
Reflexbogen 102*
Reflexe 102 f., 105
Regelkreis 115*
Reinerbigkeit 123 ff., 139
Reiz 76, 82
Rekombinationsregel 126
REM-Schlaf 100
Reservestoff 7
Resistenz 62
Resorption 27
Rezeptor 76
Rezessiv 124ff., 134
Rhesusfaktor 44 f., 136
Richtungshören 82
Riechschleimhaut 88*
Riesenchromosom 132*
Rollenverständnis 172
Röteln 63 f.
Rot-Grün-Blindheit 84, 138, 140
Rückenmark 96, 102*, 105
Rückkreuzung 125

Salbei 70
Salzsäure 23
Samenzelle 113
Saprophyten 58
Sauerstoff 42, 49, 58, 167
Sauerstoffaufnahme 36
Sauerstofftransport 42
Saug-Druck-Pumpe 46 f.
Säuglingsalter 170*
Schädelmerkmale, Evolution 181*, 191*
Schall 85 f.
Schallschwingungen 82*
Scheide 161*
Schilddrüse 114*
Schimpanse 156, 180*, 181* f., 184
Schlaganfall 52
Schleiden, Matthias J. 127
Schleimhaut 69
Schmalnasenaffen 180 f.
Schock 53
Schuppenflechte 93
Schutzimpfung 66 ff.
Schwangerschaft 45, 144, 153, 161, 166* ff.
Schwangerschaftsabbruch 176 f.
Schwann'sche Zelle 97*
Schweiß 32, 91

Segelklappen 46* f.
Sehfehler 80
Sehnerv 77*
Sehpurpur 78
Sehzentrum 81
Selbstbestäubung 122
Sexualhormone 113
Sexualität 154 f. 164
Sexualität, in der Pubertät 150 ff.
Sexualverhalten 155
Sexueller Missbrauch 158
Sinnesorgane 76, 96
Sinneszellen 76 ff., 83, 88, 90 f., 94, 97
Sinusknoten 47*
Sonnenbrand 93*
Sozialverhalten, Mensch 191
Spaltungsregel 124*
Speiseröhre 21, 23*, 25
Spermienzellen, Bildung 159, 160*
Spermienzellen 113, 131, 136 f., 159, 160*, 165
Spirale 174 f.
Sprache, Evolution 192
Stäbchen 78*
Stammbaum, Bluterkrankheit 139*
Stammbaum, Kurzfingrigkeit 134*
Stammbaum, PKU 138*
Stammbaum, Schmalnasenaffen 182*
Stammbaumanalyse 134
Stärke 7, 116
Steigbügel 82*
Sterilität 160
Steuerung, hormonelle 113
Stofftransport 42
Stoffwechsel 63
Stoffwechselkrankheit 117
Strahlung, radioaktive 142
Stress 104
Sutton, Walter 127
Sympathicus 96*, 112*
Synapse 97*
Systole 47*

Tabakteer 108
Taschenklappen 46* f.
Tastsinneskörperchen 91*
Temperatursinneszelle 115
Testosteron 113, 153, 159
Tetanus 60*
T-Helferzellen 66, 72 f.
Thrombin 41
Thrombozyten 40
Thrombus 52
Thymin 129
Thyroxin 114

Tier-Mensch-Übergangsphase 184
T-Lymphozyten 66*
Tochtergeneration 123 ff.
Tochterzelle 130
Toxine 58
Transgene Organismen 145
Tränenfluss 77, 80
Trommelfell 82*
Tröpfcheninfektion 62
Tschermak, Erich v. 121
Tuberkulose 58, 60
Typhus 58, 60

Übergewicht 16
Unfruchtbarkeit 173

Uniformitätsregel 122* f.
Unterhaut 34*, 91*
Urmensch 185
Uterus 161
UV-Strahlung 81, 92 f.

Vagina 161
Vene 47, 48* f., 167
Venenklappen 48*
Virchow, Rudolf 127
Viren 63* ff. 72f.
Vitalkapazität 35
Vitamin C 11, 15
Vitamine 6, 11, 42
Voronin, Michail 56
Vorsteherdrüse 159*
Vries, Hugo de 121

Wachstumshormon 113
Wärmeregulierung 91, 115
Wasser 11, 15, 31
Wasserressourcen 195
Watson, James 129
Wechseljahre 164
Wehen 161, 169
Weitsichtigkeit 80*
Windpocken 63, 64*

X-Chromosom 136, 137*, 139 f.

Y-Chromosom 136, 137*, 139
Yersin, Alexandre 62
Yersinia pestis 62*

Zapfen 78*
Zellatmung 36
Zelle 127*, 130 f.
Zellkern 57, 127*
Zellplasma 57*
Zellteilung 130* f., 143
Zentralnervensystem (ZNS) 96, 105
Zentromer 128*, 133
Zilliarmuskel 79
Zuckerkrankheit 116 f.
Zunge 88*
Zwillinge 135*
Zwillingsforschung 135
Zwischenhirn 98*
Zwölffingerdarm 26*
Zygote 131, 165

Bildnachweis

AKG Photo Berlin: Vorsatz hinten (4), 154/1-2; Archiv Cobet, G.: 105/2; Archiv VWV: 30/1, 40/1, 49/1, 56/1-2, 57/3, 65/2, 67/2, 72/1, 82/2-3, 121/2-3, 123/2, 127/3, 128/1, 132/1, 140/1-2, 160/3, 183/2-3, 192/2; Arteria Photography: 43/5, 60/1-3, 62/2, 64/1-3, 134/1, 170/1; Bellmann, H.: 62/1; Berliner Medizinhistorisches Museum (Charité): 108/2; Bilderberg: 179/1 (Ernsting, Th.); Blümel, H.: 12/1-2, 13/1-3, 70/1, 71/1-3, 77/2 ; Corbis: Titelfoto (Keeler Jr.); Döring, V.: 6/1-2+5, 9/1, 11/2, 14/1-2, 15/1-3, 16/1-2, 17/1, 19/1, 22/1 u. 3, 29/1-2, 34/3, 38/1-3, 42/2 u. 3, 43/1-3, 50/1-3, 52/1 u. 2, 53/1-8, 58/1, 65/1, 68/1-2, 76/1, 79/1-2, 80/4-5, 81/1-3, 84/1+3-4, 85/2+4, 87/1-2, 89/1-3, 90/1+3, 91/2, 92/1-2, 93/1+3, 103/2-3, 104/2, 105/1, 106/1, 107/1, 108/1+5, 110/1, 111/1-2, 112/2, 115/1, 117/1, 120/1, 123/2, 135/1-2, 138/2, 140/3, 143/1, 145/2, 150/1, 151/1-2, 152/1-5, 154/3, 158/2, 164/1, 171/1-2, 172/1-2, 174/1-2, 175/1 u. 2, 177/1, 180/2, 193/1-5, 196/2; dpa: 195/2 (Lehtikuwa Oy); f1 online: 149/1 (Nacivet/Schuster); Freckmann, K.: 157/1; Fresenius Medical Care: 32/1; Gartmann, S.: 133/1-3, 134/2; Gelderblom, H.: 72/3; Getty Images Deutschland: 95/1; Grospietsch, L.: 170/3-5, 171/3; Heinzel, K.: 6/4, 14/3-4, 91/1; Helga Lade Bildagentur, Berlin: 39/1; Hessisches Landesmuseum (Rekonstruktionen von W. Schnaubelt und N. Kieser/Wildlife Art Germany/Fotograf: Th. Ernsting/Bilderberg: Vorsatz hinten (2-3); Hron, D.: 146/1, 157/2; Klepel, G.:57/1-2; Kolde, G.: 93/2; Köllnflockenwerke Elmshorn: 170/2; Kraftwerk Isar GmbH: 142/1; Landschaftsverband Rheinland / Rheinisches Landesmuseum Bonn: 189/1; J. Lieder Laboratorium und Verlag: 162/3; Mania. D.: 186/1-4; Mauritius: 39/3 (Kunkel, D.), 39/4 (Goldman, D.), 119/1 (Pigneter), 137/2 (Phototake), 145/1 (G. Hansen/Phototake), 147/1 (Camara Tres), 147/2 (Bergtold); Medoch, G.: 86/1; Neanderthal Museum, Mettmann: 188/1-2, 190/1+3-5; Okapia: 35/3, 39/2, 41/4, 43/4, 61/1, 92/3, 120/2 (K. Edward/Science Source), 139/1 (NAS/J.Neltis), 144/2, 161/2, 173/2; Robert-Koch-Institut: 59/2 (Wecke, J.); Rudloff, K.: 180/1+3; Schwarzer GmbH, München: 100/1; Stiftung Preussischer Kulturbesitz: 62/3; SUPERBILD: 5/1, 18/1 (Cheadle, Ch.), 28/2, 155/1, 173/1, 176/1 (Marco Andras Est.); The National History Museum London: Vorsatz hinten (1); Theuerkauf, H.: 6/3, 8/1-4, 11/1, 32/1, 46/1, 48/1, 55/2, 61/2, 108/3-4, 121/1, 126/1-3, 127/2, 132/2, 181/1, 192/3, 193/4; Ullrich: 183/1; Ullstein Bilderdienst: 55/1, 109/1 (Westphal, D.), 109/2 (Moenke-Bild); Zefa: 75/1 (Benser, K.+H.)